正誤表

以下の頁に誤りがありました。お詫びして訂正します。（インパクト出版会）

二四頁　写真1を以下の写真に差し替え

一二五頁　下段注
誤　女性は髪を見せないというイスラエルの戒律
正　女性は髪を見せないというイスラムの戒律

軍事主義とジェンダー

第二次世界大戦期と現在

敬和学園大学戦争とジェンダー表象研究会編

インパクト出版会

まえがき　加納実紀代　5

第1部　表象に見る第二次世界大戦下の女性――日本・ドイツ・アメリカ　7

日・独・米女性の戦時活動――国際比較にむけて　加納実紀代　8
銃後の若き〈戦士〉たち――『青年（女子版）』から　神田より子　23
銃後から前線まで――『ナチ女性展望』に見る戦時活動　桑原ヒサ子　45
女の力をあなどるなかれ――アメリカ『レイディーズ・ホーム・ジャーナル』誌から　松崎洋子　74
まとめにかえて――ジェンダーで見る三国の戦時女性表象　加納実紀代　110

第2部　軍事主義とジェンダー　上野千鶴子　115
第3部　〈過去〉と〈現在〉の対話——質疑応答から　143
上野千鶴子・加納実紀代・神田より子・桑原ヒサ子・松崎洋子　松本ますみ（司会）
あとがき　松本ますみ　159
資料『ナチ女性展望』全目次　作成・桑原ヒサ子　i

まえがき

敬和学園大学戦争とジェンダー表象研究会代表
加納　実紀代

戦争の二〇世紀から平和の二一世紀へ――。世紀の転換にあたって誰もがそう願ったにもかかわらず、二一世紀はブッシュ米大統領のいう「新しい戦争」で幕開けしました。いまもそれは続いています。その中で平和主義を柱とする日本の戦後体制は大きく揺らぎ、いまや自衛隊の海外派遣も既成事実化しています。

かつて、戦争は男性の役割であり、女性は男たちに守られ、戦士を生む存在とされていました。とりわけ近代国民国家は、男たちを国民軍に強制動員することで「男らしさ」を形成し、女性抑圧のジェンダー秩序を構築してきました。軍隊は「男らしさ」の学校であり、男の聖域でした。

しかし二一世紀の現在、女性たちもまた男性とともに戦争を担っています。アフガニスタン、イラクと空爆を繰り返しているアメリカ空軍の二〇％は女性兵士であり、海外派遣されている日本の自衛隊にも女性隊員がいます。こうした女性の軍事化は、二〇世紀の二つの世界戦争を経て徐々に進行していましたが、世紀末になって一気に加速しました。きっかけはアメリカ最大の女性団体ＮＯＷ（全米女性機構）による女性兵士の戦闘参加要求です。一九九一年の湾岸戦争当時、アメリカ軍の六％は女性兵士であり、うち三万人が湾岸に出動しましたが、彼女たちの任務は通信・輸送・救護といった後方支援活動に限られ、戦闘部署からは排除されていました。ＮＯＷはそれを女性差別として、戦闘参加を要求したのです。その基底にあるのは、社会のあらゆる場面における男女の平等参加というアメリカ・フェミニズムの理念です。彼女たちの要求は認められ、男たちの最後の砦は開放されました。アメリカ・フェミニズムの輝かしい勝利！

しかし日本では、NOWの提起に疑問の声が上がりました。軍隊への平等参加が、フェミニズムのゴールなのか？　それでは国家による殺戮と破壊への加担を強めるだけではないか？

しかし考えてみれば、非武装憲法がありながらすでに日本は世界有数の軍隊（自衛隊）を持ち、とくに最近は有事法制、国旗国歌法制定、教育基本法改定など社会全体の軍事化が急激に進行しています。その一方、社会のあらゆる面で男女の共同参画をめざす男女共同参画社会基本法が成立しました。NOWの提起はいまや現実問題として、日本のフェミニズムに問われているといえるでしょう。

四年前、わたしたちが「表象に見る第二次世界大戦下の女性の戦争協力とジェンダー平等に関する国際比較」という長ったらしいタイトルのプロジェクトを立ち上げたのは、こうした状況をふまえてのことでした。総力戦として戦われた第二次世界大戦において、参戦国の女たちは多少の差はあれ戦争に協力しました。そのことでジェンダー平等は進展したでしょうか？　国際比較によってこれを明らかにすることは、現在における軍事化とジェンダー平等の問題を考える上で意味があるはずです。

わたしたちは敬和学園大学の教員という共通項はあるものの、専門分野も違えば対象とする地域もさまざまです。しかしこうした多様性はこのプロジェクトにとってはメリットでした。メンバーの研究地域はまさに第二次世界大戦の主要参戦国であり、これまで培った専門知識を生かしてそれぞれ戦争遂行に大きな力を発揮したメディアを発掘し、ジェンダーの視点による分析を行いました。取り上げたメディアのほとんどは日本では未紹介のもの、まして戦時表象の分析に踏み込んだ研究はありません。その研究成果の一部は、二〇〇七年一一月一〇日、上野千鶴子さんをお迎えして新潟市で開かれた学術シンポジウムで発表されました。

本書はそのシンポジウムの記録です。第一部は研究会メンバーによる日・独・米三国の女性雑誌の視覚表象を中心にした戦時活動の分析・比較です。体制のあり方や経済力によって、それぞれ戦時表象には大きなちがいがあります。しかし共通してみられるのは、戦争協力要求の一方で「女らしさ」が強調されていることです。戦争という〈男の領域〉への女性動員が、既成のジェンダー秩序を崩壊させることを恐れてのことでしょう。

第二部は上野千鶴子さんの軍事主義とジェンダーをめぐる問題提起です。上野さんが日本におけるジェンダー研究のパイオニアであり、以後もずっとその最前線に立ってきたことは改めていうまでもありませんが、戦争とフェミニズム問題についても一九九〇年代はじめから、軍隊内男女平等を求めるアメリカ・フェミニズムへの批判を踏まえて問題提起をしてきました。

しかしこの問題には落し穴があります。うっかりすれば女＝母性といった本質主義や、既成の「男らしさ／女らしさ」の罠にはまってしまいます。その危険を避けつつ「軍隊内男女平等」を批判するには、緻密な思考と大胆なパラダイム転換が必要です。第二部の上野さんの提起は二〇年に及ぶそのための真摯な思索の集大成といえるでしょう。フェミニズムとナショナリズムが論理的に相いれないものであることを広範な資料によって論証する一方、〈強者の平等〉ではなく、〈弱者〉が生き延びるための思想とするフェミニズムのパラダイム転換が提起されています。

第三部は第一部、第二部の提起を受けての質疑応答です。時間の関係もあり議論が尽くされたとはいえませんが、ここにある〈過去〉と〈現在〉の対話には平和と平等の〈未来〉へのたしかな芽がはらまれているはずです。

巻末にドイツ・ナチ女性団の機関誌『ナチ女性展望』の総目次を収録しました。ドイツは第二次世界大戦の同盟国であり、日本の戦時女性政策に大きな影響を与えたにもかかわらず、これまで紹介されたことがなかった貴重な資料です。これによって今後さらに比較研究がすすみ、女性の戦時活動研究にあらたな視点がひらかれることを願っています。

二〇〇八年八月

第１部

表象に見る第二次世界大戦下の女性

――日本・ドイツ・アメリカ

日・独・米女性の戦時活動

国際比較にむけて

加納実紀代

はじめに

第二次世界大戦とは、ふつう一九三九（昭和一四）年九月、ドイツのポーランドへの侵攻から、四五年八月の日本降伏に至る六年間の戦争をいいます。参戦国は、日本・ドイツ・イタリア三国（枢軸国）対アメリカ・イギリス・フランス・中国等連合国ですが、最終段階では連合国側は五四ヵ国に達する一方、枢軸国側は四三年一〇月にイタリアが降伏、四五年五月にはドイツも降伏し、以後の三ヵ月は日本一国が五四ヵ国を相手に戦争を続けるという無謀な事態になりました。

この戦争は壮大な消耗戦である近代戦争であり、したがって総力戦として戦われました。総力戦とは、当時の日本での言い方によれば、直接的な戦闘、つまり武力戦だけでなく、経済戦・思想戦を総合した戦争ということです。ふつう戦争は男性兵士が武器を取って戦う武力戦と考えられますが、二〇世紀に入っての第一次世界大戦は、戦争の規模の巨大化と戦争形態の近代化により、いわゆる武力だけでなくその国の経済力や宣伝力、国民の精神力を総合した総力戦でなければ戦えないものとなりました。第二次世界大戦はさらにそれが大規模になります。そうなると当然、男性だけでは戦えません。とりわけ経済戦・思想戦については、女性の協力が不可欠となります。したがって第二次世界大戦においては、主要参戦国のいずれにおいても女性の戦争協力がメディアを通じて積極的に呼びかけられました。

この研究会では、そうした認識のもとに、主要参戦国（日本・ドイツ・アメリカ・イギリス・フランス・中国）における雑誌や映画等の女性表象から女性の戦争協力のありかたを比較研究してきました。今日はその中から、日本・ドイツ・アメリカ三国の女性雑誌における女性の戦時活動について検討し、枢軸国（日独）と連合国（米）、あるいは同じ枢軸国である日独の間のちがいと共通点を考えてみたいと思います。女性の戦時活動の国際比較については方法論が確立しているとは言い難く、当研究会も試行錯誤の過程にあります。ここでは女性活動の表象を分析・指標化し、同時期における量的比較を試みました。

1、第二次世界大戦と女性の戦時活動

参加型と分離型

三国の女性雑誌の比較に入る前に、第二次世界大戦下、主要参戦国における女性の戦争協力の実態をざっと検討しておきます。

まず女性の戦争協力を大きく分けると、女性が軍隊（武力戦）に参入する参加型と、軍隊には入れず、経済戦・思想戦という後方支援活動に限定する分離型に分かれます。参加型にもソビエト連邦や中国（共産軍）のように実際に女性が戦闘に参加する場合と、アメリカ・イギリスのように正規軍に参加するが戦闘部署にはつかない場合があります。また従軍看護師のように、正規軍とはべつに軍属として前線に出動する場合もあります。参加型は連合国側に多く、日独伊枢軸三国は原則として分離型で、従軍看護師以外は女性は国内における後方支援活動に限定しています。しかし最終段階では、分離型のドイツも国防軍に女性を導入し、大きな犠牲を出しています。日本も敗戦二ヵ月前の四五年六月、国民義勇隊を創設し女性も組織化しましたが、実戦用というよりは「一億玉砕」の覚悟を促す精神主義的なものでした。

女性の戦時活動パターン

参加型・分離型にかかわらず、参戦国の女性たちは戦争の後方支援活動に動員されました。中には自発的・積極的に協力した女性たちもいます。その活動は多様ですが、状況によっても変化します。たとえば女性を正規軍に入れなかった分離型の日本では、経済戦・思想戦が女性の役割とされましたが、戦局が緊迫し男性の前線動員が大量化するにつれ、国内の生産活動が全面的に女性の肩にかかってくるだけでなく、防衛任務も課されるようになります。それを大まかに分類すれば、1思想戦、2生活戦、3生産戦、4母性・人口戦、5軍人援護、6民間防衛の六パターンになります。

1の思想戦とは、この戦争は正しいのだという聖戦意識をもち、必勝の信念、自国文化への誇りを堅持することです。また家族の出征を励まし、戦死を「名誉」として受容することもこれにあたります。

2の生活戦、3生産戦は初期の段階では両者を一緒にして経済戦といっていました。その場合の女性にとっての経済戦は消費節約、つまり生活戦が中心でした。それが後期になると食糧や軍需生産の比重が高まり、生活戦だけでなく生産戦が女性の役割として言われるようになってきます。直接生産に携わるだけでなく、働く母を支援するための共同炊事や共同保育も生産戦の一環といえます。生活戦も消費節約だけでなく、代用品の工夫・金属供出・貯蓄国債購入など多様なものがあります。

4の母性・人口戦は戦争のための「人的資源」の補充増強です。母体保護や「生めよ殖やせよ」(結婚・出産の奨励)、子どもを強い兵士に育て上げる健民強兵、息子の兵役志願を励ますことなどがこれにあたります。

5の軍人援護は、初期には出征兵士の見送りが中心でしたが、やがては遺骨の出迎え、傷病兵への援護活動に比重が移ります。日本では未婚女性に対して、傷痍軍人との結婚が奨励されました。

6の民間防衛は空襲を想定しての活動です。敵機の監視や防空演習、防火対策がこれに当たります。

2、日・独・米三国の女性雑誌にみる女性の戦時活動

対象とする三国の女性雑誌

以上のような女性の戦時活動は、日独米三国においてどのように展開されたでしょうか。それぞれの国の代表的な女性雑誌によってそれを検討してみましょう。しかし女性と一口に言っても、未婚か既婚かで戦時体制の期待は違います。女性雑誌も未婚向けと既婚向けに分けられていることがあります。ここではその双方を視野に入れ、影響力の強い雑誌を対象に選びました。日本の場合は既婚・未婚向けに分かれているため、『日本婦人』と『青年（女子版）』の二誌を取り上げることになりました。

それぞれの国の雑誌名と性格、部数などは以下の通りです。

日本:『日本婦人』（大政翼賛会傘下の官製団体・大日本婦人会機関誌）
一九四二年一一月創刊。台湾・朝鮮等植民地を含む既婚女性（約二〇〇〇万人）対象。発行部数:約三〇万部（回覧　読者三〇〇万人?）。A5判三〇~五〇ページ。

日本:『青年（女子版）』（大政翼賛会傘下の官製団体・大日本青少年団女子部機関誌）
一九四一年一〇月、大日本女子青年団の統合により『女子青年』に代わって女子部機関誌となる。一四~二五歳の未婚女子を対象。一九四四年段階の発行部数:約二〇万部。A5判五〇~七〇ページ

ドイツ:『ナチ女性展望』（官製団体・ナチ女性団の機関誌）
一九三二年創刊。二一歳以上の中産階級女性対象（未婚・既婚の別なし）。発行部数:約一四〇万部。B4判変型一二~二〇ページ

アメリカ:『レイディーズ・ホーム・ジャーナル』（当時アメリカ最大の商業雑誌）
一八九三年創刊。白人中産階級の主婦を対象。発行部数:四四〇~四五〇万部。B4判変型一三〇~一

写真１

写真２

八〇ページ

日本の二誌はいずれも大政翼賛会傘下の官製団体である大日本婦人会・大日本青少年団女子部の機関誌であり、したがって戦時体制の女性に対する要求がもっとも直接的に表れています。ドイツの『ナチ女性展望』も官製団体・ナチ女性団の機関誌であり、同じ性格といえます。それに対してアメリカには、こうした日本やドイツに対応するような官製団体はありません。『レイディーズ・ホーム・ジャーナル』は民間の商業雑誌であり、日独のものとは性格が違います。しかし当時、男性向け・一般向けも含めて最大部数を誇る雑誌だったという点から、分析の対象として選びました。

＊一九四四年七月号の表紙にみる三国の違い

記事内容の分析・比較に入る前に、雑誌の表紙を比べてみましょう。同じ一九四四（昭和一九）年七月号についてみれば、まず『日本婦人』は野良仕事をしている女性（写真１）。『青年（女子版）』は漁村女性（写真２）で、いずれも食料生産に励んでいます。

写真4

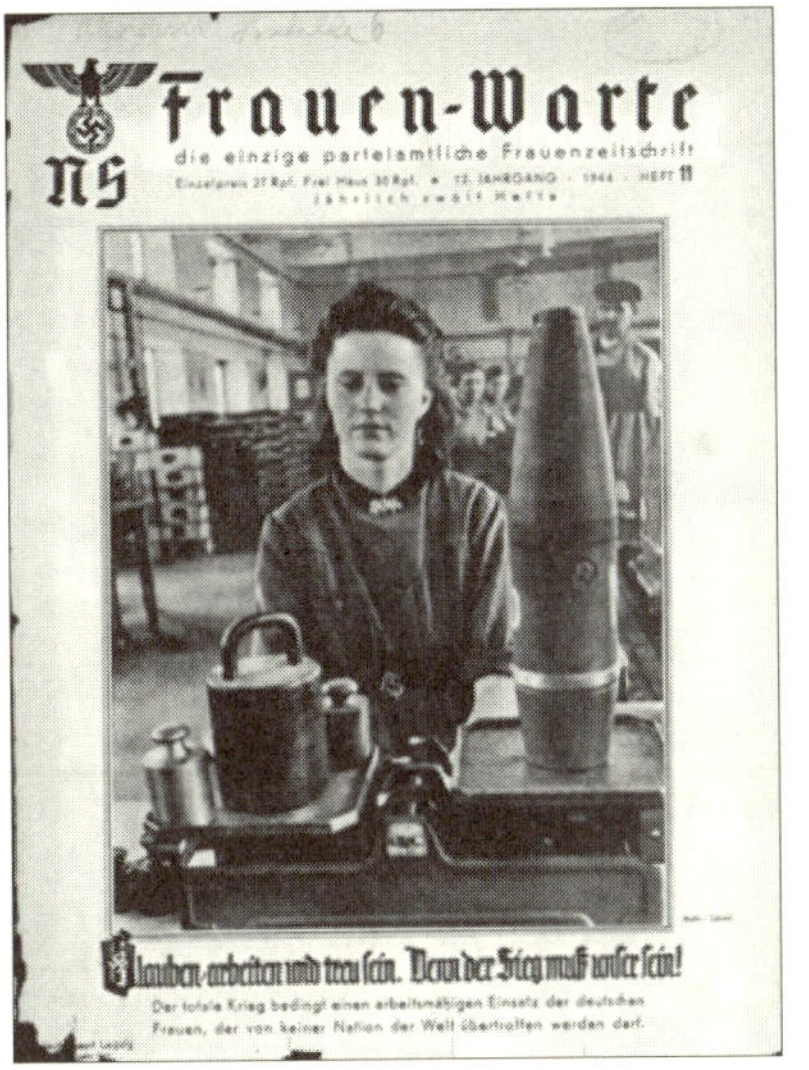

写真3

同じ月のドイツ『ナチ女性展望』は、軍需工場で働いている女性です（写真3）。日本は農業・漁業労働、ドイツは工場労働というちがいはありますが、いずれも生産戦に携わる姿です。

それに対してアメリカの『レイディーズ・ホーム・ジャーナル』の表紙は、金髪の母と娘がピンクのバラの花を飾っている姿です（写真4）。一見したところ戦時色を見いだすのは難しいですね。しかしよくみると、表紙の下に置かれた拡大鏡の中に「Buy」という字が見えます。「Buy」、つまり「買いなさい」ということですが、何を買うかといえば、後ろにある戦時国債です。戦費を出すための国債を買うことによって戦争に協力しなさいというわけです。日独の女性が生産戦に必死になっているのに対して、アメリカの場合は消費者としての戦争協力、つまり生活戦といえます。

これは当時の戦況を反映しています。一九四四年七月とはどういう時期かというと、ヨーロッパ戦線においては、連合軍のノルマンディ上陸が六月六日で、ドイツの敗色は明らかになっています。太平洋戦線においても、四四年七月、日本の絶対国防圏の拠点であったサイパンが陥落し、日本の敗退は決定的になっています。したがってアメリカにとってはもう勝利は目前。そういう両者の状況が同じ月の女性雑誌の表紙に歴然と表れているといえるでしょう。

3、戦時活動の国際比較にむけて

戦時活動の記号化

では雑誌の記事内容は、三国でどう違うでしょうか。先に女性の戦時活動を参加型・分離型に分けましたが、それでいうと日独は分離型、アメリカは参加型です。参加型をAとし、さらに戦闘参加か否かで分けると以下の三類型となります。従軍看護師は軍隊とは別の軍属であり、看護という仕事はジェンダー的には女性領域ですが、男性とともに前線に出動する点からAに含めました。

A－1　戦闘参加：ソ連・中国（共産軍）・フランス（レジスタンス側）・（ドイツ）
A－2　軍隊内非戦闘部署（通信・輸送など）：アメリカ・イギリス・（ドイツ）
A－3　従軍看護師（軍属。女性領域だが前線出動）：日本・ドイツ・アメリカ・イギリスほか。

これに対して、軍隊に参加しない女性の戦時活動をBとし、さきの六つの類型をあてはめると、以下のようになります。

B－1　思想戦（聖戦意識・必勝の信念・自国文化への誇り・家族の出征／戦死受容）
B－2　生活戦（消費節約・代用品の工夫・金属供出・貯蓄国債購入）
B－3　生産戦（食糧・軍需生産・共同炊事・共同保育）
B－4　母性・人口戦（母体保護・結婚・出産・健民強兵・息子の志願奨励）
B－5　軍人援護（兵士／傷痍軍人慰問・援護・送迎）
B－6　民間防衛（防空演習・敵機監視・軍事訓練）

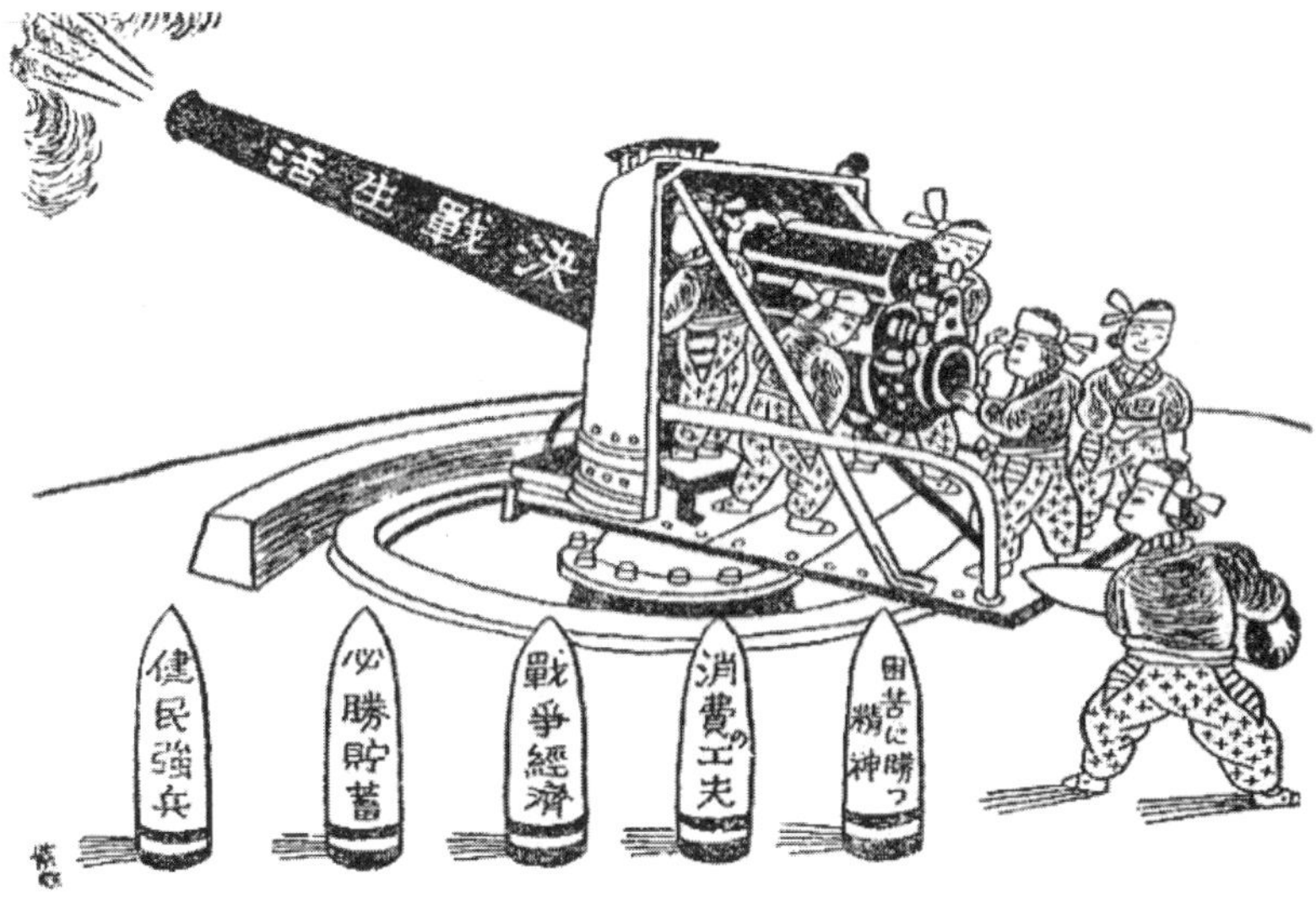

図1　『日本婦人』1944年4月号「決戦生活の実践」

『日本婦人』に見る戦時表象

以上のように戦時活動を分類した上で、それらが具体的にどのように表象されているか、『日本婦人』について見てみましょう。

図1は『日本婦人』一九四四年四月号の「決戦生活の実践」という記事の中に入れられているマンガです。モンペに鉢巻姿の女性たちが「決戦生活」と書かれた大砲を撃っていますが、その傍らに大砲の弾が並んでいて、まず「困苦に勝つ精神」。これがまさにB－1思想戦です。次の「消費の工夫」、これがB－2生活戦。「戦争経済」はB－3生産戦。「必勝貯蓄」はB－2生活戦、最後の「健民強兵」がB－4母性・人口戦ということになります。「決戦生活」とはこれらを総合したものなんだというわけです。

写真5は一九四三年一〇月号の陸・海・空へ三人の愛児を捧げた「軍国の母大村なつさん」の訪問記です。息子たちを強兵としてお国へ差し出せ、ということでB－4母性・人口戦ですが、その悲しみに耐えよという点ではB－1思想戦の表象でもあります。

写真6は四三年一一月号の口絵です。豊かに実った稲を抱えた女性の姿はB－3生産戦ですが、大きく

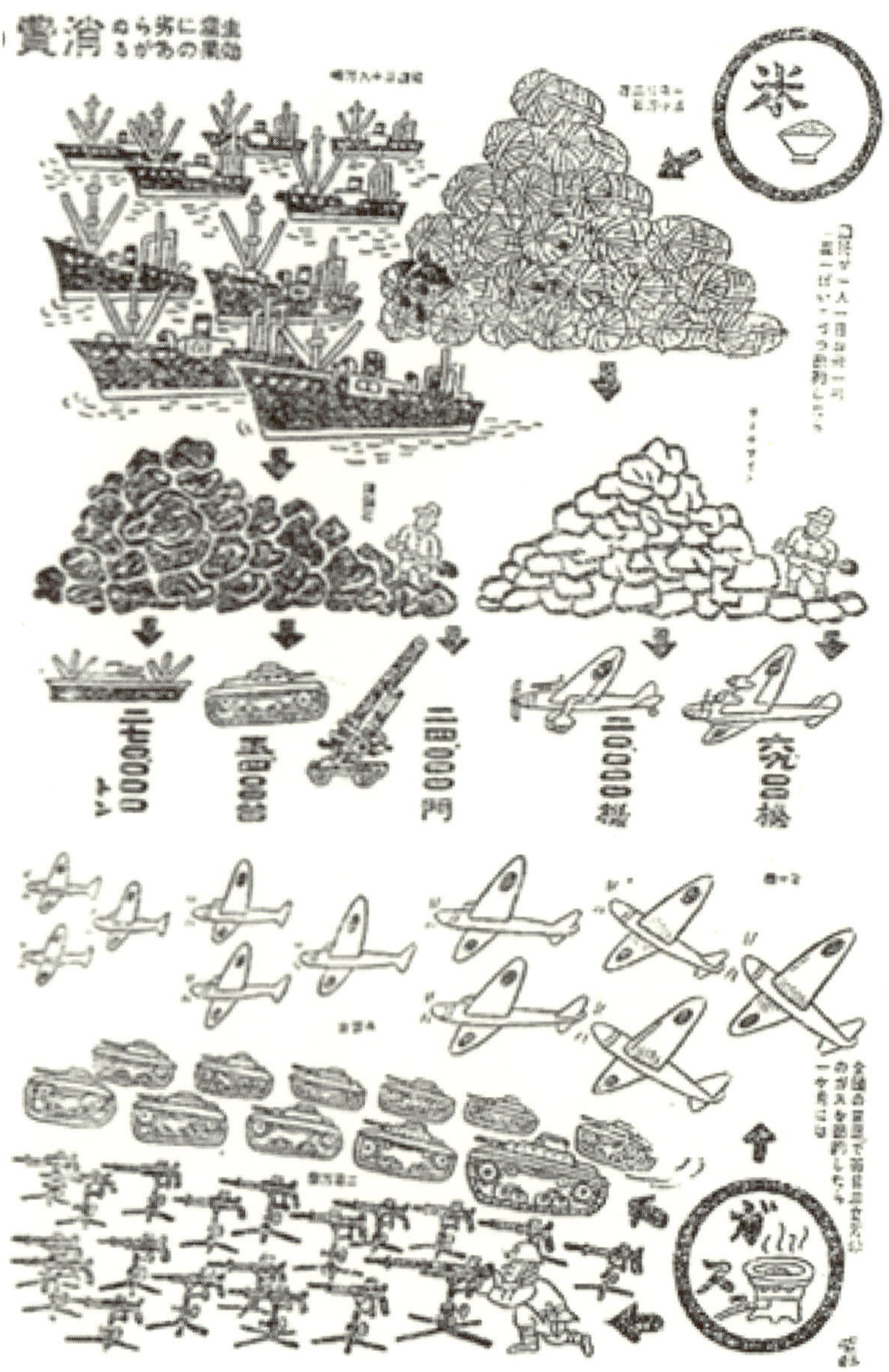
消費
米

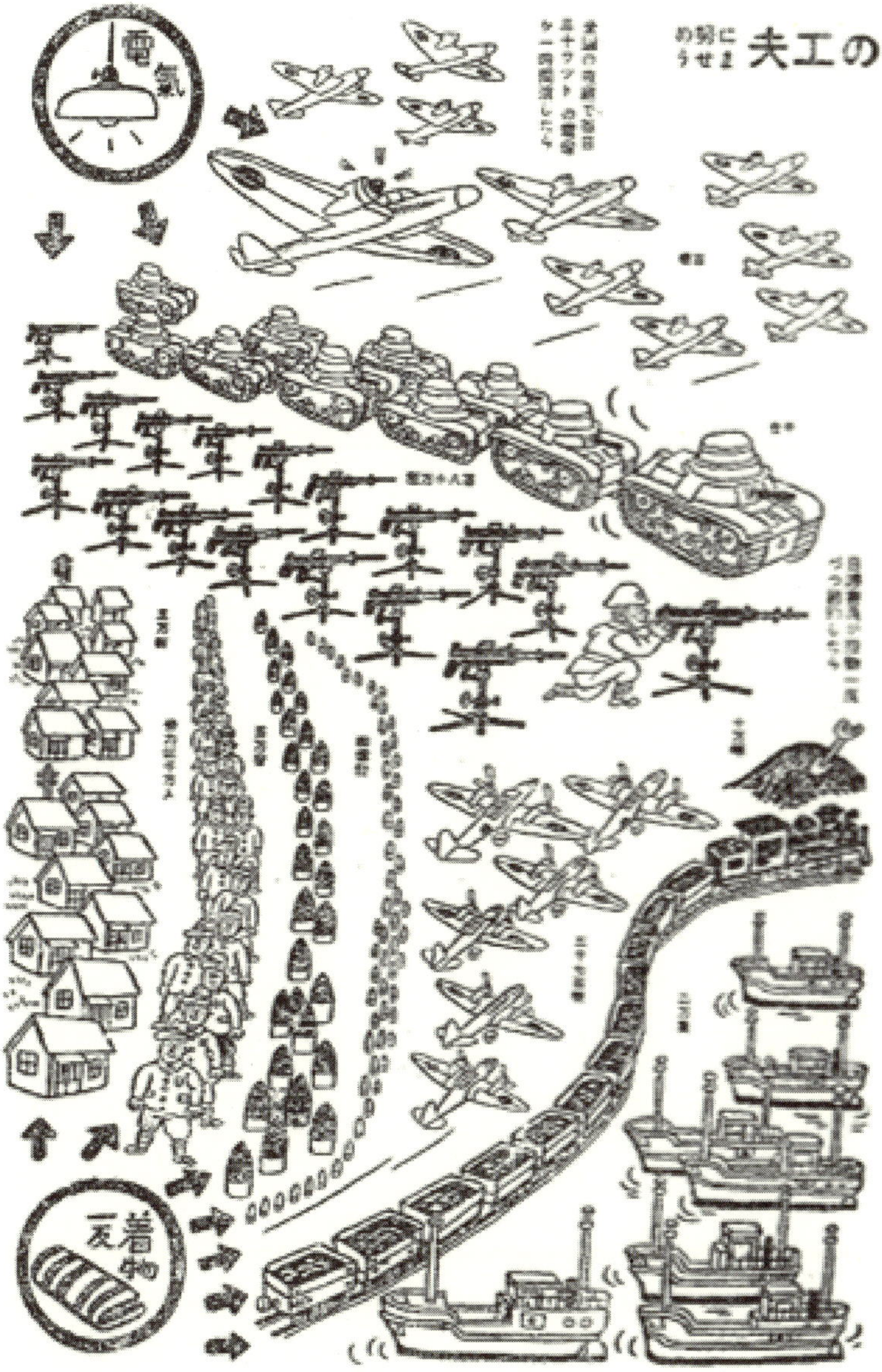

図２　『日本婦人』1944年４月号「消費の工夫」

写真5　『日本婦人』1943年10月号「陸海空へ三人の愛児を捧ぐ」

写真6　『日本婦人』1943年11月号「決戦の秋」

「決戦の秋」とあって、「戦場は戦場で勝ち／銃後は銃後で勝ちませう／私たち日本婦人は／敵国婦人と一騎討です」と書かれています。これはまさにB－1思想戦の表象ですね。敵国婦人とはもちろんアメリカ女性です。

図2は見開きを使った大きなものですが、B－2生活戦の表象として非常に多いパターンです。消費節約の意義を言うために、右上に米とあって、国民が一人一人、一日に茶碗一杯のご飯を節約すると、日本全国ではこんなにたくさんの余剰が出て、それが軍艦や戦車、飛行機などの軍需品になる。さらにガス、電気、衣類についても一人一人の節約がどれほど戦争遂行にとって意義があるかを視覚的に表象して見せています。

写真7は四四年九月号の表紙ですが、防空演習（B－6）です。写真8は四四年一一月号の表紙で、大日本婦人会の制服を着た女性が家庭工場で働いている姿です。家庭工場というのは現在でいう内職です。主婦を工場に動員するのは難しいので、大日本婦人会の班

写真7　『日本婦人』1944年９月号表紙
「防空演習」

写真8　『日本婦人』1944年11月号表紙
「大日本婦人会家庭工場」

長などの家庭に軍需製品の部品を届けて班員が集まって作業する、それが家庭工場です。それほど労働力が不足していたということで、B－3生産戦の表象です。

戦時表象の量的比較

以上は『日本婦人』という日本の既婚女性向け雑誌における戦時表象ですが、他のメディアではどうでしょうか。それはこのあとの報告でごらんいただきますが、ここでは先の分類による戦時活動の表象が三国でどのようにちがうかを検討するために一九四三年一二月号から四四年一一月号までの一年間の誌面におけるページ数の割合を出してみました。その結果をまとめたのが次ページのグラフです。

直接戦時活動に関係ない教養娯楽的な記事をC、目次・あとがきなど編集体制に関わるページをD、広告を空白としています。

ここですぐ気がつくのは日本における思想戦

日独米三国の雑誌にみる女性の戦時活動の比較
1943（昭18）年12月号〜1944（昭19）年11月号

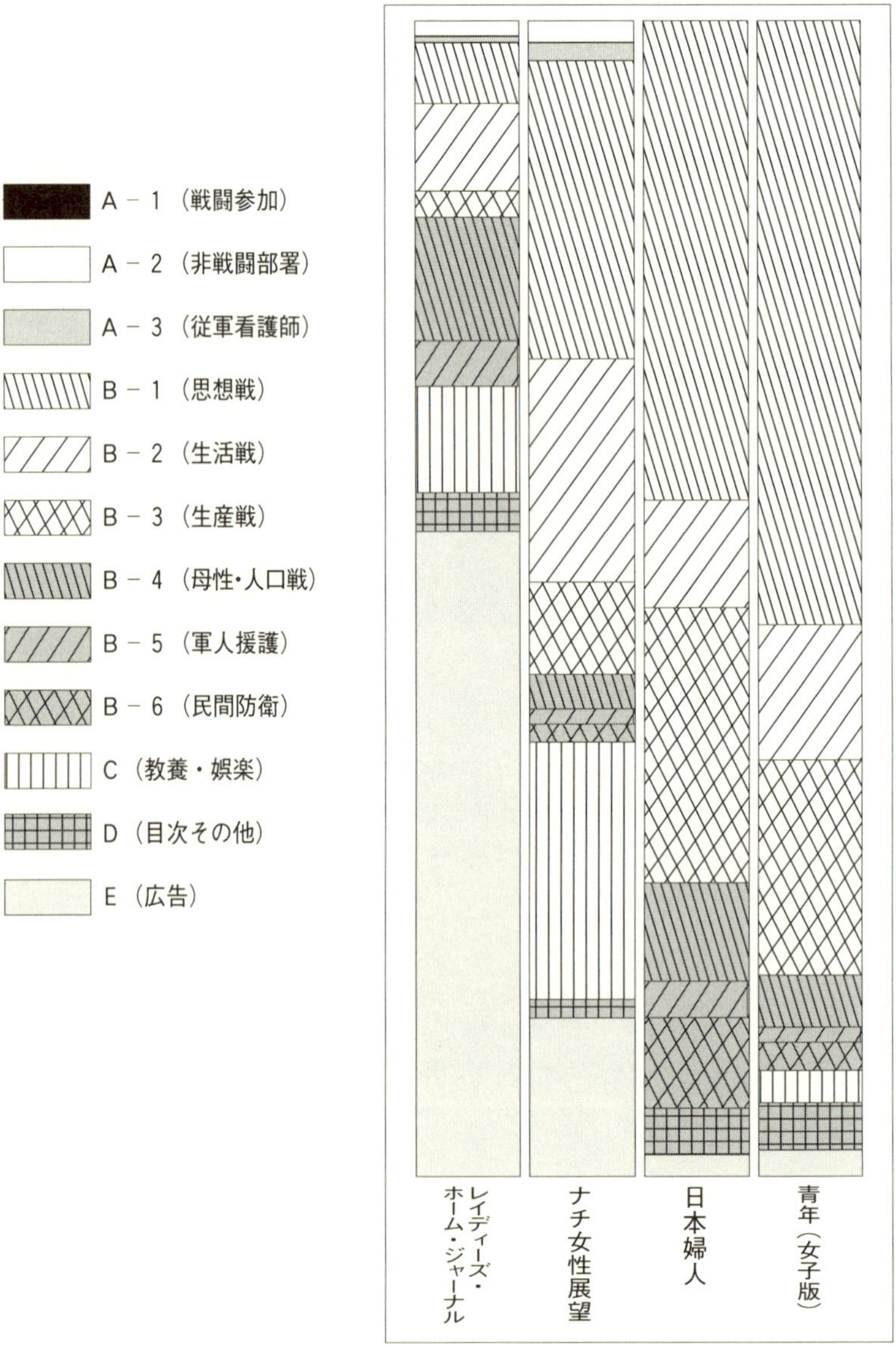

（B－1）の比重の高さと、アメリカの広告の多さです。そもそも『レイディーズ・ホーム・ジャーナル』は日独の雑誌に比べて圧倒的にページ数が多く、日本の二誌の三～五倍、『ナチ女性展望』の一〇倍以上あります。その半分以上のページ数が広告に当てられているのです。これはいうまでもなくアメリカの物量の豊かさと商品経済が機能していることを示していますが、それだけでなくアメリカの戦争目的を表すイデオロギー的意味も持っているのではないでしょうか。つまり、アメリカが掲げる自由主義の擁護、個人の選択の自由、それが商品選択の自由を表す広告の多さの背景にあるのではないか、ということです。それに対して日独の場合は、用紙不足の上に、この段階では統制経済、配給制になっているので商品選択の自由はありません。そもそも広告は意味を持たないわけです。

さらに興味深いのは、ドイツは分離主義で女性は母性役割に閉じこめられていたといわれてきましたが、この時期には母性・人口戦（B－4）に関する記事は数パーセントにすぎません。逆に戦闘参加（A－1）記事がわずかですがあります。

もちろん対象とした時期の問題があります。冒頭で述べたように一九四三年秋にイタリアが降伏し、枢軸国側の劣勢はいかんともしがたいものになっています。今回は資料の関係で一九四三年一二月からの一年間を対象としましたが、もしドイツが破竹の勢いで進撃していた一九四〇年段階、あるいは日本が優勢を誇っていた一九四二年前半段階で比較すれば、また違った結果が得られるだろうと思います。

また雑誌の性格に違いがあるので、この結果で三国の女性の戦時活動の違いをただちにいうことはできません。しかし女性の戦時活動のパターン化による量的比較は、国際比較の一つの方法として今後精緻化してゆくだけの意味を持っているのではないでしょうか。

資料は、日本の戦時出版物の収集・研究の第一人者、櫻本富雄氏、および国立国会図書館、財団法人お茶の水図書館所蔵のものを利用した。他に東京大学教育学部図書館にも所蔵されているが、いずれにも欠号がある。

参考文献

加納実紀代『女たちの〈銃後〉』筑摩書房 一九八七年／増補新版一九九五年インパクト出版会
山高しげり『女性の建設』三省堂 一九四四年
翼賛運動史刊行会『翼賛国民運動史』一九五四年

銃後の若き〈戦士〉たち

『青年（女子版）』から

神田より子

はじめに

私の報告では、銃後の若き〈戦士〉たちというテーマで、第二次世界大戦下の国家体制の中で、日本女性の中でも、未婚の女性たちへの国家の期待を考えてみたいと思います。そのために第二次大戦下で成立した、青少年組織「大日本青少年団」の一員とされた女子青年を対象として選びました。彼女たちは「女人兵として、一億総武装の先頭に立って恥じぬ姿を示せ[1]」と鼓舞されてきました。ここで未婚の女性としたのは、青少年団という組織の中で、女子青年だけが未婚であることを成員の条件として付与されていたからです。

その彼女たちが、国家によってどのように位置づけられ、利用されてきたのかを理解するため、大日本青少年団の女子向けの機関誌『青年（女子版）』を用いて、読み解くことにします。

1、女子青年団の組織の変遷とその機関誌

女子青年団と機関誌の変遷

ここではじめに、銃後の〈戦士〉たちの主たる養成機関だった女子青年団と、その機関誌の変遷を整理しておきます。

一九一八（大正七）年、処女会中央部が誕生、機関誌は『処女の友』、発行部数は七〇〇部。

処女会中央部は「処女会」または「娘の会」等と呼ばれた未婚女子青年の連合組織。

一九二五年に大日本連合青年団発団式。

一九二七年、これに伴い、大日本連合女子青年団が発足。処女会中央部は解散したが、当時の女子青年団の多くは「処女会」の名称を使う。

機関誌『処女の友』の発行を社会教育協会に委譲、発行部数は三一年に二〇万部。

一九二八年から大日本連合女子青年団本部は機関誌として新聞『女子青年』を発行。

一九三七年に大日本連合青年団は大日本青年団と改称。

一九四〇年に二つの機関誌『処女の友』『女子青年』が合併し『女子青年』となるが、発行は社会教育協会。

一九四一年に大日本青少年団成立に伴い、その傘下の一員として女子青年団誕生。

写真1　創刊号、1941年10月号

大日本青年団が解散し、四つの青少年団体すなわち大日本青年団、大日本女子青年団、大日本少年団連盟、帝国少年団協会が統合され、単一団体としての大日本青少年団が誕生。それに伴い機関誌『女子青年』は、男子向けの機関誌『青年』からの派生の形を取り、一〇月号から女子青年団員向けの『青年（女子版）』（写真1）が発行される。なお統合に際して、機関誌『女子青年』は、社会教育協会から日本青年館に有償移譲された[2]。

大日本青少年団と女子青年団

次に、大日本青少年団の組織、団員の年齢と資格について説明します。

団長は文部大臣。

都道府県ごとに青年団、女子青年団、少年団という単位団を置く。

団員　青年団……青年学校生徒、一四歳以上の勤労青少年からなる普通団員／二一歳から二五歳までの幹部団員。

女子青年団……青年学校生徒及び一四歳から二五歳までの未婚の女子青年団員

少年団…………小学校三年生以上の少年少女全体

女子の場合には幹部団員という規定はありません。また女子は、女学校や各種学校在学者が加入しても差し支えないという規定の下、戦局が厳しくなると、女学校の在学者や卒業者も加わってゆきます。

次に女子青年団の人数を見てみましょう。一九三九年四月一日段階では、一五七万三八七七人でした。これは樺太、台湾、朝鮮は除きます。加納報告では、大日本婦人会機関誌『日本婦人』の場合は、対象に樺太や台湾、朝鮮の植民地の女性も含まれるということでした。しかし三九年当時の女子青年団には植民地の女子青年は含まれていません。四二年六月一日の女子団員数は、二四六万四九五一人を数え、二年あまりで八九万人の団員が増加していることになります。

これは四二年六月に「国民運動団体の統制に関する件」が決定し、大日本青少年団は形の上で大政翼賛会の傘下に入ったことと関係しています。すなわち重要な人事や予算は翼賛会の承認が必要になり、青少年団が独自に判断できなくなることにもつながるのです。

戦時中の女子青年団の重要な任務としては、食糧飼料増産、軍需生産、国防訓練があげられます。さらに三一年の「満州事変」以降、大日本連合女子青年団の時代から、毎年軍人援護事業を行ってきましたが、当然のこととしてこの運動は引き継がれました。また青少年団は教養訓練団体なので、健全娯楽と教養や訓練が結びつけられ、映画や芝居を見ることも指導されました。さらに旧青年団の拓殖訓練、海外雄飛の二本柱を継承して、興亜運動を展開しようという試みもありました。

女子青年独自の運動としては、生活訓練の項目が立てられました。女子の体力増進が図られ、健康な母体の養成と運動という女性特有の訓練が設けられ、結婚改善が図られました。

四五年になりますと、本土決戦への緊張の高まりで、二月には陸軍によって「一億国民の総武装」による蹶起が叫ばれます。そうした状況下にあって、文部省体育局長は『文部時報』(四五年二月号〔終刊号〕)[3]の中で、二〇〇〇万青少年学徒の蹶起をうながすこととなります。さらに女子青年団の組織していた女子挺身隊の組織の強化が通牒されます。高等女学校や専門学校の卒業生も地域に居住している者は、女子青年団の幹部団員として参加し、女子挺身隊員となって出動せよと奨励されるのです。このたびは女子青年も根こそぎ軍需生産に従事するように強要されます。

しかしこれもつかの間のことで、時局はさらに切迫し、三月には挺身隊総出動の実施、防衛と生産の一体的飛躍の強化が図られます。すなわち直ちに武器を持って蹶起できる体制への移行を速やかに行い、本土防衛を完備するために、国民義勇隊を組織することが決定されるのです。

そして五月になりますと、大政翼賛会の解散が閣議決定し、続いて同月に戦時教育令の発令を受け、文部省令第三号により、大日本青少年団は解散させられます。こうして全国の青少年学徒を一丸とする大日本学徒隊が組織され、大日本青少年団本部は六月に解散式を迎えました[4]。

こうした背景を前提として、以下では女子青年団の機関誌『青年(女子版)』の内容に入ってゆきます。

2、機関誌『青年（女子版）』が表現するもの

『青年（女子版）』について

女子青年団の機関誌『青年（女子版）』の発行部数は二〇万部[5]でした。ページ数は四一年一〇月号（創刊号）は一八二頁で始められましたが、一一月号から減ページとなり、四二年に一二四頁となり、四三年には一〇六頁から六六頁に減少し、四四年には四八頁となり、最終号となる四五年二月号は四〇頁でした[6]。

この雑誌は前述したように、男子青年向けの機関誌『青年』から派生して、女子向けに発行されたという経緯があります。そのために男子向けを本版、女子向けを女子版と称しています。こうした事情から、男子向けと同じ巻号の巻数を取り入れ、『青年（女子版）』の創刊号は二六巻一〇号で、終刊号は三〇巻二号となります[7]。

このように『青年（女子版）』は、これまでの機関誌『処女の友』や女子版以前の『女子青年』とは異なり、青年男子向けの雑誌『青年』があり、そこから続いて「女子版」という形式で発行されることになるのです。結果として雑誌には男子向けの記事と共通の内容が多く含まれることになります。

女子版が発行される以前の『青年』を見てみましょう。二〇巻三号以降の記事には、男女共通の記事が散見されるようになります。二〇巻五号と六号には、「女流名士が語る青年男女問題座談会（1）」「同（2）」として、河崎なつ、高良とみ、岡本かの子、吉岡弥生等、『処女の友』や後の『青年（女子版）』の常連なども登場してきます。これ以降も二〇巻七号には「非常時訓練に日本一の折り紙付き―群馬県の誇り　糸之瀬女子青年団を訪ねて」、二二巻一二号には「入選女性実話」として、国元かくりの「哀れな友を救うために愛生園の看護婦となる迄」等、女子青年も読者対象だったことが推定できる記事があるのです。

これらの記事の内容からは『処女の友』に見られたような、家政を担う婦人を育てるといった目標だけではなくなってきていることがみてとれます。それに加えて、女子青年への期待は、後の『青年（女子版）』に連なるような、国家に忠誠を尽くし、青年としての自覚をうながし、教養を高めることが目標とされていたのです。

それでは『青年（女子版）』をみてみることにしましょう。**写真1**は一九四一年一〇月号で、これが実質的な『青年（女子版）』の創刊号です。表紙には「内容見本」と記されており、雑誌の見本の体裁をとっています。表紙は女子青年が笑顔でスカーフに手を当てている写真です。表紙に写真が使われるのはこの号だけで、以降は画家による絵になります。表紙の絵には「暖かき日」というタイトルがあります。これ以降も、ほぼ毎号の絵にタイトルがあります。

創刊号では巻頭に「輝く興亜女性詩物語――殉国白衣の天使――」と題した看護師の物語を絵入りで掲載しています。内容は従軍看護師がコレラをも恐れず看護する姿や、病院船で血を吐くほどの船酔いと過労に苦しんだ末に、護国の神と散った姿などが描かれています。こうした人物を鑑に、国家に忠誠を尽くす人材に育ってほしいとの意図が見えてくる内容となっています。

また創刊号としての特徴は、「青年女子版の使命」と題した記事です。ここには大日本青少年団副団長で、文部省教学局企画部長だった朝比奈策太郎と、同じく副団長で日本女子大学校長の井上秀が文章を寄せています。朝比奈は「組織強化に資する」という副題で、「これまで別々だった男女の青少年が初めて打って一丸となり、錬成教養と、国策協力を共に行えるようになったことは大きな歓びであること、機関誌『青年』を通じての文書教育はきわめて重要であること、青年団の組織強化に資するところが大きいこと」を強調しています。また井上は「新しき婦徳の涵養へ」との題で、「不足している女性の知識教養を高めること、日本女性の長所である貞淑、温和、謙遜などの婦徳を最高度に発揮するためには知識と教養が必要であること、そのため銃後の青年女子の新しい婦徳の涵養となる雑誌の発刊が必要になったこと」として、この雑誌こそ女子青年が久しい間待ち望んでいた心の友であると主張しています。

一九四三年一二月号から四四年一一月号まで

銃後の〈戦士〉への期待は、決戦措置という状況の変化に伴い、大きく進展することになります。男子の徴

写真2　1944年新年号

写真3　1944年6月号

兵が低年齢化し、女子が生産現場へと配置されてゆきます。日本の勝利は銃後の女子青年の戦闘意識に負うとし、後世までも自らを誇るようにと鼓舞します。女子青年にも「正しい日本人」たれとの意図が見えますが、実際には物がなく、精神論に終始しました。女子青年への期待は、徹底した銃後の活動であったと言えましょう。

こうした状況下にあって、今回取り上げる一九四三年一二月号から、四四年一一月号の一年間を通して、当時の雑誌が表現した表象を分析してみます。

この雑誌の特徴をいくつか挙げてみます。まず各号の雑誌の表紙には、必ず標語が記され、内容もこの標語に従った記事が掲載されています。これは雑誌を発行する側の意図がよく見える内容なので、注意してみましょう。

まず表紙をいくつか見ていただきましょう。**写真2**は四四年の新年号で、標語は「戦闘配置につけ！」、宮本三郎の絵による工場で働く女子青年の姿を描いたものです。**写真3**は六月号で、標語は「生み出せ創意！　強めよ戦力！」、表紙の絵は松田文雄による「飛行機をつくる」女子青年の姿です。**写真4**は

写真４　1944年７月号

写真５　1944年11月号

「今こそ示せ女性の力」という標語の七月号で、松田文雄の絵には「漁村の増産」というタイトルがあります。そして写真5は一一月号で、「屠れ米英　撃て鬼畜」とだんだん過激な標語を使うようになります。絵は岩田専太郎で、収穫する女子青年が描かれています。

さてそれでは内容を検討してゆきましょう。

『青年（女子版）』には軍隊参加に該当する項目はありません。従軍看護師に関する記事も、創刊号の四一年一〇月号には特集が組まれていましたが、この一年間には登場しません。一月号「私たちの戦闘配置」は工場と農村で働く女子の座談会、記事「女子防空通信隊」は工場への配置に関するもので、実際に軍隊に加わったという内容ではありません。

「補助看護婦読本」という記事が三本ありますが、これらは「人体生理」「栄養の生理」「寄生虫とトラコーマ」といった保健学の講義録です。ただ雑誌には掲載されていませんが、四四年二月に定められた「補助看護婦訓練要項」に基づき、札幌や福岡では養成会が開かれ、生理学、伝染病学、母性衛生などの学科、手術見学、伝染病院勤務実習などの実技、実習などの講習会が行われたとの記録(8)があります。しかし団員はすこぶる真剣に受講したとあるのみで、どの程度具体化したのかは、雑誌からは読み取ることができません。

3、『青年（女子版）』にみる戦時活動

思想戦

それでは分離型の思想戦からみてゆくことにします。前述のように、女子版の性格上、男子版と共通の記事が多く見られますが、具体例として以下のようなものがあります。

思想戦というテーマでは、男子版の『青年』との共通記事が三五％にも上ります。ここからは青年男子に期待された「正しい日本人」になるための知識を、女子青年にも知らしめようとの意図が見えなくもありません。内容としては戯曲を多用しての洗脳ぶりが目立ちます。有名作家による戦意高揚をねらったもの、そして女子青年も総力戦の中枢にいるとの自覚をうながす内容です。それが戦略なのでしょうが、大臣や軍人などによる文言よりも、心に響くものが多くみられます。共通記事では軍人による戦意高揚をねらった内容も多く取り入れられています。

一例を示しますと、四四年一月号の栗原悦蔵海軍大佐が書いた「一億の総進軍」というタイトルの記事があります。内容は、南方作戦の重要性、兵隊だけでは戦争ができない、国民の一割が決死隊に、みんなで日本丸を漕ぎ抜けなど、後方支援をしている青年を鼓舞するものとなっています。

男女共通記事で多く取り入れられている戯曲に注目してみましょう。四三年一二月号には大隅俊雄の「出撃」があります。この作家は、小津安二郎の映画『結婚入門』の原作者でもあります。また有名な劇作家北条秀司も、四四年八月号に「氷島の人々」という作品を寄せています。これらの共通点は、戦場における友情、信頼などをテーマに、国家に忠誠を尽くす勇気ある若者の姿を描くといったものです。

共通記事として座談会もよく載せられています。四四年の二月号には、「鬼畜米国の暴虐を見よ」というタイトルで、四三年一二月の交換船で帰国した二人の在米経験者に話を聞いています。「敵米英の正体を暴く」といった彼らの対談では、残酷な米国官憲、そうした中で残留する同胞、敵米国の青年の実情、敵の長所と短所などが語られています。

そして毎月必ず戦時情報が掲載され、「戦争の実相を知れ」「血塗られし岬」「コヒマ最前線より」等の戦記や戦場解説もあります。これら以外は大臣、軍人による若者の奮起をうながす文章が多くを占めています。

また共通記事には戦時情報や戦記もあります。四四年一月号では大西瀧治郎海軍少将が「ブーゲンビル航空戦」と題した戦記を載せ、ハワイの真珠湾以来の輝く大戦果を報告し、一億総員戦闘配置、敵反攻破砕の責任は若き青少年の肩に掛かっていると鼓舞します。

一九四四年当時の女子青年団員への期待は以下のようなものでした。まずこの年の一月に女子青年の勤労動員が徹底されます。都会の女子青年には、飛行機工場での勤労が勧められます。また五月になると、男子青年に対して軍方面への動員がかけられ、その労力の空白を満たすのが女子青年であると位置づけられます。

次に、男子青年についても少しお話ししておきます。『青年』男子版によると、八月に少年総進軍大会が催されます。そしてそれ以降になりますと、「青少年総突撃の歌」や「少年兵を送る歌」などが作られ、雑誌に載るようになります。

兵役適齢者全数に対する軍隊入営の割合は、四一年度の戦争開始の頃が五一％であったのに対し、四四年度は八九％、四五年度は九〇％となり、残る男子国民は一七歳未満の幼少年と、四六歳以上の老年人口となり、残された老若層も軍関係工場等に動員される[10]という状況になってきます。

そして青年学校の教練は軍事訓練へと移行します。つまり若い青年がどんどん戦場に取られるという状況下で、男子青年が減少するなか、農家経営の主体は女性が担うようになるわけです。農家経営の当時の全体の割合が、女性が八割、男性が二割という、ほぼ女性中心だったという実情があります。

青年団も、女子青年団・男子青年団と分かれていたのですが、男子青年の数が減り、各地でこういった男子・女子という分け方ができなくなって、男女青年団という名称となり、男女が一緒に行動をする、働くという活動が増えてゆきます。

思想戦で、女子版のみの記事は全体の一〇％強です。内容は銃後でがんばる女子青年を鼓舞するものが目立ちます。四四年四月号の「銃後に闘う、戦勝を目指す女子青年の進軍」、七月号の「決戦の夏に鍛える、戦い抜く身体を作る」などです。また戯曲と音楽を多用しています。音楽は楽譜が付いていて、青年常会や輪読会で歌ったものと考えられます。

一つ例をお示しします。これは音楽「兄は征く」という曲で、四番の歌詞を見ますと、

大和ざくらの　ひとときに
　敵をたたくぞ　妹よ
後はよろしく　追いつぎの
　　強い男の子の　母となれ

というものです。当時の状況が浮かんでくるような歌になっています。

またあの有名な壺井栄は、この雑誌に多くの連載や戯曲を書いています。戯曲では長編「花の命」を四三年一二月号まで六回連載しています。また彼女自身が、工場に働く女子青年を訪ねた工場訪問記を四四年三月号に載せています。その内容は以下のようなものです。

絹糸工場が国家の要望に応えて、航空機工場に転じたのです。

どんなに小さな仕事でも、細心の注意で、正確にやらなければならない。

髪の毛一本の誤りも、不良品を作ることになり、ひいては兵隊さんの命にも関わり、国家の前途に支障を来すことになる。

この一人の女子工員の心構えが、黙々として働いている少女たち全体の表情に見られます。

その表情には、働く者にのみ許された、気高く美しいものがみなぎります。


このように、有名な作家のきれいな言葉が、思想戦の大きな力になっていることが理解できます。

女子版では戯曲が目立ち、史話「萩の女台場由来」、長編「花の命」、短編「トコタンの娘」、戯曲「明るい顔」「村は夕焼け」などですが、「常冬の基地」という戦記もありました。

座談会は「私たちの戦闘配置」のみで、他は音楽「産業乙女」「われらおみな」「女青の歌」「闘う花」「いさをを胸に」、前述の「兄は征く」など、すべて楽譜があり、これらも青年常会や輪読会で歌ったものでしょう。

生活戦

生活戦は全体の中では一四・五%を占め、男女共通の記事は〇・一%で、それ以外は女子版のみの内容です。漫画入りのものが男女に共通した記事です。四三年一一月号の近藤日出造による絵と文で、「国債貯蓄解説」です。内容の一部を紹介しましょう。

国債貯金は、国債を買ったと同じ事になる貯金、通帳に書き込んで国債を買う方法で、郵便貯金通帳に似た通帳に、買いたいだけのお金を添えて銀行、産業組合、信用組合、郵便局などに差し出すと、その金額を書き込んで通帳だけハイと返してくれる。別に国債は寄こさない。全然郵便貯金と同じであるが、ただ払い戻しを請求したとき、現金でなく国債で払い戻す仕組みになっている。

あア諸君！　産業戦士の皆さアん！　行きましょう！　え？　もうとうの昔にやってきた？　いい事で退けはとらない!!　やれまア山本元帥の言葉ぢゃないが、今どきの若い人は偉いねエ。

『大日本青少年団史』[11]によれば、貯蓄の奨励として、青年団幹部団員、普通団員、女子団員、少年団員それぞれの年間達成額を公表し、貯蓄運動増強を推進させる原動力としていたのです。

生産戦

労働力としての生産戦の記事は、全体の一九％強を占め、これはほぼ女子版のみで扱われ、生活と密着し、充実しています。

四三年下半期には女子青年団への指導重点が、食糧増産運動と団の振興に移ります。また女子青年団員が、勤労報国隊員として工場で働くことや、都市の女子青年が農村で奉仕活動をすることが奨励されます。それが四四年になると、女子青年団員の勤労動員体制を整備し、勤労挺身隊の活動へと移ります。[12]

写真6　1943年12月号

この内容をよく表象しているのが四三年一二月号の表紙（写真6）ですが、「一路戦力増強へ」という題で、造船所で働く女子青年を描いています。

また写真7は四四年五月号の表紙で、松田文雄による絵の題は「共同炊事の奉仕」です。

写真7　1944年５月号

写真8　1944年３月号

この号では標語の代わりに「海軍記念日」とあります。

生産戦での特徴的なものとして、生活調査・記録が載っています。例として防空手帳、救急薬品、雑炊の作り方、闘う生活、勝ち抜く生活、切り替えよ衣生活、少ない肥料で多収穫、ひな祭り料理、野草料理、結核と予防法、梅雨時の衣食住、戦い抜く身体を作れ・決戦下の栄養の取り方、伝染病の予防と看護法、もんぺ下の作り方、甘藷を多く収穫する方法、手伸ばしうどんと饅頭の作り方等、戦時生活の必需品ともいえそうな、当時の生活に密着した内容ばかりです。

しかし下半期になると、空襲下の食糧の準備、疎開児童の迎え方の心構え、敵前食事の作り方など、生活自体が切迫している様子がうかがえます。

写真8は四四年三月号で、「撃ちてし止まん」の標語が載り、宮本三郎による「私たちも航空機増産へ」という題の表紙です。**写真9**は四四年四月号の表紙で、「必勝戦力増強の年」の標語があり、松田文雄による絵は「食糧増産」というタイトルになっています。

写真 9　1944年 4 月号

写真10　1944年10月号

生産戦に関しては、座談会も多く取り上げられています。例えば、労働力を求めて四四年三月号では、「新人工員のために工場を語る」という座談会が載りました。先輩女子青年が、国民学校を終えた新人青年に説明しているものです。内容は「工場でも勉強ができる」「工場でも結婚相手が見つかる」「飛行機を作って国家のために働こう」など、若い女子青年の不安を先取りして解説し、国家のために一緒に働こうと励ますものとなっています。ここからは、当時の若い女性たちがどういうことを心配していたのかを、うかがうことができます。

写真10は四四年一〇月号の表紙で、標語は「一億総武装の先頭に立て！」、「収穫の秋食糧増産」という斎藤長三の絵です。

また三月号では、副団長で日本女子大学校長の井上秀が「日本女性は世界に冠たる婦道に生きてきましたが、今こそ日本婦人本来の徳性を涵養し、世界無比なる婦道を発揮し、渾身の努力と誠を捧げて天与の使命を達成し、国家の難局に善処し、以て戦力増強に貢献し、国母陛下の思いに寄り添い、女子青年の蹶起敢闘を切望する」と述べています。

四月号では朝比奈策太郎副団長が女子青年と対談し、必勝戦力増強挺身の年と称して、食糧増産、女子勤労動員体制など女子青年団員への期待を語っています。

八月号になりますと、「送れ我らの飛行機を、献納運動に奮起する一五〇〇万団員」と題して、各分団の飛行機献納運動を紹介しています。

農業関連では、四月号、一〇月号、一一月号の表紙が農作業に励む女子青年、七月号が「今こそ示せ女性の力」と題した漁村で網を持つ女子青年の姿です。

記事の内容は、よい堆肥の作り方、害虫防除、ヒマを作ろう、軍兎を飼いましょう、糸つむぎ、座談会「戦力を培う工夫」、稲の大敵「いもち病」を防げ、共同炊事四原則と託児のコツ、食料決戦に勝ちましょう、稲の生長と養育、藁工品夏期増産突撃運動など、現場に即した具体的な内容です。

記事の中で目立つのは「食糧増産は女子青年の手で」等の生活記録です。「子馬を育てる」「東京都挺身隊はかく戦う、女子挺身隊の手記」「農に帰して」「努力と責任感で勝ち抜こう」「船留め修築に闘う」「決戦下花と匂う女子青年魂」などがそうした雰囲気をよく表している内容といえるでしょう。

生産戦における『青年（女子版）』は、徹底した銃後体制だということがわかります。生産戦の記事は、農業、工場労働に励むようにといった内容が中心なのです。

その背景として、四四年一月に東条英機首相が、衆議院の予算委員会で女子挺身隊制度に言及し、軍需生産や食糧増産など生産部門での女子の活用を強調しました。それを受けて、二月には「青少年団女子勤労挺身隊要項」とその運営指針が発表され、各地に女子挺身隊が組織されていったのです。[13]

母性・人口戦

次は母性・人口戦ですが、この記事は全体の中では〇・三六％と、女子青年向けの雑誌としては扱いが少ないという印象です。とはいえ、国の命につながる保育をしてほしい、戦い抜く身体を作ってほしいということが強調され、奨励されます。

女子挺身隊には戦力としての健康に気を遣うために疲れを治す体操等が奨励され、記事として取り上げられています。

それと連動して、写真11の四四年二月号は「厳冬に鍛えよ」という標語で、絵は宮本三郎による「体操をする女子青年」を描いたものです。

記事では映画紹介「母性基地」だけが男女共通で、それ以外は女子版のみです。内容は、逞しい身体を、対談「必勝戦力増強挺身の年」、入団の誓い、国の命につながる保育、戦い抜く身体を作れ─戦力としての健康、疲れを治す体操、ささげよう我が血潮（東京都女子団員）などでした。

写真11　1944年２月号

軍人援護、激励

次は軍人援護、激励についてですが、大きく扱われることはなく、記事の割合は全体の〇・一％です。これは女子版のみに見られる内容で、農村から工場への手紙、挺身隊慰問などがあります。

雑誌には具体的な記述はありませんが、四三年から軍人援護精神高揚運動が廃止され、大日本青少年団本部では、本部で考案して配布する「女子青年だより」に基づいて、慰問文の発送を指示しました。さらに慰問文の内容に至るまで指示が出されています。それらは地域の産土に参拝して朱

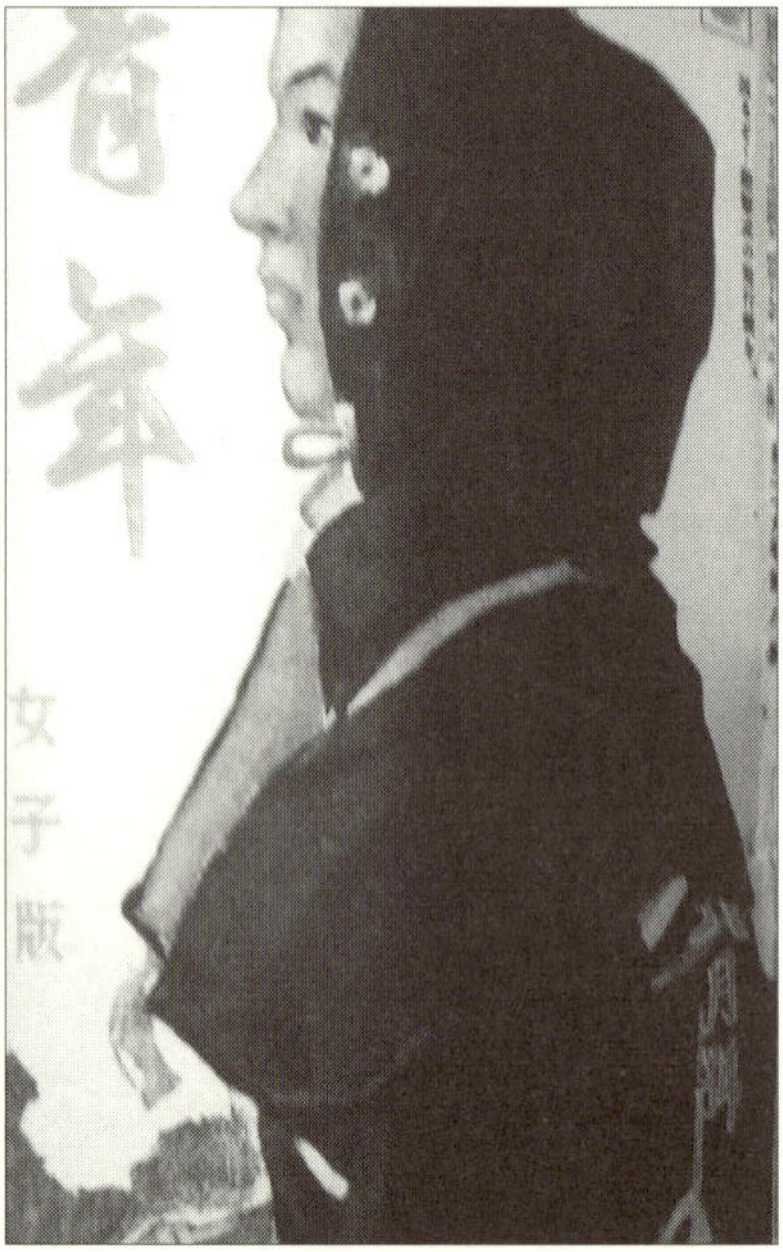

写真12　1944年８月号

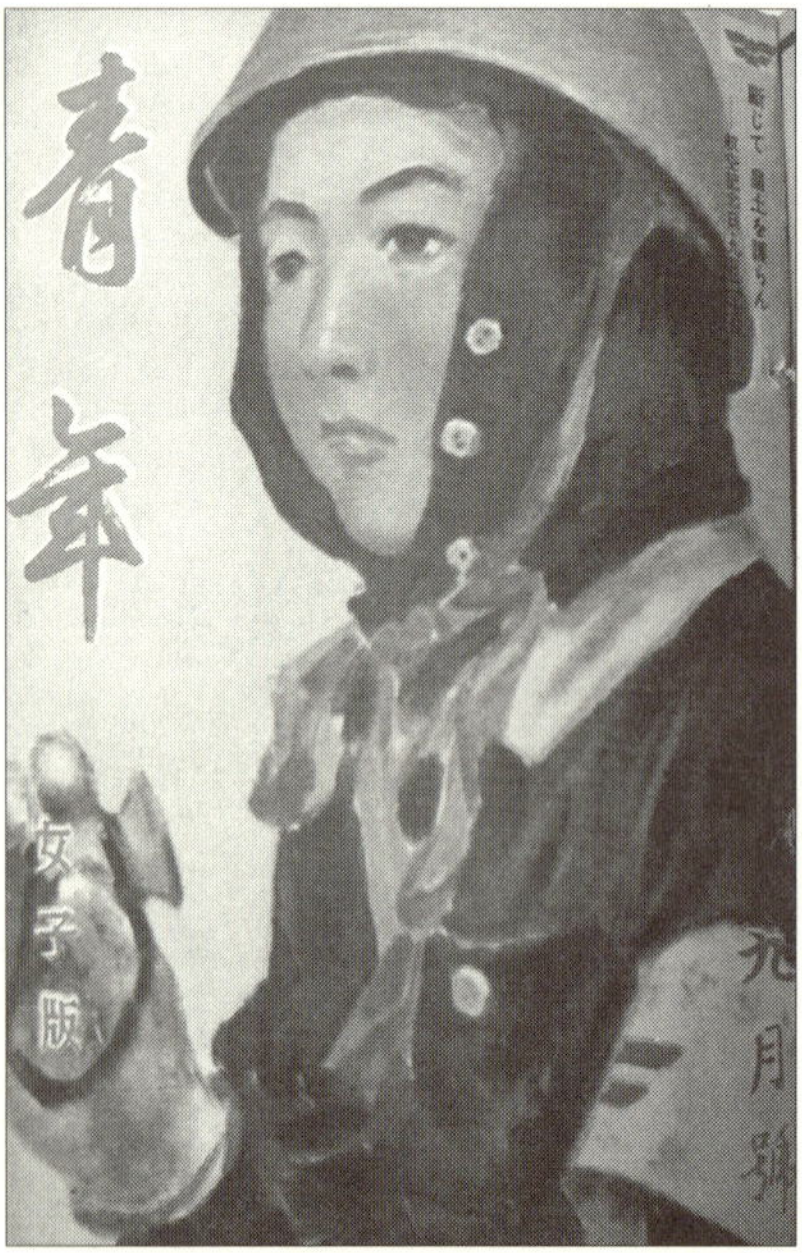

写真13　1943年９月号

印を貰うこと、その下に「祈武運長久」と記入して自署すること、女子青年団の活動など将兵の士気を鼓舞する内容を書くこと、絵便りを書くことなど、詳細に及んでいます。

四四年四月には、軍人援護の主眼点として、集団的な慰問文の発送が指示され、さらに女子青年団員には傷痍軍人との結婚が奨励されました。[14]

民間防衛

民間防衛に関する記事の割合は一年間のページ数の〇・二四%で、女子版のみの扱いです。量としては少ないのですが、女子防空通信隊、隣組の防空監視、手旗信号の使い方、農村における防空のやり方などが載っています。

写真12の八月号は「送るぞ！　敵撃滅の飛行機を」と称した標語で、表紙の絵は伊東正義による「監視哨に戦う」で、防空頭巾姿の女子青年が描かれています。

写真13の九月号は「断じて皇土を護らん―航空記念日九月二〇日」の標語のある「防空活動」

と題したヘルメット姿の女子青年の姿です。記事は防空と女子の生活について、皇土を守り抜こうという解説、農村の防空はかくせよ、油断するな農村の防空などです。

まとめ

機関誌『青年（女子版）』では、銃後の〈戦士〉への期待が多く表現されているということが、これまでの内容から理解いただけたと思います。その中でも興味深い記事が四四年一〇月号にありました。これを最後にご紹介しましょう。日本女子大学校教授の氏家壽子が「一億総武装の先頭にたつもの」というタイトルで文章を寄せているのです。内容を要約してみます。

心の武装

武装の最大のものは心でなければなりますまい。

一億総武装せよとの首相の御言葉に頭を垂れた時私は會て国民戦列に就けと命ぜられた日の感激を新たにし、先づ心に甲をつけてと勢い立ちました。

武装は完きや

空襲三度、敵はわれらの住所をうかがい飽くなき野望をここに遂げようとしています。

女人兵として、職場に在っては職場を、任務に就いては任務を死守完遂する挺身隊員です。

家を忘れ家族を思わずそこに殉ずる筈です故に、この身このまま召されて良い丈の用意怠りなきをこそ、前線に続く女子青年の真の武装と申すべきではありますまいか。

出陣のあした

若き女性として、身辺整理をし、出陣の明日と思えば我身は晴れの死装束、何より先に下着を整え清潔でありたい。

その上で死の瞬間まで食糧増産に、兵器生産に仕事を続けるように。

これぞ女子青年の真に一億総武装の先頭に立って恥じぬ姿と思うのです。

一方副団長の井上秀は「婦人本来の徳性の涵養と世界無比なる婦道」と題した記事を寄せていますが、これこそ精神論に終始しています。

以上検討してきた雑誌『青年（女子版）』から、女子青年への期待は以下の二つの点を挙げることができるでしょう。一つは戦前からの思想である、女子青年の役割はジェンダー秩序を表象している、結婚や子どもを産み育てるといった「良妻賢母」概念の継承です。そしてもう一つは徹底した銃後の戦士としての活動でした。

前者がはっきりと表象されているのは、先に井上が「婦人本来の徳性の涵養と世界無比なる婦道」と述べた精神論でしょう。当時の女性指導者の立場がここによくあらわれていますし、彼女たちは戦前の良妻賢母主義から抜け出すことのできなかった、古い体質の体現者ということができましょう。

二番目の銃後への期待はどうでしょうか。前述した氏家壽子が語った「一億総武装の先頭にたつもの」をもう一度検討してみましょう。一億総武装の先頭に立って恥じぬ姿だと述べたこの氏家の言葉こそ、思想戦としての銃後の戦士へ向けた言葉として最たるものと言うことができます。

さらに戦況が厳しくなった一九四三年末から四四年は、戦時非常措置から決戦措置へと状況が変化します。そうした中で成年男子の徴兵が低年齢化し、男子労働者が不足すると、女子は生産現場である農業、漁業、そして工場へと配置されます。雑誌のスローガンからは働き戦う現場は農業、漁業の場であり、さらに工場であったといえましょう。戦争末期になると軍需産業で労働する姿こそ銃後の戦士の姿と表象されてきたのかもしれません。

こうしてみますと、第二次大戦下、農業や漁業そして軍需産業に限らず近代工場においても、従事者が足りないとき、女子青年は現場で働くことを強く勧められてきました。しかしその内実は補助的な作業が中心でした。農業でも漁業でも軍需産業でも、数日間の技術指導や、その場にあるものを使っての創意工夫を要求されただけで、農業における生産の管理や計画、工場の管理運営を任されていたわけではないのです。「必勝戦力増強挺身の年」「屠れ米英、撃て鬼畜」等と勇ましい言葉でも、就くべき戦闘配置の場所としては、その日限りで終わるような補助的な役割が与えられただけでした。大人ではない女子青年、男子ではない女子青年は、その場限りの銃後の労働を担わされた戦士だったと、雑誌では表現されているように感じました。これは現在の派遣労働者と同じ仕事内容です。

本当に女子青年の力を必要としたのならば、農業でも漁業でもあるいは工場でも、彼女たちに技術を習得させ、教育を受けさせ、一人前の技術者として育成するという方法をとったのではないでしょうか。

そして雑誌を表象という点でみてみますと、今回取り上げた大日本青少年団が発行していた『青年（女子版）』の表紙はどれも無個性で、無表情であるということがみてとれます。唯一少しだけ個性が見えるのは、一九四一年一〇月に出された創刊号の表紙の写真（前掲**写真1**）です。これには「暖かき日」というタイトルが付き、スカーフに手を添えた若い女性の笑顔が見えています。ところがこれ以降の各号は、著名な画家の絵であっても、若い女性らしいはつらつさとか、かわいらしさとか、けなげさとかは見あたりません。

それよりも各号の表紙に掲載された「国家のスローガン」としての標語こそが、この雑誌の機関誌としての性格を表しているということができるのではないでしょうか。そしてそれに合わせた労働着をまとった若い女性こそが、このスローガンを表象しているのだと言うこともできるでしょう。

この標語をもう一度引用してみます。「屠れ米英　撃て鬼畜」（一一月号）、「大詔に応え奉らん」（一二月号）、「戦闘配置につけ！」（新年号）、「厳冬に鍛えよ」（二月号）、「東亜団結、戦力増強」（三月号）、「必勝戦力増強挺身の年（昭和一九年度指導標語）」（四月号）、「生み出せ創意！　強めよ戦力！」（六月号）、「今こそ示せ女性の力」（七月号）、「送るぞ！敵撃滅の飛行機を」（八月号）、「断じて皇土を護らん　航空記念日・九月二〇日」（九月号）、「一億総武装の先頭に起て！」（一〇月号）となります。

これこそが国家が銃後の戦士として未婚女性に期待し、強要した内容だったと言えるのではないでしょうか。

掲載の表紙写真は日本青年館所蔵の雑誌『青年（女子版）』を神田が撮影した。本文の記事は不二出版提供のマイクロフィルムを使用した。また引用の多くは新字・新仮名に改めた。

注

（1）氏家壽子「一億総武装の先頭に立つもの」『青年（女子版）』一九四四年一〇月号

（2）熊谷辰治郎『大日本青年団史』一九四二年（一九八九年復刻）日本青年館、日本青年館編『大日本青少年団史』一九七〇年（一九九六年近代社会教育史料集成4として復刻）日本青年館、大日本青少年団史編纂委員会編「処女会・女子青年団及びその機関誌について」『採訪6』日本青年館　一九六八年

（3）『大日本青少年団史』八七〇－八七一頁

（4）『大日本青少年団史』八六五－九二六頁

（5）大日本青少年団史編纂委員会編「2　田総重雄氏との対話」『採訪4』日本青年館　一九六八年

（6）頁数に関しては『大日本青少年団史』三〇六頁

（7）このあたりの事情は、多仁照廣　解説「全国地方青年団体機関雑誌『良民』『帝国青年』『青年』『帝国青年』『青年』解説・総目次・索引」不二出版　二〇〇七、及び日本青年館掛谷昴治氏の調査による。

（8）『大日本青少年団史』七四九頁

（9）大日本青少年団史』七八〇－七九四頁

（10）『大日本青少年団史』八六八頁

（11）『大日本青少年団史』八〇六－八〇七頁

（12）『大日本青少年団史』六四五－六六五、七八〇－七八九頁

（13）『大日本青少年団史』七八〇－七九四頁

（14）『大日本青少年団史』五九六－五九八、八〇六－八一〇頁

銃後から前線まで

『ナチ女性展望』にみる戦時活動

桑原ヒサ子

第二次世界大戦は、一九三九年九月一日、ドイツのポーランド侵攻によって始まりますが、本報告では、それ以前の、アドルフ・ヒトラーが政権を掌握した時期から考察の対象にします。

一九三三（昭和八）年一月三〇日、ヒトラーは首相に就任します。彼が率いる国民社会主義ドイツ労働者党、[註]略してナチ党と呼びますが、このナチ指導部は、女性の居場所を家庭と定めて、女性を公的役職から排除し、女性の役割を母親、つまり子どもを産み育てる性と規定しました。この女性に関するイデオロギーは最後まで崩れることはありませんでした。したがって、戦時には、前線で兵士として戦う男性と、銃後の守りを固める女性という性別役割分担が建前となり、女性の戦争協力を考える場合、ドイツは、他の枢軸国と同様に「軍隊分離型」に分類されるのが一般的です。しかし、戦況の変化は次第に「女性の軍事化」を余儀なくさせ、最終的にはナチ政権の女性イデオロギーとはもはや相容れない現実がありました。ここではドイツ人女性の戦争協力について、当時の女性雑誌としては発行部数第一位であった『ナチ女性展望』（*NS Frauen Warte*）の写真や絵を見ながら、その特徴を追っていきます。

1、『ナチ女性展望』とナチ女性団

まず、ここで扱う女性雑誌『ナチ女性展望』とその発行者である女性組織「ナチ女性団」、および「ドイツ女

写真1　第4年度7号（1935年9月）
全国女性指導者ゲルトルート・ショルツ＝クリンクと4人の子どもたち

性事業団」について簡単に紹介します。

一九三一年、ナチ指導部は、それまで独自な活動を展開していたすべてのナチ女性団体を解散させ、「ナチ女性団」に合流させて一本化します。『ナチ女性展望』は、翌年の一九三二年七月に「ナチ女性団の雑誌」として創刊されました。

創刊当時の発行頻度は、一四日に一冊の割合でしたが、一九四一年に独ソ戦が始まると、緊縮政策から、一九四二年三月号から三週間に一冊となります。さらに、一九四三年一月、スターリングラードでのドイツ軍降伏後の一九四三年五月号から月刊へと、戦況を反映して発行頻度は変化していきました。号数表示が特殊なので補足しておくと、創刊号が発刊された一九三二年七月から翌年六月までの一年間を「初年度」と呼んでいます。したがって、廃刊になった一九四四年／四五年号は「第一三年度」ということになります。第一一年度から第一二年度にかけて発行ペースが乱れる時期を除いて、各年度一号は七月ということになります。

「ナチ女性団の雑誌」として刊行された『ナチ女性展望』は、一九三四年一月から「党公認の唯一の女

写真 3
第 8 年度18号（1940年 3 月）

写真 2　第 7 年度 6 号（1938年 9 月）
「ドイツ女性事業団の青少年団にいらっしゃい！」と勧誘の言葉が書かれている。

性雑誌」と位置づけられます。それは、「ナチ女性団」の会長職をめぐる権力闘争に終止符を打つようにゲルトルート・ショルツ＝クリンクが全国女性指導者に就任する直前のことでした。彼女は、前年に強制的同質化によってナチ化を受け入れた非ナチ女性組織から結成された「ドイツ女性事業団」も合わせて、敗戦までこの両組織を統轄することになります。

写真1が全国女性指導者のゲルトルート・ショルツ＝クリンクです。ナチ党指導部は、非ナチ女性から成るドイツ女性事業団を取り込むために、献身的で、しかも覇気のある女性指導者を必要としていました。ショルツ＝クリンクは、ナチ女性団の会長職をめぐって権力争いを展開していた個性的で自己主張が強すぎる女性たちとは異なり、指導部に従順で、実務能力に秀でていました。全国女性指導者に就任した当時、彼女はまだ三〇歳代半ばの若さでした。突撃隊員だった夫を亡くし、四人の子どもの母であり、外見もスマートでアーリア人的でした。彼女の就任によって、ナチ女性団は闘争期から、体制期に入ったといえます。かつては街頭や私的集会所で行われていたナチ女性の闘争は、その舞台を官僚社会と化

した女性の公的世界に移していくことになります。

この女性団の下には青少年部であるヒトラー・ユーゲントが存在していました。一〇～一三歳は「少女団」に、一四～一七歳は「女子青年団」に、一八～二一歳までは「信仰と美」にそれぞれ所属し、その後は「ナチ女性団」か「ドイツ女性事業団」に入団することになっていました。したがって、子どもが家庭で教育されるのは、ほんのわずかな期間だけで、あとは共同体の中でイデオロギー教育がなされていきました。

写真2、**3**は表紙に掲載されたヒトラー・ユーゲントのメンバー、そして**写真4**はその指導者です。

表紙には、読者である中産階級の女性のほか、農村女性、労働者階級の女性が多数登場しますが、このドイツ女子青年団指導者は、表紙に登場するただ一人のエリート女性でした。

「ナチ女性団」、「ドイツ女性事業団」は一九三四年から、貧民救済事業や母親奉仕活動で

写真4
第9年度24号（1941年6月）
「ザルツブルク大管区のドイツ女子青年団指導者」（R・J・ボック画）
ナチ党の管轄区域は大管区（1934年の34から、領土拡大により1941年には43に増加）を頂点に、その下に管区、支部、細胞、班と組織網が階層的に広がっていた。女性団体もこれに倣って組織された。1939年時点でナチ女性団・ドイツ女性事業団に所属する女性のうち100万人以上が、なんらかの役職についていた。このザルツブルク大管区のドイツ女子青年団指導者もその一人だが、表紙に登場した女性たちの中では、ただ一人のエリート女性である。
オーストリアは1938年3月13日にドイツに併合された。4月10日に行われた国民投票では、ドイツとオーストリアの両方で99％の支持を得たのである。

本格的な活動を開始します。貧しい家庭に救援小包を送り（写真5）、子だくさんの家庭のために袋を配布し、洗濯物や繕い物を回収し、仕上がりを戻すという援助をしました。さらに、母親学校を開校する寮を確保し（写真6）、教育問題の勉強会を開いてリーダーを育成し（写真7）、健康を考えた料理講習会（写真8）、裁縫講習会（写真9）や、母親講習会を開き（写真10）、職業としての主婦・母親の専門化を進めていきました。

母親講習会参加者のデータを見ると、一九三九年までに一七〇万人が約一〇万の講習会のどれかに出席しており、一九四四年までにその数は五〇〇万人に達しています。また、二万五千か所の母親相談所も開所され、利用者は一千万人以上に及びました。母親学校は、一九三七年時点で、すでに二〇〇校あり、数千人の女性教員の職を提供していました。さらに、八〇〇校が予定され、そのほかに、若い女性を対象とした花嫁学校も創設され始めます。

写真5　第3年度5号（1934年8月）「救援事業の小包が、子だくさんの家族に到着する」

主婦・母親の訓練・専門化を推し進めるナチ女性団・ドイツ女性事業団の活動

写真6　第6年度6号（1937年9月）

写真7　第6年度6号（1937年9月）

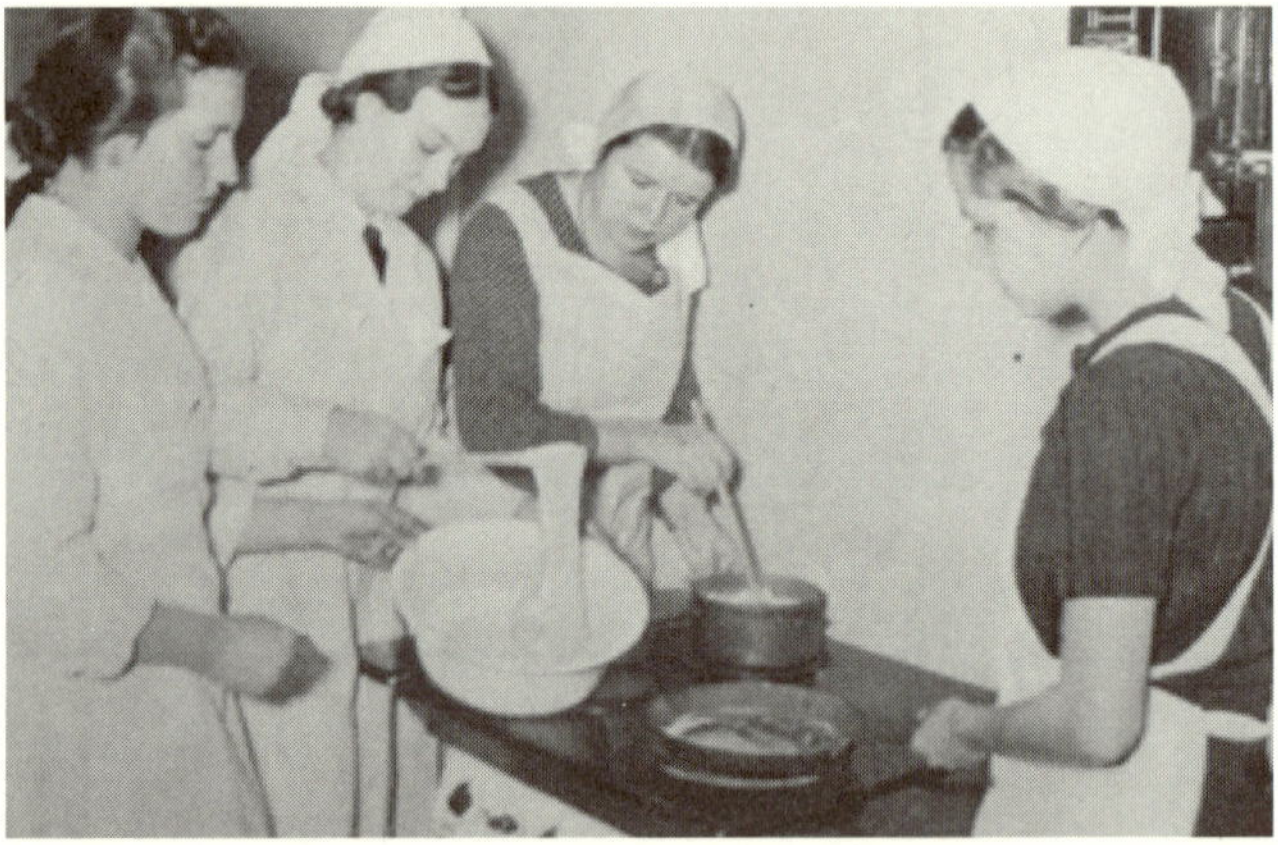

写真8　第6年度6号（1937年9月）

写真6	写真7
写真8	
写真9	写真10

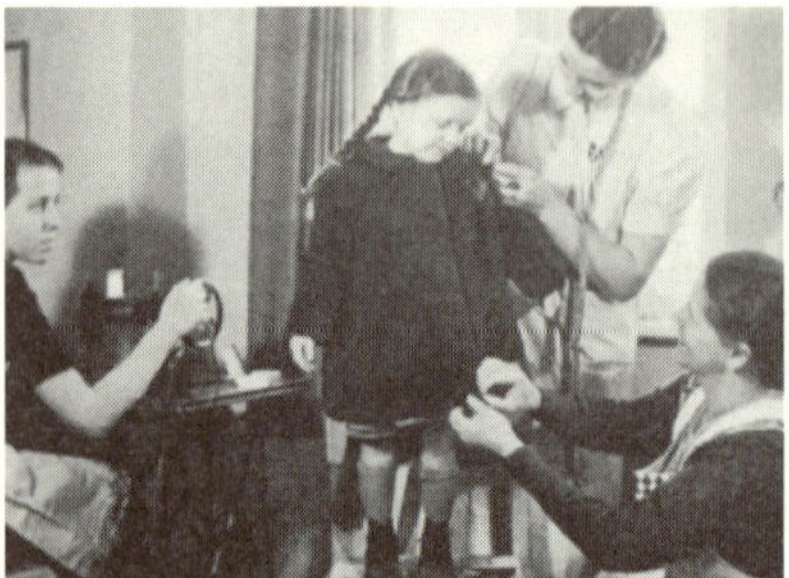

写真9　第6年度23号（1938年5月）

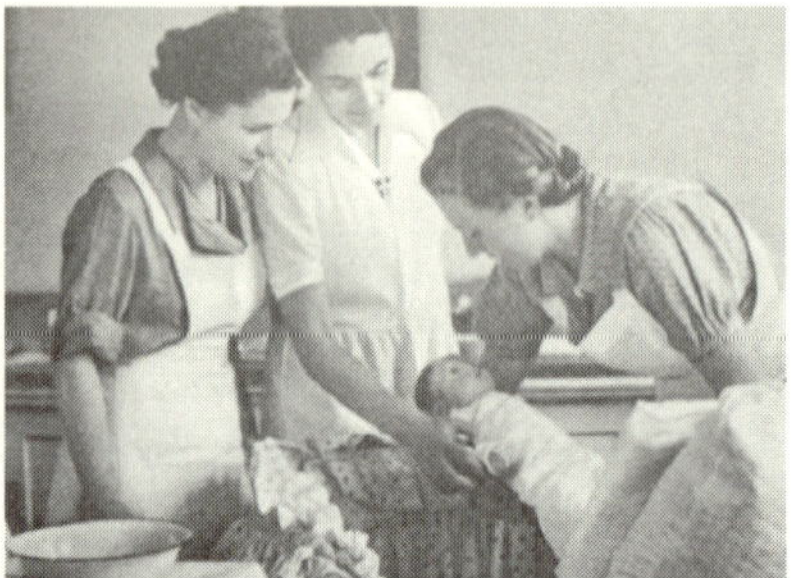

写真10　第6年度23号（1938年5月）

写真12
第10年度10号（1941年11月）
「無敵の国防軍に守られた故国ドイツ」

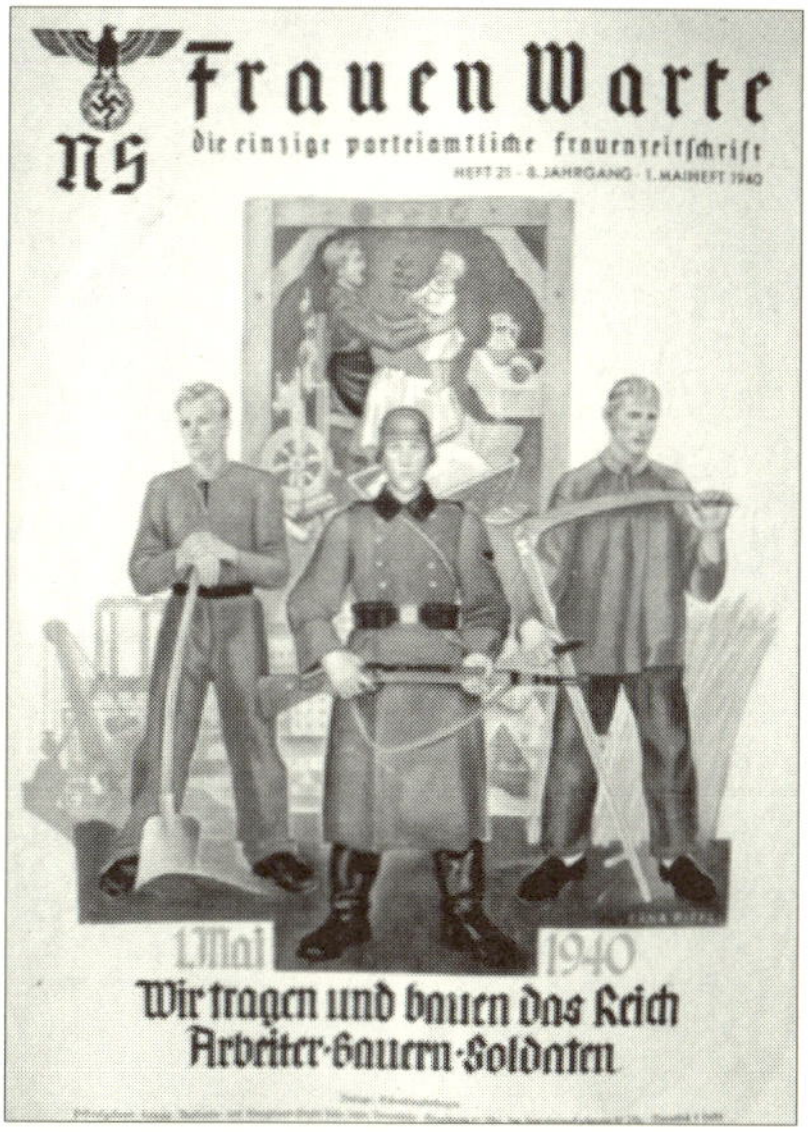

写真11
第８年度21号（1940年５月）
「1940年5月1日、私たち農民、労働者、兵士は故国を担い建設する」
男性たちに守られ、銃後で母子が安心しきっている様子が背後に見える。男性と女性の役割分担が理想的に描かれている。しかし、すでにこの時点で、女性は二重負担を負わされ始めていた。すなわち出産と育児のみならず、農村女性は召集された夫の仕事も引き受け、労働者の妻は召集された夫に代わって工場で働いていたのである。

ナチスの組織は勝れて階層的でした。ドイツ全土を三四（一九四一年時点で四三）の大管区に分け、その下に管区、支部、細胞、（四〇～五〇世帯から成る）班という順番にピラミッド型に組織は構成されていました。女性組織もこの構成に倣い、巨大ネットワークを通して円滑な活動を展開していきました。そのため、いざ戦争となっても、慌てることはありませんでした。労働動員、社会活動、子どもの面倒、隣近所の互助活動などの組織はとっくに出来上がっていて、戦争が始まっても平時の延長でしかなく、必要に応じて拡大する分野があるといった程度でした。

2、制度的に組み込まれる母性

女性の使命は家庭において子どもを産み、育てること。銃後においても、このことが女性に最も要求される貢献でした。一方、国家の建設と防衛は男性の仕事とされていたので、母と子は常に男性に守られる存在として表象されています（写真11、12）。

ナチ政権は子どもの誕生に関して、家族の幸せよりも、民族共同体としての国家の繁栄に重点を置いていました。したがって、『ナチ女性展望』に掲載される母親像は、ほとんどが母子のみの写真で、父親が一緒のものは稀にしか存在しません。子ども、しかもたいていは男児を抱く母子の写真には、構図として、幼児キリストを抱く「聖母子」像が利用されています（写真13）。キリスト教国であるドイツにおいて「母の中の母」である聖母は最も受け入れやすい手本でした。

写真13
第11年度15号（1943年５月）
「母と子」（R. ライマン画）

「聖母マリア」には三つの含意があります。第一に、「聖処女」として生まれてくる子どもの父親の不在を意味します。このことは、ヒトラーへの絶対的忠誠、家族よりも民族共同体に対する意識を植えつけるのに都合のよいものでした。これに呼応するように、表紙の男性表象を見ると、父親として表象されているのは五％にも満たない数です。その一方で、兵士として表象されているのは四五％に及んでいます。つまり、民族共同体で期待される性別役割分担は、女性は産む性としての母、男性は国家のために戦う兵士ということが明らかになってきます。

「聖母マリア」の第二の含意は、「悲しみの聖母」であり、誕生の時から受難の道を運命づけられた息子との関係性が挙

写真14
第８年度22号（1940年５月）
「ドイツ母親名誉十字章」

げられます。聖母の運命と重ねて、女性は息子を産み、国民社会主義の思想を植えつけ、国家に捧げる、つまり民族共同体に対する犠牲的精神を持った人物を作りだすことが求められました。

第三は「聖母の戴冠」です。すなわち、最終的には母としての栄光を得るという含意です。女性は母としてしか存在意義がなく、息子の英雄的行為によってのみその存在価値が生まれるという理解がそこにはありました。まさに母性は、イデオロギーであり、女性にとっての思想戦の核心だったといえます。

こうした思想に加えて、子だくさん家庭には経済的援助や名誉を与えて人口増加を図りました。代表例が、日本にも影響を与えた「ドイツ母親名誉十字章」です（写真14）。

「ドイツ母親名誉十字章」の創設は、一九三八年一二月にヒトラー自身の提案で決定しました。そして、翌年五月の母の日にナチ政権において初めての授与式が開催されますが、それは第二次世界大戦勃発の直前のことでした。

「ドイツ母親名誉十字章」も、本来、功労のあった兵士に授与する鉄十字章に倣って、戦場で戦っていない者にもそれと同等の功労があった場合に与えるために考え出されたさまざまな勲章の一つでしたが、これによって、民族の純血を守り健康な子どもをたくさん産んだ、その数字が「戦功」とみなされ、女性もまた民族共同体の戦いに制度的に組み入れられることになったのです。

子どもの数が四～五人で銅、六～七人で銀、八人以上の場合は金の十字章によって顕彰されました。一九三九年の母の日にナチ政権で初めて三〇〇万人の母親に名誉十字章が授与され、五年後の一九四四年の最後の受

写真15　第６年度15号（1938年１月）
「干拓地の９人の健康な子どもたちの母。母親に抱かれる一番下の子の名付け親は総統である」

写真17　第７年度23号（1939年５月）
「ママにキスをプレゼント」

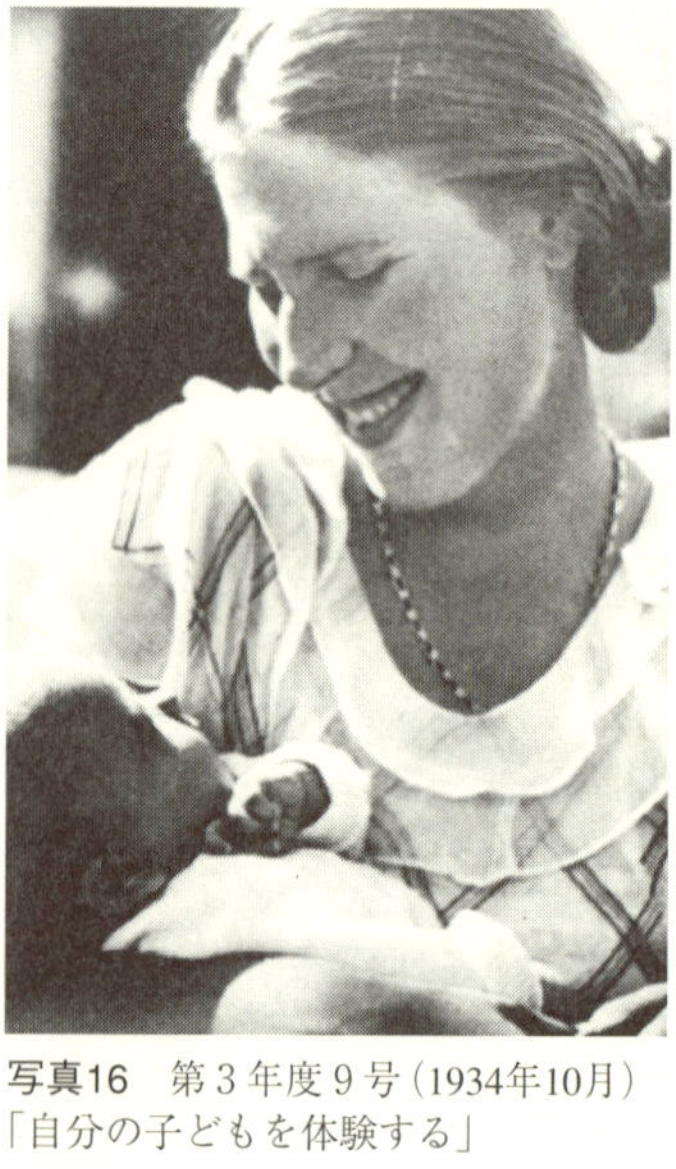

写真16　第３年度９号（1934年10月）
「自分の子どもを体験する」

『ナチ女性展望』に掲載された中産階級の母子の写真では、母親が抱く子どもの数はほとんどの場合一人だけだった。

賞者は一〇万八五〇〇人で、総計で五〇七万九二九六人が「ドイツ母親名誉十字章」を受賞したことになります。

一家族における子どもの数は、しかし社会的階層によって偏りがありました。労働者や農民の家族はほとんど例外なく子だくさんでしたが（写真15）、この『ナチ女性展望』の読者層である中産階級の女性たちには子どもが少なく、ナチ女性団も、読者にまず子どもを持つ幸せや喜びを伝えなくてはなりませんでした（写真16、17）。

一組の夫婦の子ども数については、一九三〇年当時は、二・二人で、一九四〇年には一・八人と実は減少しています。この数字と、そもそも労働者階級や農民の家庭が子だくさんであったことを考え合わせると、ナチ政権が経済的援助や名誉の授与をもって取り組んだ人口政策は、こうしたプロパガンダにもかかわらず、中産階級の女性には有効ではなかったと

写真18　第８年度22号（1940年５月）
「９人の兄弟が同時に戦場へ ―― 労働者夫婦エントさんの９人の息子たちは、現在戦場にいる。夫人は総統からドイツ母親名誉十字章を授与された」

哀悼

ルドルフ・G・ビンディング

写真19　第９年度17号（1941年３月）
「母」（ヴィルヘルム・グライナー画）

母たちが泣いている
息子たちが死んでしまったと
男たちが死んでしまったと

かつて彼女たちは芽を育み
花を咲かせた
今彼女たちは泣かずにはいられない
果実が落ちてしまったことを

母たちよ、泣かないでください

果実は風に吹かれて落ち
あるいは刃物を持った人が
やって来て、果実を切り取る
運命は収穫を樹の力に委ねてはくれなかった

母たちよ、泣かないでください
戦死した息子たちのことを
戦士たちの死なくして
勝利はありえるでしょうか
あなたがたがお腹に彼らを身ごもっていたとき
あなたがたの多くは自ら祈らなかったか
「戦士たちが生まれて来ますように！」と
その時あなたがたは自ら
息子たちに背を向け密かに死と同盟を結んだのです

母たちよ、泣かないでください
失うのはいつもあなたがただ
戦士は戦死し
そして息子たちは母たちから去ってゆく
こうしたすべては
自明の掟であり
自明の法則
壮大な出来事の
一息であり瞬きでしかないのです

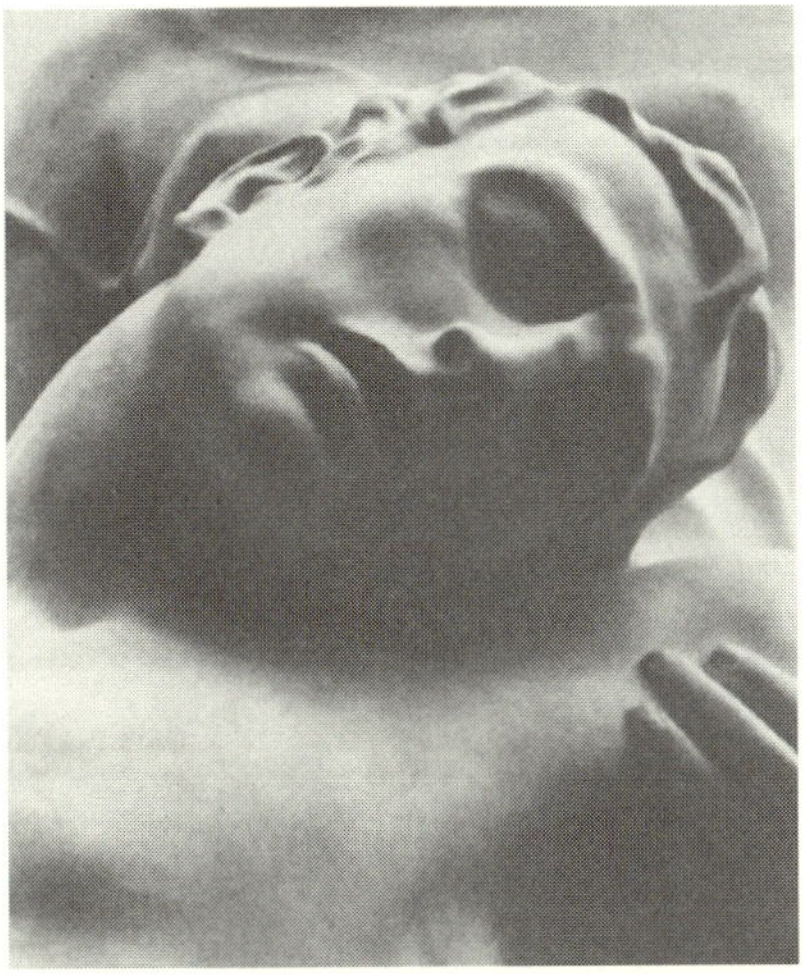

写真20　第11年度13号（1943年3月）
「ドイツが存続するために」

推測できます。

したがって、戦場にたくさんの息子たちを送り出すのも、また労働者や農民でした。写真18は、九人の息子全員が戦場にいるという労働者のエントさん一家の記念写真です。読者である中産階級の女性たちは、どんな思いでこの写真を見たのでしょうか。

戦争が始まり、「悲しみの聖母」の含意は現実となっていきます。ドイツが電撃戦で勝利していた一九四一年三月号には、息子を失った母に寄せる詩「哀悼」が掲載されます。詩には年老いた母の絵が添えられ、その胸にはドイツ母親名誉十字章が痛々しく輝いています。詩には「戦士となるよう願ったのは母であるあなた、総統や国家の勝利のために命をかけ、犠牲を払うのは自明の掟である」と母の定めを諭し、悲しまないよう歌っています（写真19）。

写真20は、スターリングラードでのドイツ軍の大敗北後のものです。「無駄になる犠牲はない。民族の中で永遠になる」というキャプションがつけられ、息子や夫の戦死によって銃後の連帯が崩れぬよう釘をさす一方、「絶滅を意図する敵に打ち勝たなければ、私たちの父や息子たちの戦いは無に帰するだろう」（写真21、22）、と

国家の存続のために、たゆまず生命を送り出すことを訴え続けています。

しかし、戦争末期となると、「自分の子どもを一度として見ることを許されずに、戦死した父の生きる遺産として小さなリーケちゃんは母にとって慰めであり、生きる意味である」（第一一年度一五号（一九四三年五月））といった、出産奨励より、母として生き続けるよう励ます記事が登場します。

3、生産戦へ

開戦後は、当然のことながら、女性は家庭にいて子どもを産み育てるだけでは済まなくなります。『ナチ女性展望』でも次第に生産戦へ女性を動員する呼びかけが増加していきます。

農村男性が召集されると、農村女性は本来の自分の仕事の他に男性の仕事まで引き受けなければなりませんでした（写真23）。写真24は農場で仕事をしながら戦場の息子を想う農村の母が表紙になっています。彼

写真21　第11年度６号（1942年10月）
「女性たちが国家にたくさんの子どもを贈ることにより、生命への不動の勇気と生きることへの意志により、絶滅を意図する敵に打ち勝たなければ、私たちの父や息子たちの戦いは無に帰するだろう」

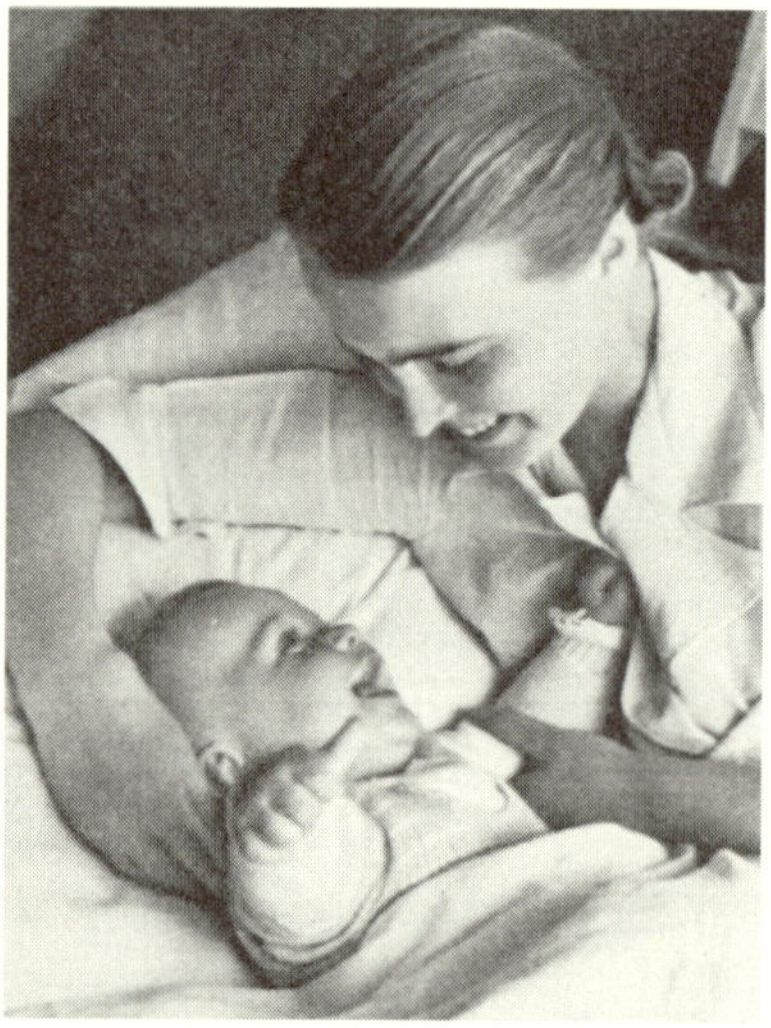

写真22　第11年度13号（1943年3月）
「生命の永遠なる循環—破壊し尽くそうとする誤った意志よりも強い力がある。それは、墓と揺りかごを同じく手厚く守る母たちである。戦場から忍び寄る死の影に、揺りかごから射す光をかざして対抗するのは彼女たちである」

写真23　第９年度21号（1941年５月）
「男性が召集され、農場は女主人の手にかかっている。農村の女性たちは、女性独自の辛い仕事に加えて、夫の仕事も担わなければならない」

写真24　第８年度19号（1940年４月）

女の想いは、夫ではなく息子に向けられています。第一次世界大戦で夫が戦死し、戦後の困難な時期に女手一つで子どもを育て、今度は息子を国家に捧げる母親は多かったのです。

　ナチ政権は、国民を養う食糧政策を重視し、農業を国家の最重要基盤と位置づけていたので、ナチ女性団は戦前から、収穫期間に農村援助活動を展開していました。さらに、開戦の一九三九年以後は一七～二五歳の独身女性全員に半年間の労働奉仕義務が導入され、農村奉仕は重要な活動の柱となりました。

農村における女子労働奉仕団の仕事

写真25
第８年度８号（1939年10月）

写真26　第10年度３号（1941年8月）

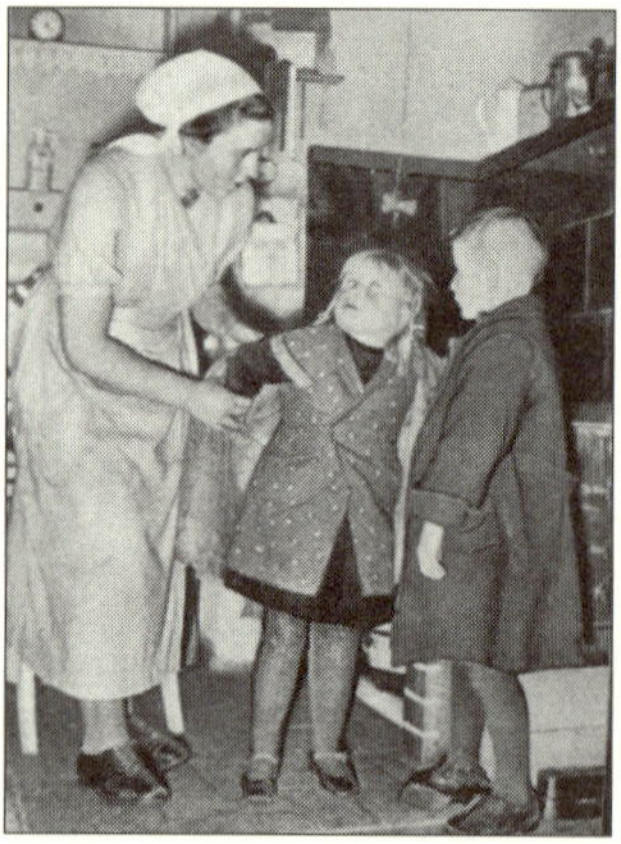

写真28
第８年度19号（1940年４月）

写真27　第10年度6号（1941年９月）

写真30
第6年度6号（1937年9月）
「国家における女性動員—今日、女性の行動は家庭と台所の枠組みを超えて、国家建設計画に欠くことができなくなっている」

写真29　第9年度6号（1940年9月）
「てんさいの収穫をするナチ女性団」

写真25は召集された農村男性に代わって耕地を耕す女子労働奉仕団員です。そして収穫作業に出かける団員たち（写真26）や、乳搾りの指導を受ける団員たち（写真27）が紹介されています。畑仕事の手伝いだけでなく、特設幼稚園で子どもの世話をし（写真28）、家事もこなして農村女性の家庭での仕事を軽減しました。こうした団員たちの労働奉仕活動により農村女性たちは心おきなく農場の仕事に励むことができたのです。

収穫期には女子青年団だけでなく、ナチ女性団・ドイツ女性事業団も参加しました（写真29）。

女性の労働動員についての記事は、すでに一九三七年九月に登場しています（写真30）。第一次世界大戦の賠償と世界恐慌による厳しい失業を、公約通り数年で乗り切ったヒトラーは、この時すでに戦争への準備を始めており、労働力不足に悩み始めていたからです。

第二次世界大戦が勃発し、男性が戦場へ向かったあとの職場は女性が埋めることになります（写真31）。写真32には、仕事が引けて、戦時保育園にわが子を迎えに来た母が写っています。左側の労働者の妻が召集された夫に代わって工場で働く間、就労していない中産階級の女性が子どもの面倒をみるという支え合いが要請されました。

男性特有の職場である交通機関にも女性の姿が見られるようになります（写真33、34）。戦時における女性動員は、いつしか工場労働と子どもを産み育てるという二重負担となっていきます。しかし、働く母たちは中産階級の女性ではなく、もっぱら労働者階級の女性であったという点で、女性の労働動員には明らかに階級差が存在していたのです（写真35、36）。

一九四三年一月のスターリングラードの敗戦を受けて、翌二月にようやく国民啓蒙・宣伝大臣ゲッベルスは総力戦宣言を行います。写真37は、それを受けた表紙です。写真38、39は、飛行機を組み立てる女性ですが、それまでのナチスの女性イデオロギーからは考えられない光景です。写真40は、軍需工場での労働ですが、それだけでなく、工場まで来られない場合には、家庭での内職や、近くに共同作業所を開設して労働力の確保に努めていました（写真41）。

写真31
第８年度８号（1939年10月）
「ドイツのために前線で戦う男性に代わって、あらゆる職場に女性が登場する」

写真32
第８年度８号（1939年10月）
「仕事をもつ母親は、至る所に開設された戦時保育園で子どもの面倒をみてもらう」

写真34　第８年度21号（1940年５月）
「数え切れない数のドイツ女性が、交通機関で就労し、日常生活の規則正しい流れを支えている」

写真33
第９年度21号（1941年５月）

写真36

写真35

第10年度18号（1942年５月）「工場で働く母親」
(35)「仕事に慣れた母の手が、器用さと力の要る仕事をこなしてゆく」
(36)「お母さんが仕事から帰ってきた。再会の喜びは両者にとって大きい。」

写真37
第11年度14号（1943年４月）
「全員の協力を！ドイツ女性たちよ、今こそ私たち民族の存亡が決せられることを常に考えてください。総力戦は急務なのです」

写真39　第12年度８号（1944年４月）　写真38
(38)「細やかな注意力、器用な手、そして几帳面さが、飛行機組み立てには要求される」
(39)「この若い工場補助員にとって、エンジンはもう謎でもなんでもない」

写真41
第13年度１号（1944年９月）
「女性たちの顔には、愛と仕事への熱意が表れている」

写真40　第12年度11号（1944年７月）
「信じ、働き、忠実であれ。それによって勝利は間違いなく私たちのものになる！総力戦は世界のどの国民にも負けぬドイツ女性の労働力にかかっている」

しかし、総力戦宣言にもかかわらず、届出義務制による女性の労働総動員は徹底できませんでした。その原因の一つには、ドイツが組織的に外国人労働者を使っていたことが挙げられます。少し数値を出してみると、一九四二年五月末から一九四四年五月末までの二年間に増えた女性労働者は四九万一千人のみ。一方外国人労働者は三〇一万一千人も増加していました。上層階級や中産階級の女性たちが、さまざまな理由をつけて、届出義務制による労働動員を逃れようとしたことは、階級間の緊張を高め、指導部に対する労働者階級の不満を強める結果となり、ナチ指導部は国家統合の危機に直面することになります。

4、分離型から参加型へ

軍とともに仕事をする女性たちについては、ナチ指導部も国防軍も、ナチスの女性イデオロギーに抵触しないように、長い間カモフラージュを試みていました。

まず、従軍看護師を見てみましょう。そも

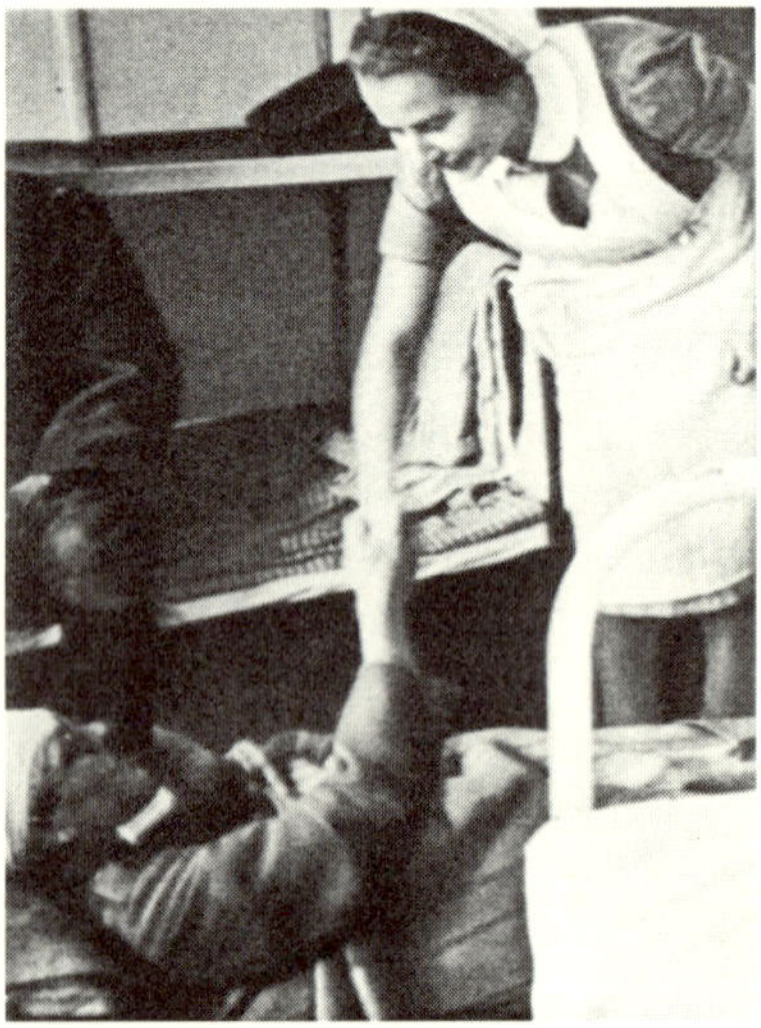

写真42
第10年度13号（1942年１月）
「包帯が完了すると傷病兵は故郷へと移送される。感謝の手が看護婦と別れの握手をする」

写真43
第10年度13号（1942年１月）
「同志」（エルンスト・クレッチュマンの水彩画。1941年東部戦線で戦死）

そも看護師という職業は、患者の健康を気遣い世話をするという点で、女性向きの仕事とみなされていました（写真42）。従軍看護師は身体の損傷の激しい兵士を看護するため、一般の看護師に比べ過酷な仕事を担っていたといえます。その従軍看護師にも同じ意味で、母のような優しさと自己犠牲の精神が期待されていました。しかし、女性らしさが求められる一方で、従軍看護師は兵士と同列に表象され、実際同列の扱いを受けたりしました。写真43のように看護師は兵士から「同志」と呼ばれ、また、写真44の二人の看護師は本来軍人が受ける鉄十字章を授与されました。アフリカで自らの命の危険を顧みず兵士の看護をしたことが受賞の理由です。

　開戦当初、直接国防軍で働く女性は一六万人いました。最初はナチスの女性イデオロギーに抵触しない職種に従事していました。つまり、事務、記録係、電話交換手（写真45）、料理人、掃除や裁縫係として働いていました。

　その後、独ソ戦が始まり、とりわけ損失が甚大だった一九四一年から四二年にかけての冬以

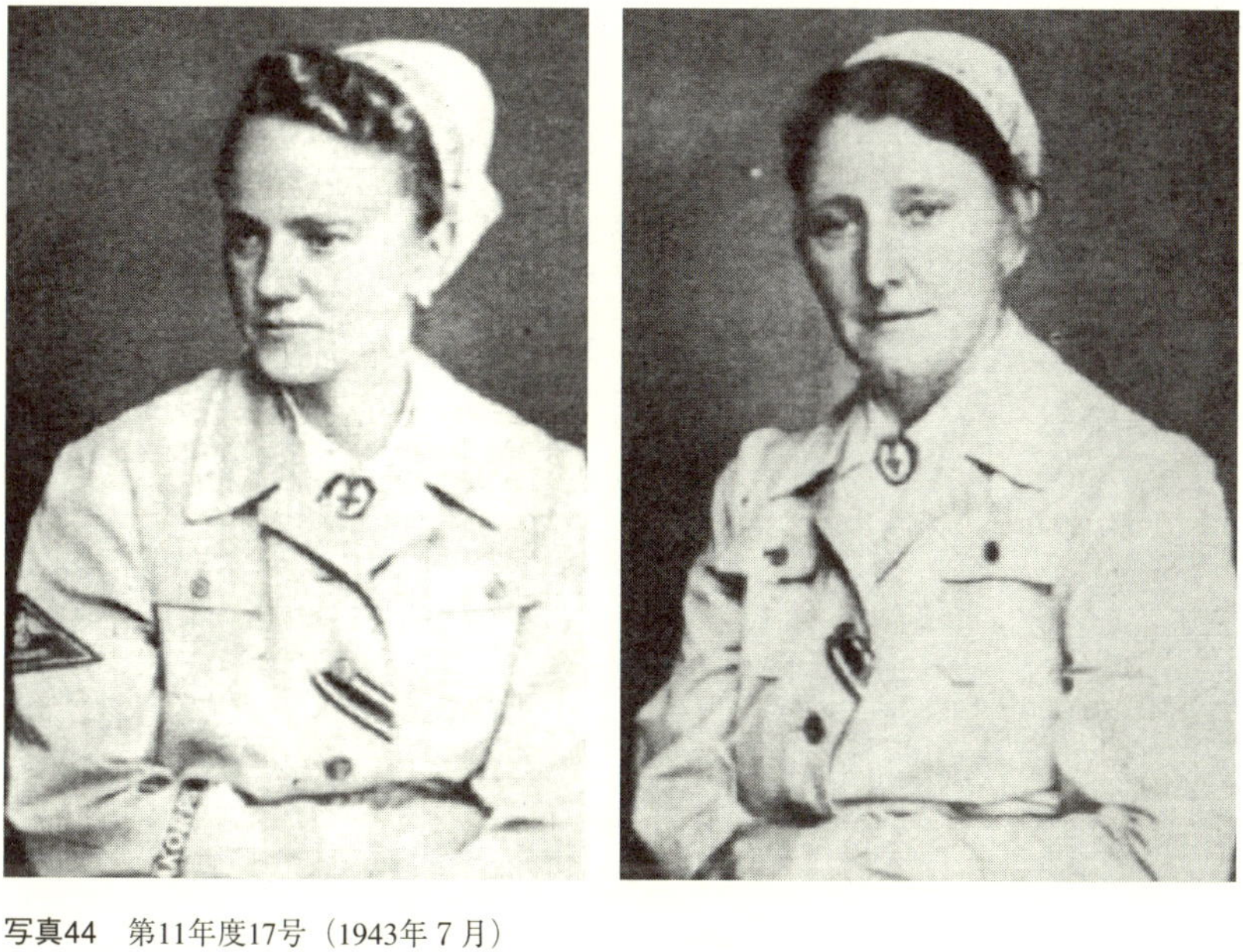

写真44　第11年度17号（1943年７月）
「第二等鉄十字章を受ける二人の看護婦。左がイルゼ・シュルツ（1913.11.12～ ）、右がグレーテ・フォック（1897.11～）」

後、男性をますます前線に送り込む必要から国防軍補助員として女性の動員が迫られていきます。農場や工場と異なり、国防軍では言語や守秘義務の問題から外国人労働者を使うことができなかったからです。

開戦の一九三九年から一七～二五歳の独身女性全員に半年間の労働奉仕義務が課され、農村奉仕が重要な活動の柱であったことはすでに述べましたが、一九四一年にその奉仕義務期間は一年に延長され、新たに国防軍司令部、官庁、病院、運輸業務など直接的な戦争遂行業務にも動員されるようになります。さらに、一九四四年には、労働奉仕義務は無期限に延長されていきます。

国防軍に志願ないし動員された女性たちは国防軍「補助員」と呼ばれました。この呼び方の中にすでに、ナチスの女性イデオロギーが反映していることが分かります。つまり、女性は男性の補助者であること、女性の働きの過小評価、さらに携わる仕事内容が危険のない仕事であるとの印象を与えようと意図するものでした。

海軍のある航空通信補助員は、自分の仕事について次のように語っています。

写真45 第11年度12号（1943年２月）
「かつて、ここには兵士たちが座っていた。空軍の女性たちが交代したのだ。彼女たちの手が、確実で迅速な電話業務を果たす」

「通信補助員の仕事は、ほかの国防軍補助員とは決定的に異なります。戦時補助活動どころではなく、本当の意味で前線動員です。昼夜の区別なく監視業務、監視準備、非番が交互し、週日も日曜もあったもんじゃありません。大変なのは肉体疲労よりも精神的負担です。報告の受信や伝達の不注意が重大な結果、場合によっては大勢の人々の死亡につながります。そう思うと、敵機が来襲して次から次へと報告が来ると、過労も顧みず集中しなければなりません。爆撃機が飛来しない静かな夜でも、偵察機があれば、私たちは休むことができないのです。」

写真46、47は通信補助員ですが、さらに、高射砲補助員は兵士に等しいといえます。女性をあくまで母性と位置づけてきたヒトラーも、戦局の悪化により、一九四三年八月に女性を高射砲補助員として動員することに同意、以後、軍務に携わる女性の存在は公にされるようになります。

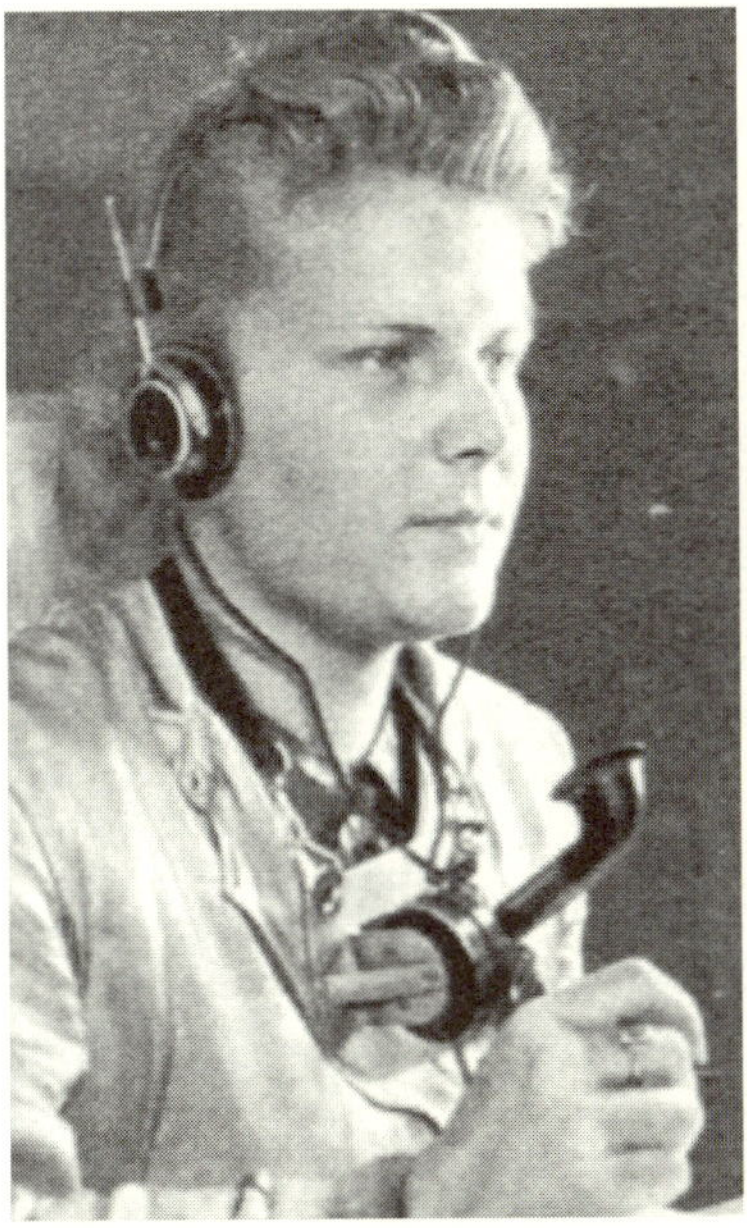

写真46　第13年度４号（1944/45年）

写真47　第13年度３号（1944年12月）

(46)「伝達された報告に基づいて、地図上に記入する」

(47)「空軍通信補助員は伝達される報告を正確に再現するため集中力が必要とされる」

『ナチ女性展望』も組織的なリクルートを開始するために一九四四年一月号で空軍との協働についての記事を掲載し、こうして、高射砲補助員の活動が写真で公開されるようになります（写真48）。一九四三年末には、高射砲部門で、何千人という女性たちが前線に送られる男性兵士と交代しています。ナチ指導部と国防軍は、イデオロギー的根拠と国民を不安にさせないための精神的根拠から、「女性兵士」というイメージを長いこと隠し続けてきました。しかし、ここに至って、女性たちは「女性兵士」のイメージを否定することのできない任務につくことになったのです。

一九四五年三月二三日の国防軍最高司令部の発表は、原則として戦闘のために女性が銃器を使用することはないとしつつも、例外は高射砲部隊と、志願した女性で、戦闘地域に女性が動員されれば、歩兵用対戦車砲のような携帯火器の装備を許可しています。

一九四五年始めに国防軍補助員は五〇万人、ほかに軍に属さない八万～一〇万人の労働奉仕団の女性がいました。高射砲補助員として働いていた

写真49　第12年度11号（1944年７月）
「投光機についての徹底した知識は、それを操作するための条件である」

写真48　第12年度10号（1944年６月）
「高射砲補助員として動員されたドイツ女性たちは祖国を防衛する」

のは全国労働奉仕団の女子五万人で、投光機（サーチライト）部隊には最多で三万人いたといわれています。戦争末期には戦闘員と非戦闘員の境界は定かではなくなりました。**写真49～51**のように、高射砲補助員は、投光装置、聴音機、高射算定装置を操作するだけでなく、高射砲も扱い、最終段階では決戦に巻き込まれていきました。

写真51　第13年度４号（1944／45年）
「高射算定装置の操作も高射砲補助員の任務である」

ナチ政権は、五一頁の**写真11**に見られるように、兵士、男性労働者そして農村男性に守られながら、女性は家庭で子育てと家事に専念するというイデオロギーを打ち出していました。しかし、実際には直接的な軍事活動に携わる女性たちは数多く存在しました。開戦後しばらくは、ナチスの女性イデオロギーと齟齬をきたす国防軍内の女性の存在は、カムフラージュされていました。しかし、最終的には高射砲補助員（**写真52**）として、女性兵士と区別できないポストに女性は動員されることになりました。

戦争末期、軍隊と行動をともにした若い女性たちには、ナチスが他民族に与えた暴力がそのまま跳ね返ってきました。捕虜になった国防軍補助員たちは西側の戦勝国からは国際法に則って扱われまし

写真50　第12年度11号（1944年７月）
「高射砲補助兵団の指導者研修で、聴音機の扱いを学ぶ」

たが、東部や南東部の彼女たちの運命は悲惨なものでした。ルーマニアから生還した国防軍補助員はわずかで、チェコやユーゴスラビアでは何百人もの国防軍補助員とドイツ赤十字看護師が捕虜となりましたが、ほぼ全員が強姦され、その上で射殺または絞殺、あるいは溺死させられたといわれます。ソ連では捕虜として扱われず、ソ連の強制労働収容所に移送され、何千人というほかのドイツ女性とともに強制労働につかされ死んでいったのです。

資料は、ドイツのハイデルブルク大学図書館、エアランゲン大学図書館、ベルリン国立公文書館所蔵のものを利用した。

注

ナチ党の正式名称であるNationalsozialistische Deutsche Arbeiterparteiは「国家社会主義ドイツ労働（者）党」あるいは「国民社会主義ドイツ労働（者）党」と訳されている。最近では、ドイツ近代史家の間では、「国民社会主義ドイツ労働者党」の訳語を使うようになっている。

二つの訳語の違いはnationalを「国家」とするか「国民」とするかの差ということになる。ドイツ近代史家の説明によると、「国民」と訳すようになった理由の第一は、Staatssozialisumus（＝国家社会主義）との違いを出すためである。

Nationはたしかに「国家」「国民」「民族」と、いろいろな訳が可能だが、日本語で「国家」というと、「統治機構」をイメージしやすく、「共通の血統・言語・文化を有し、かつ一つの政府のもとに統一された民族」という「人」のニュアンスが消えてしまう。したがって、「国民」と訳すほうが、Nationというドイツ語本来の意味が生かせるというのが第二の理由である。これに倣い、ここでも「国民社会主義ドイツ労働者党」と訳している。

参考文献

ノルベルト・フライ／ヨハネス・シュミッツ（五十嵐智友訳）『ヒトラー独裁下のジャーナリストたち』朝日新聞社（朝日

選書５６０）一九九六年

ウーテ・フレーフェルト（若尾祐司ほか訳）『ドイツ女性の社会史 二〇〇年の歩み』晃洋書房 一九九〇年

クローディア・クーンズ（姫岡とし子監訳／翻訳工房「とも」訳）『父の国の母たち』（上下）時事通信社 一九九〇年

桑原ヒサ子「『ナチ女性展望』*NS Frauen Warte* とその表紙にみるジェンダー」敬和学園大学研究紀要第一七号、一九九—二一六頁 二〇〇八年

桑原ヒサ子「女性雑誌『ナチ女性展望』*NS Frauen Warte* がつくり出す母親像」敬和学園大学人文社会科学研究所年報No６、三三—四八頁 二〇〇八年

矢野久『ナチス・ドイツの外国人強制労働の社会史』現代書館 二〇〇四年

Seidler, Franz W.: *Frauen zu den Waffen?* Koblenz/Bonn（Wehr & Wissen）1978

Seidler, Franz W.: *Blitzmädchen. Die Geschichte der Helferinnen der deutschen Wehrmacht im Zwiten Weltkrieg.* Bonn（Bernard & Grafe Verlag）1996

Westenrieder, Norbert: *Deutsche Frauen und Mädchen! Vom Alltagsleben 1933-1945.* Düsseldorf（Droste Verlag）1990

女の力をあなどるなかれ

アメリカ『レイディーズ・ホーム・ジャーナル』誌から

松崎洋子

憎まれ役、アメリカの報告をさせていただきます。

1、〈正義〉の戦争

アメリカの場合は、ドイツ、日本とはかなり様子が異なります。一つにはアメリカでは日本におけるような雑誌に対する国家の統制というものがなかったこと、また、このシンポジウムで取り上げた一九四四年の後半は、戦局の点でも両国とは違い、勝利への展望がはっきりしてきた時点でもありました。その上、民主主義はアメリカとアメリカ人の根幹をなす、と建国以来考えてきたアメリカにとっては、ヒトラー、ムソリーニの独裁主義や日本の軍国主義は、民主主義を危機にさらすものでした。日本軍による真珠湾攻撃直後のアメリカの参戦は、国民にとっても十分納得できるもので、この戦争が民主主義を守るための〈正義〉の戦争と十分に信じられるものではなかったでしょうか。以降、アメリカ国民は「民主主義を守るという明確な大義」に基づき、一致団結、一丸となってこの戦争に勝利すべく、総力戦に突入していったわけです。民主主義の敵と戦い、勝利することはアメリカとアメリカ人の使命と考えられていました。これから取り上げます『レイディーズ・ホーム・ジャーナル』（*Ladies' Home Journal*）という女性誌には、ページの欄外に、ローズヴェルト大統領はじめ、当時の政治家たちの演説から、民主主義に関連する部分の引用が頻繁に掲載され、民主主義というものがアメ

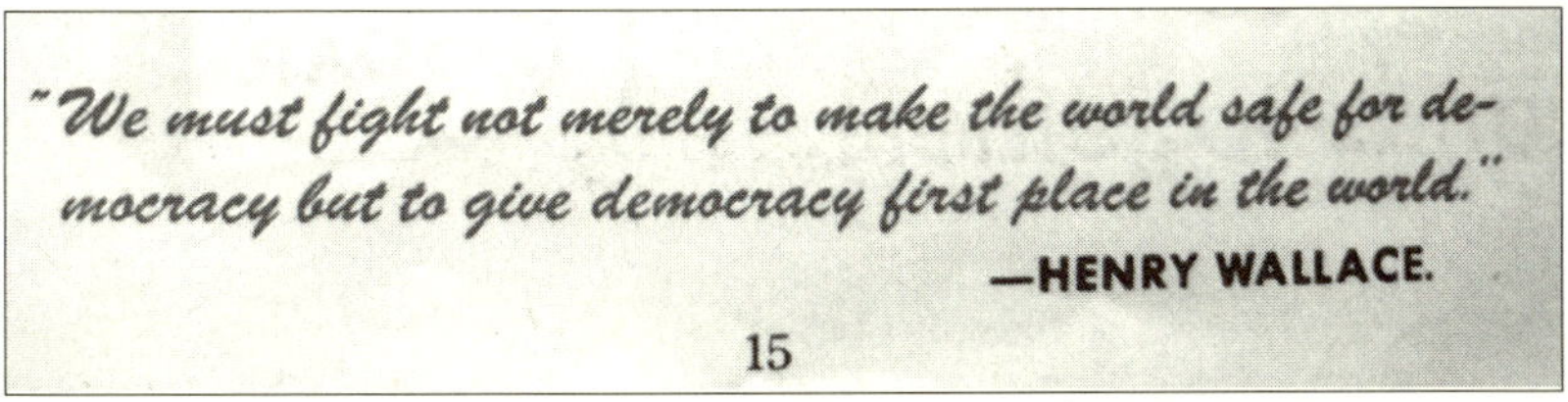
"We must fight not merely to make the world safe for democracy but to give democracy first place in the world."
—HENRY WALLACE.
15

写真１　「我々はこの世界で民主主義に第一の地位を与えるために戦わねばならないのだ」

リカ人にとってどれほど大切なものかをうかがい知ることができます（写真１）。

もう一つ、アメリカと日本との大きな相違は戦時における経済力の差です。これからお見せする写真を見て、アメリカはなんと豊かな国なのだろうかと改めて思われる方も多いことでしょう。アメリカは一九二九年の大恐慌以来、不況に苦しんできました。不況克服のためにニューディール政策などの対策がとられましたが、第二次世界大戦を契機に本格的に不況から脱出できたのです。一九三九年のＧＤＰ（国内総生産）が九一〇億ドルであったのに対し、四五年には一六六〇億ドルになっていました。軍需産業の拡大によって一七〇〇万人の仕事が創出され、失業率はゼロに近くなりました。つまり、大恐慌とその後の時代を比べれば、アメリカ人は戦時中のほうが豊かな暮らしができたと言えるのです。確かに、ゴムを原料とする製品やコーヒー、砂糖など不足するものはありましたが、総じて、映画などの娯楽も含めて、一般市民の手に入るサービスや物資は一九四〇年よりも豊富になっていました。

以上のことを念頭におき、アメリカ女性の戦時活動が『レイディーズ・ホーム・ジャーナル』誌においてはどのように描かれてきたかを検討していきたいと思いますが、その前に『レイディーズ・ホーム・ジャーナル』誌がどのような雑誌であるか、ということを説明させてください。

２、『レイディーズ・ホーム・ジャーナル』誌の歴史と特色

『レイディーズ・ホーム・ジャーナル』誌はアメリカではもっとも長く、広く読まれている、白人中産階級の主として専業主婦を対象とした月刊誌です。年齢層は

広く、子育て中の若い母親から、ヤング・アダルトの娘を持つ母親まで含まれており、母娘が同じ雑誌を読むケースも多かったようです。一八九三年創刊という歴史を持っており、現在も発行部数は四〇〇万部を超え、コンセプトはかなり変化しておりますが、女性誌のトップ・テンの一つとして健在です。

そもそも、雑誌産業は、産業化社会が確立した一九世紀末に花開いたアメリカのポピュラー・カルチャーの一つで、二〇世紀初頭には数十万部発行の女性誌もすでに存在しています。一九二〇年代に入ると、好景気に支えられ、それぞれの雑誌が三〇〇万部、四〇〇万部の発行部数を誇り、輸送網の発達とともにアメリカ全土で読まれるようになりました。豊富な絵、後には写真を用い、情報・教養・娯楽に加え、理想的な暮らしを可能にしてくれる消費物資の広告と合わせて、戦後のテレビと同じような影響力を持っていたのがこのような雑誌であり、『レイディーズ・ホーム・ジャーナル』誌はその代表格といえるでしょう。

この女性誌のスローガンは、「女の力をあなどるなかれ Never underestimate the power of a woman」で、徹底して女性の能力を讃えていますが、意図するところは、ターゲットの主婦層が記事と広告の双方を楽しみ、同時に、この雑誌を読んでいれば、「きちんと子育てをし、効率よく家事をこなし、自分を美しくみせるセンスを磨き、社会の動きにも関心を持ち、地域社会に貢献できる立派な主婦（housewife）とはどうあるべきか」を学ぶことができると、読者に思わせることではないだろうかと私は考えます。言い換えれば、『レイディーズ・ホーム・ジャーナル』誌は〈理想〉の主婦になれるかもしれないという〈幻想〉を抱かせた雑誌なのかもしれません。

『レイディーズ・ホーム・ジャーナル』誌（以降『ＬＨＪ』誌）は家庭生活、健康、家政の運営、ファッション、住まい、インテリア、連載および読み切り小説などを中心とした構成で、扇情的な記事、そして酒類と「特効薬」の広告は掲載しない、という編集方針に加え、いち早く読者の手紙に答える専門の部署を設け、読者との関係を密にして、二〇世紀初頭にはアメリカの全雑誌の中で発行部数第一位を誇るようになりました。一九三〇年代から四〇年代の間は女性誌の中で第一位、戦時には四四〇万部を超える雑誌に成長していました。

『LHJ』誌の装丁、記事構成などは戦前・戦時とほとんど変わりありません。サイズはB４判を一回り小さくしたB４判変型といわれるサイズで、ページ数も戦時だからといって少なくなることはなく、一三〇～一六〇ページあります。むしろ、大恐慌後の不況時代のほうが八〇ページ程度しかない号もありました。ここにもアメリカの景気回復の兆候があらわれていると思います。価格は一五セントでした。

誌面構成は、広告が全体のほぼ五〇％を占め、連載小説と読み切り小説数編を含むフィクションが約三〇％、残りの二〇％に記事があり、論説、特集、ファッション、料理と家事、インテリア、読者のコラムなどが詰め込まれています（図１）。

雑誌のほぼ半分を占める広告の中身は、①家事の効率化に役立つ商品（缶詰など手早く調理できるもの・洗剤など）、②家族の健康管理に役立つ商品（主として食品・ビタミンなど）、③子どもが喜ぶ食品（ジュース・デザートなど）、④美しくなりたいという読者の願望を満たす商品（化粧品・石けん・衣類など）、⑤豪華で贅沢な商品（車・家電・家具調度）、といったところが一般的です。それらの広告の多くに、その商品のそばに、まるでセットのように、にこやかにほほ笑む美しい女性が立っています。もっとも車や冷蔵庫といった商品の広告は製造会社が軍需産業に転換してしまったので、戦時に入ってしばらくしてから消えてしまいます。同時に、メッセージ広告や働く女性が登場する広告が多くなってきます。

記事については、構成自体は戦前からほとんど変わっていません。記事は七つの大きなセクションから成り立っています。日本の雑誌とは異なり、目次はページを追って順にタイトルが書かれているのではなく、セクションごとにまとめられています。目次の最初に登場する

表１　誌面構成（総頁130～160頁）

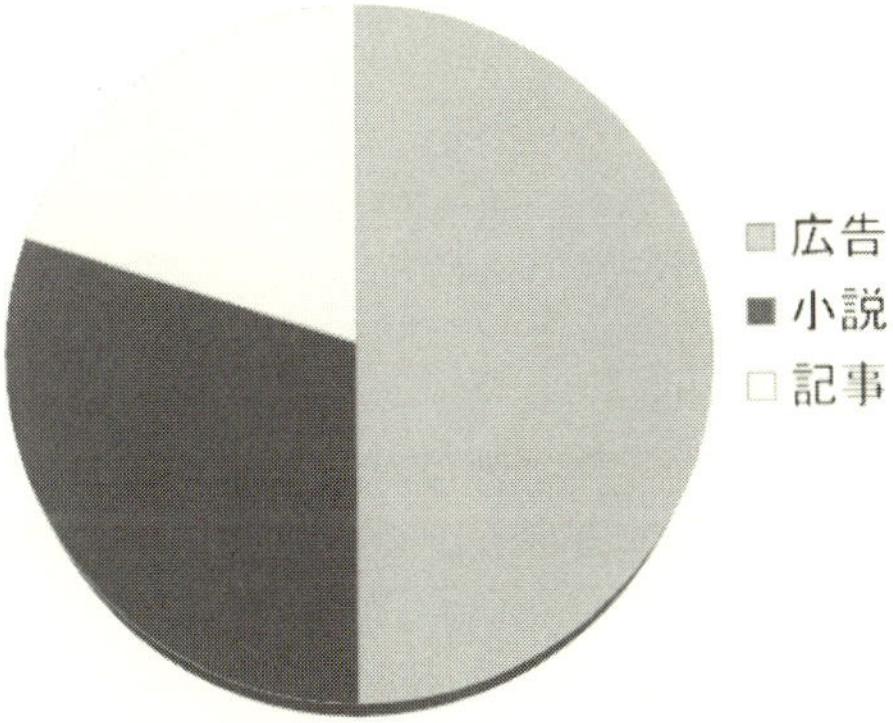

セクションが「小説 Fiction」です。それから、「特集 Special Feature」、「定例記事 General Feature」、「ファッションと美容 Fashion and Beauty」、「インテリアとガーデニング Interior Decoration, Gardening」、そして「食と家政 Food and Homemaking」、最後に「詩 Poetry」のセクションがあります。「定例記事」を除き、それぞれのセクションの中に、その号に固有の記事のタイトルがつけられています。

ここで一九四四年三月号を例にとり、目次とその内容をざっと見てみましょう（写真2）。

1．フィクション 六編（三五ページ、うちフル・ページの挿絵五ページ） タイトルからは推測できませんでしたが、戦争関連の作品が一編ありました。

2．特集

・「兵士の給料 That Army-Navy Pay Check」（一ページ） 兵士となる夫の給料や保険についての質疑応答。

・「女性を活用せよ Why Not Use Our Women?」（〇・五ページ） 論説。毎号同一スペース、同一著者によるものです。

・「これもアメリカ This Can be America」（一ページ） ドイツ軍捕虜となったフランス兵士の記事。

・「背中の痛みはどこから？ What Makes Your Back Ache?」（三・二五ページ） 女性の背中の痛み解決法。

・「また活躍してくれたじゃない！ They've Done it Again」（三・二五ページ） 陸軍女性航空隊訓練生の手記。

・「お訊きになるなら If You Ask Me」（一ページ） 読者の質問とローズヴェルト大統領夫人の解答。これは毎号同じタイトルですが、ネームバリューからいっても「目玉」記事です。

・「離婚について何をご存じ？ What Do You Know about Divorce?」（一ページ） 離婚クイズと解説。

・「ティーン・エージ報告 Teen-age Roundup」（一ページ） 地方の高校生の有意義な放課後生活。

・「素顔のアメリカ How America Lives」（五・五ページ） 二組の兵士の家族の生活で、写真中心。

・「気をつけないと癖になります Habit will get you if you don't watch out!」（一ページ） 「悪い習慣」に関する質疑応答。

3．定例記事

・「社会人手前の若い女性 Sub-deb」（一ページ） 十代の女性への状況に応じたさまざまなアドヴァイス。

・「投書欄 Our Readers Write Us」（一・五ページ） 投書欄。

・「五〇年前の『ＬＨＪ』誌に Fifty Years Ago in the Journal」（〇・二五ページ） 五〇年前の同誌に取り上げた出来事など。

・「街の様子 Journal about Town」（〇・七五ページ） 有名人や話題の人の動向。

・「女性に訊いてごらんなさい Ask Any Woman」（〇・二ページ） 主婦の心得をユーモアにくるんだ寸評的記事。

・「家庭日記 Diary of Domesticity」（〇・五ページ） 日常生活のさりげない光景、身近な自然などを取り上げた同一著者によるエッセイ。

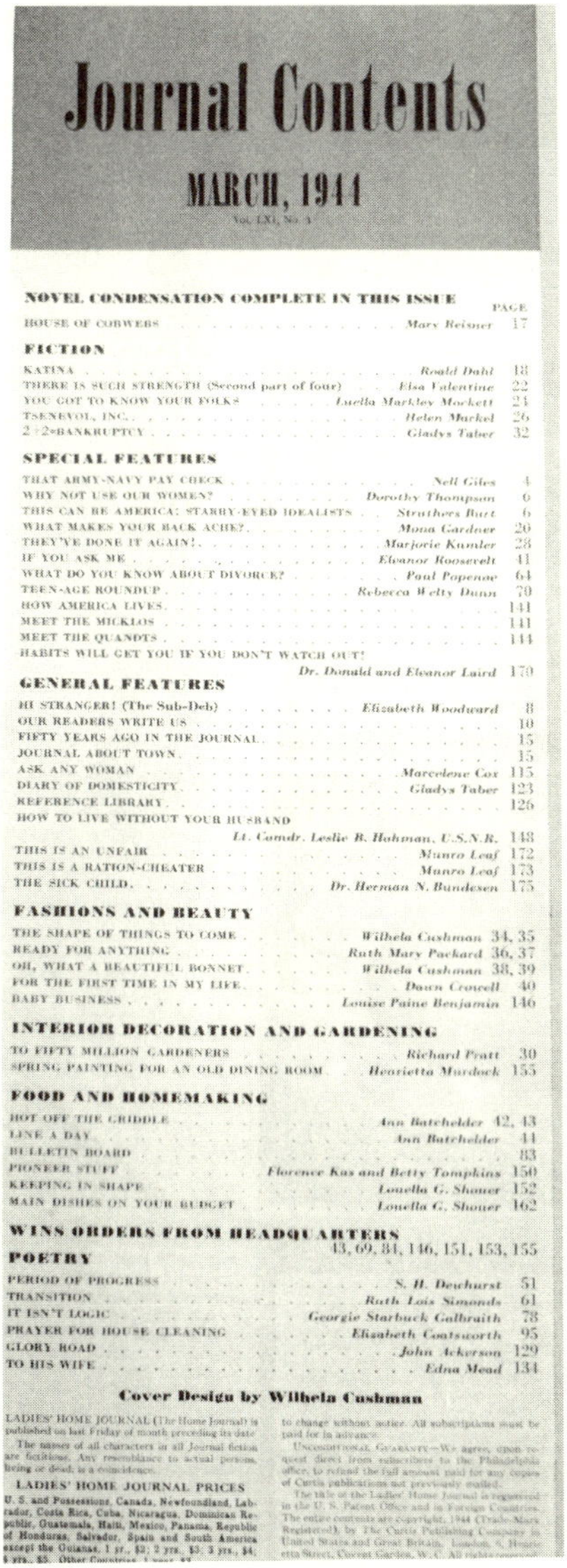

Journal Contents

MARCH, 1944

Vol. LXI, No. 3

		PAGE
NOVEL CONDENSATION COMPLETE IN THIS ISSUE		
HOUSE OF COBWEBS	*Mary Reisner*	17
FICTION		
KATINA	*Roald Dahl*	18
THERE IS SUCH STRENGTH (Second part of four)	*Elsa Valentine*	22
YOU GOT TO KNOW YOUR FOLKS	*Luella Markley Mockett*	24
TSENEVOL, INC.	*Helen Markel*	26
2+2=BANKRUPTCY	*Gladys Taber*	32
SPECIAL FEATURES		
THAT ARMY-NAVY PAY CHECK	*Nell Giles*	4
WHY NOT USE OUR WOMEN?	*Dorothy Thompson*	6
THIS CAN BE AMERICA: STARRY-EYED IDEALISTS	*Struthers Burt*	6
WHAT MAKES YOUR BACK ACHE?	*Mona Gardner*	20
THEY'VE DONE IT AGAIN!	*Marjorie Kumler*	28
IF YOU ASK ME	*Eleanor Roosevelt*	41
WHAT DO YOU KNOW ABOUT DIVORCE?	*Paul Popenoe*	64
TEEN-AGE ROUNDUP	*Rebecca Welty Dunn*	70
HOW AMERICA LIVES		141
MEET THE MICKLOS		141
MEET THE QUANDTS		144
HABITS WILL GET YOU IF YOU DON'T WATCH OUT!	*Dr. Donald and Eleanor Laird*	170
GENERAL FEATURES		
HI STRANGER! (The Sub-Deb)	*Elizabeth Woodward*	8
OUR READERS WRITE US		10
FIFTY YEARS AGO IN THE JOURNAL		15
JOURNAL ABOUT TOWN		15
ASK ANY WOMAN	*Marcelene Cox*	115
DIARY OF DOMESTICITY	*Gladys Taber*	123
REFERENCE LIBRARY		126
HOW TO LIVE WITHOUT YOUR HUSBAND	*Lt. Comdr. Leslie B. Hohman, U.S.N.R.*	148
THIS IS AN UNFAIR	*Munro Leaf*	172
THIS IS A RATION-CHEATER	*Munro Leaf*	173
THE SICK CHILD	*Dr. Herman N. Bundesen*	175
FASHIONS AND BEAUTY		
THE SHAPE OF THINGS TO COME	*Wilhela Cushman*	34, 35
READY FOR ANYTHING	*Ruth Mary Packard*	36, 37
OH, WHAT A BEAUTIFUL BONNET	*Wilhela Cushman*	38, 39
FOR THE FIRST TIME IN MY LIFE	*Dawn Crowell*	40
BABY BUSINESS	*Louise Paine Benjamin*	146
INTERIOR DECORATION AND GARDENING		
TO FIFTY MILLION GARDENERS	*Richard Pratt*	30
SPRING PAINTING FOR AN OLD DINING ROOM	*Henrietta Murdock*	155
FOOD AND HOMEMAKING		
HOT OFF THE GRIDDLE	*Ann Batchelder*	42, 43
LINE A DAY	*Ann Batchelder*	44
BULLETIN BOARD		83
PIONEER STUFF	*Florence Kas and Betty Tompkins*	150
KEEPING IN SHAPE	*Louella G. Shouer*	152
MAIN DISHES ON YOUR BUDGET	*Louella G. Shouer*	162
WINS ORDERS FROM HEADQUARTERS		43, 69, 84, 146, 151, 153, 155
POETRY		
PERIOD OF PROGRESS	*S. H. Dewhurst*	51
TRANSITION	*Ruth Lois Simonds*	61
IT ISN'T LOGIC	*Georgie Starbuck Galbraith*	78
PRAYER FOR HOUSE CLEANING	*Elizabeth Coatsworth*	95
GLORY ROAD	*John Ackerson*	129
TO HIS WIFE	*Edna Mead*	134

Cover Design by Wilhela Cushman

LADIES' HOME JOURNAL (The Home Journal) is published on last Friday of month preceding its date.

The names of all characters in all Journal fiction are fictitious. Any resemblance to actual persons, living or dead, is a coincidence.

LADIES' HOME JOURNAL PRICES

U. S. and Possessions, Canada, Newfoundland, Labrador, Costa Rica, Cuba, Nicaragua, Dominican Republic, Guatemala, Haiti, Mexico, Panama, Republic of Honduras, Salvador, Spain and South America except the Guianas, 1 yr., $2; 2 yrs., $3; 3 yrs., $4; 5 yrs., $5. Other Countries

to change without notice. All subscriptions must be paid for in advance.

UNCONDITIONAL GUARANTEE—We agree, upon request direct from subscribers to the Philadelphia office, to refund the full amount paid for any copies of Curtis publications not previously mailed.

The title of the Ladies' Home Journal is registered in the U. S. Patent Office and in Foreign Countries. The entire contents are copyright, 1944 (Trade-Mark Registered), by The Curtis Publishing Company in United States and Great Britain. London, 6, Henrietta Street, Covent Garden, W.C. All rights reserved.

写真２　1944年３月号目次

・「レファレンス Reference Library」（〇・二五ページ） ドレスや縫物の型紙のレファレンス。

以上は毎号共通タイトル。

・「夫の不在中の生活 How to Live without Your Husband」（〇・五ページ） 特集で取り上げた「素顔のアメリカ」の家族を例にした専門家の解説。

・「不公平なこと This is an Unfair」（〇・二五ページ） 子どもの教育に関するマンガ入りコメント。

・「配給制度をごまかす人 This is a Ration Cheater」（一ページ） 入手資料では本文が欠落しているのですが、タイトルから内容が想像できます。

・「具合の悪い子ども The Sick Child」（〇・五ページ） 病気にいたる前の幼児の症状など。

4. ファッションと美容

・「来るべきファッション The Shape of Things to Come」（二ページ） カラー写真中心のドレス特集。

・「準備万端 Ready for Anything」（二ページ） ドレス特集。

・「生まれて初めての装い Oh, The First Time in My Life」（一ページ） 初めて自分でドレスを選ぶ年齢になった若い女性の装い。

・「赤ちゃん講座 Baby Business」（一ページ） これも「素顔のアメリカ」に登場する同じ家族の赤ん坊を例に、専門家が子育てを解説。

5. インテリアとガーデニング

・「五千万人の〈庭師〉へ To Fifty Million Gardeners」（二ページ） ヴィクトリー・ガーデンを成功させるためのヒント。ヴィクトリー・ガーデンというのは戦争協力の一環で、家の庭や空き地などのスペースに花の代わりに野菜を植えて、食料の足しにしようというものです。

・「古ぼけたダイニング・ルームを春らしい色に Spring Painting for an Old Dining Room」（一・二五ページ） 古い家具を塗り直して新鮮な雰囲気になった部屋の紹介。

6．食と家政

・「アツアツ鉄なべ料理 Hot off the Griddle」（二ページ） 写真中心の料理記事。

・「一日一行 Line a Day」（一ページ） 料理や家政に関係する短いヒントなどが、カレンダーのように書かれています。

・「お知らせ帳 Bulletin Board」（〇・五ページ） 家事に役立つヒントなどがいくつか張り紙式に掲載。

・「開拓者のように Pioneer Stuff」（〇・五ページ） 都市生活からは想像もできない薪割や水汲みという生活をしている主婦の紹介。

・「健康を保つには Keeping in Shape」（一ページ） 栄養面から、父親が不在の場合の子育てで気をつけることなど。

・「予算に応じたメイン・ディッシュ Main Dish on Your Budget」（〇・五ページ） 安い食材を使ったおいしい料理のつくり方。

7．「WINSからのお知らせ Wins Orders from Headquarters」（合計して〇・二五ページ程度）

WINSは〈国家に奉仕する女性たち〉（Women in National Service）の省略形で、『ＬＨＪ』誌が中心となり、家政の面からの戦争協力を目的とした組織です。毎号数行程度の小さな囲みを数個載せ、日常の家事における節約の要点などが簡潔に書かれています。この活動については後でふれます。

8．「詩」Poetry 六編（合わせて〇・五ページ程度）

以上が記事の構成です。大きな項目自体は戦前と同じですが、この号には、戦争の影といいますか、戦時下にあるということが目次のタイトルでわかるものがかなりあります。この号は本報告に取り上げた一二か月のうち、戦時をもっとも強く意識させる号ではないかと思います。また、7の「WINSからのお知らせ」は、そうしたセクション自体が戦前には存在せず、スペース的には微々たるものなのに、目次の大きなセクションの一つとして扱われていることは注目に値します。先に「七つのセクション」と言いましたが、戦時中のみ、WINSのセクションが加わり、八つのセクションになっているのです。しかし、平時と変わりない記事も数多くあります。

3、表紙から見た戦時――〈女らしさ〉のパターン

それでは『ＬＨＪ』誌の一九四三年一一月号から四四年一〇月号について、写真を見ながら、第二次世界大戦下の白人アメリカ女性がどのように表象されているのか検討してみたいと思います。

まず、表紙です。『ＬＨＪ』誌の表紙は戦前から若く美しい女性一人の着飾った笑顔の写真がほとんどで、それ以外はクリスマス号と他に一回程度、母と幼い娘が何かを一緒にしているところが描かれています。男性は大人も子どももまったく登場せず、とにかく徹底して〈女性〉性を強調している雑誌であることがわかります（唯一の例外は一九四五年七月号の表紙で、無事帰還した兵士の後ろ姿と彼を抱きしめている妻と幼い娘が描かれています）。戦争中もこのパターンはほとんどくずれていませんが、戦争中であることを思わせる表紙は四四年一月、三月、七月、九月号の四点です（**写真**3、4、5、6）。

写真3に描かれているのは、おそらく戦場にいる夫あるいは恋人からもらった手紙を美しい女性が大切に抱きしめているところです。**写真**4のきりっとした制服姿の美しい女性は女性兵士ではなく、看護助手訓練生です。**写真**5では母と娘がお揃いの装いでお出かけなのか、一緒に鏡を見ているという構図の『ＬＨＪ』誌がテーブルに置かれていて、そのテーブルには雑誌に隠れるようなかたちで、戦争債（war bond）の証書や、おそらくさらに戦争債を買いなさいと示唆している「買いなさい Buy」という語だけが拡大されて見えています。**写真**6の母娘の絵は手紙に封をしているところ。これもお揃いのバンダナにはアメリカのシンボルである白頭鷲が描かれています。小さく「Ｖメール」と記されているところをみると、必ずしもこの母娘の夫や父親宛ての手紙とは限らず、「ヴィクトリー・メール」と呼ばれる、戦地にいる不特定の兵隊さんへの手紙かもしれません。こ

写真 4　1944年 3 月号表紙

写真 3　1944年 1 月号表紙

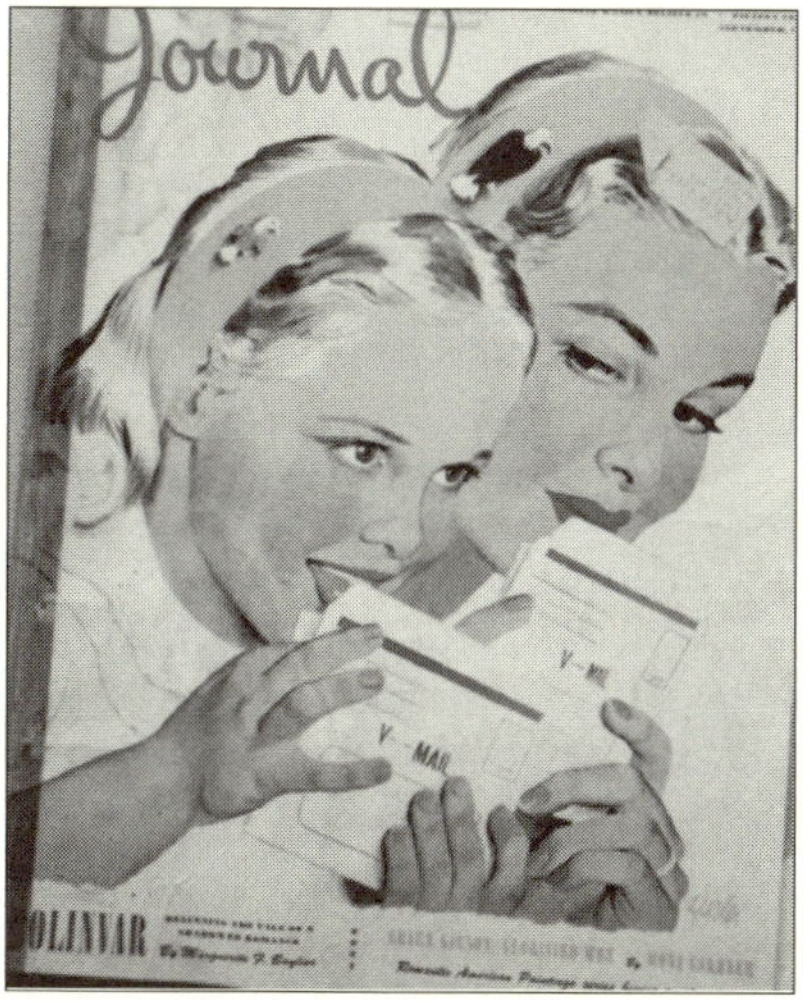

写真 6　1944年 9 月号表紙

写真 5　1944年 7 月号表紙

写真7　1944年4月号表紙

写真8　1944年5月号表紙

れらはいずれも戦争関連の表紙ではありますが、それを正面からとらえているのではなく、余裕をもってさりげなく受け止め、協力しているという印象があります。

写真7、8に見られるような構図は『ＬＨＪ』誌の表紙としてもっとも典型的かつ伝統的なもので、戦争中であってもこうした平時と同じような表紙のほうが数としてはずっと多いのです。戦争を反映した表紙でさえ、美しい女性の視線、顔の角度などはほとんど変わっていません。母娘の場合でもそうなのです。まるで平時が主で、戦時は付け足しのような感じさえあります。

前年一九四三年のアメリカの戦局は四四年に比べて厳しいものがありました。この年の七月号の表紙を見ても、確かにアメリカ国旗を背景に女性兵士の姿が描かれています。しかし、その美しい顔の角度、笑顔の様子などは通常の表紙とまったく変わりません。ヘルメットをかぶっているかいないか、制服を着ているかいないかの違いだけで、あとはまったく同じパターンです（写真9）。このような表紙を見る限り、『ＬＨＪ』誌は戦時下の女性の姿を映し出すとい

写真９　1943年７月号表紙

写真10　陸軍女性部隊のリクルート・ポスター

写真11　沿岸警備隊のリクルート・ポスター

うよりも、状況のいかんにかかわらず、女性をいかに美しく見せるかということのほうを強調していたと思われます。言い換えれば、アメリカの女性はたとえ戦争中といえども、十分に「なりふり構う」ことができ、美しく装い、ほほ笑むことができるということを誇示したかったのではないでしょうか。また、読者の女性側にもそのような表象を受け入れられるだけの生活の余裕があったということになります。

4、プロパガンダ・ポスターの女性像

『ＬＨＪ』誌の表紙にあるような女性の表象は、この雑誌固有のものではなく、女性兵士や女性労働者動員を目的とした

戦時のプロパガンダ・ポスターに描かれる女性像にも共通するものがあります。ついでに陸軍女性部隊のリクルート・ポスターと沿岸警備隊のリクルート・ポスターを見てみましょう（写真10、11）。とくに写真11は、視線といい、ポーズといい、『ＬＨＪ』誌四四年三月号の表紙だけでなく他の表紙とも基本的にはそれほど変わっていないのではないでしょうか。沿岸警備隊のリクルート・ポスターには背後に男性兵士の姿がある点だけの相違といえます。女性兵士といえども、りりしくはありますが、同時に美しく、女らしくなければなりません。

戦時女性労働者のリクルート・ポスターの場合はどうでしょうか。彼女たちは一九四二年頃から「リベット工ロージー Rosie the Riveter」という愛称で呼ばれるようになり、歌（四三年）や映画（四四年）にまでなりました。「リベット工ロージー」というのは実在しない、独身の女性労働者のキャラクターで、愛国心に満ち、仕事熱心で、忠誠心に厚く、有能で国家にとって理想的な働き手として表象されています。

写真12には「彼が（戦場に出るために）残していった仕事をやりなさい」という見出しで、仕事中の女性労

写真12、13　女性労働者のリクルート・ポスター

働者を描いていますが、そのあまりにも美しい表情は彼女がしている仕事とマッチしているとは言い難いものがあります。**写真13**では「夫（恋人）を恋しがるだけでは呼び戻すことはできません。戦時活動に就きなさい！」と書かれています。「働くわ！」という決心をしたともとれるような表情はしていますが、この女性とリベット工はイメージ的にとても結びつきません。いずれも〈女らしさ〉が全面に出ているポスターではないでしょうか。

〈女らしさ〉の提示はリクルートする側にとっても、戦時活動に就く女性にとっても重要な要素でした。当時の女性は、戦時という非常事態でやむを得ず男性領域の仕事に入っても、あくまで女性らしくふるまうことが求められ、女性もそれを受け入れてきました。仕事の内容に関係なく、働く女性のイメージは常に〈女らしさ〉とセットでした。

写真14　『サタディ・イブニング・ポスト』の表紙

ところが、**写真14**、**15**についてはどうでしょうか。ここに描かれた二人の女性像が「リベット工ロージー」のもっとも有名なものとしてしばしば言及されます。**写真14**は画家ノーマン・ロックウェルが『サタディ・イブニング・ポスト』誌（*Saturday Evening Post*）の一九四三年五月二九日号の表紙に描いたもので、リクルート・ポスターではありません。この表紙は大変な注目を集めました。リベットを打ち込む大きなドリルを抱えていること、また、弁当箱に**Rosie**と書かれていることからも、この女性がリベット工のロージーを表していることは明らかです。アメリカ国旗を背景に

写真15　生産力向上をアピールするポスター

ヒトラーの著書『わが闘争』を足で踏みつけていることによって、彼女の（そして画家自身の）愛国心も十分に伝わってきます。サンドイッチをほおばるその女性の顔立ちやまなざしには独特の魅力がありますが、そこには頼もしさやたくましさはあっても、〈女らしさ〉はありません。

写真15はポスターであることに違いはないのですが、リクルートを目的としたポスターではなく、軍需産業に移行した家電企業のウェスティングハウス社が生産力アップのために女性労働者のエンパワーメントの一環として作ったものです。このポスターの女性像（ロージーと呼ばれています）に表れているのはきりっとした美しさというか、意志の強さがうかがえる表情とやはりたくましさであって、〈女らしさ〉ではないような気がします。

双方とも同じ年のほぼ同じ時期に発表され、大きな反響を呼びましたが、それはこの両者があまりにたくましく、女らしさからは程遠かったからではないでしょうか。**写真12、13**の二つのポスターのように、国が作製した多くのリクルート・ポスターとは異なり、二人の女性像の〈女らしさからの逸脱〉が見る人に大きなインパクトを与えたと考えられます。二つの絵が一緒に論じられることが多いのもそういうところに起因しているのでしょう。当時、多くの人がこれらを見て仰天したかもしれませんが、力強く、たくましい「リベット工ロージー」のほうが戦時活動の実態に近かったと言えると思います。いずれにせよ、この二つの女性像は、ロージー・イメージの象徴として、政府が意図した〈女らしい〉イメージとは別に、人々の脳裏により鮮明に焼きつ

写真16　ビン詰め果物の広告

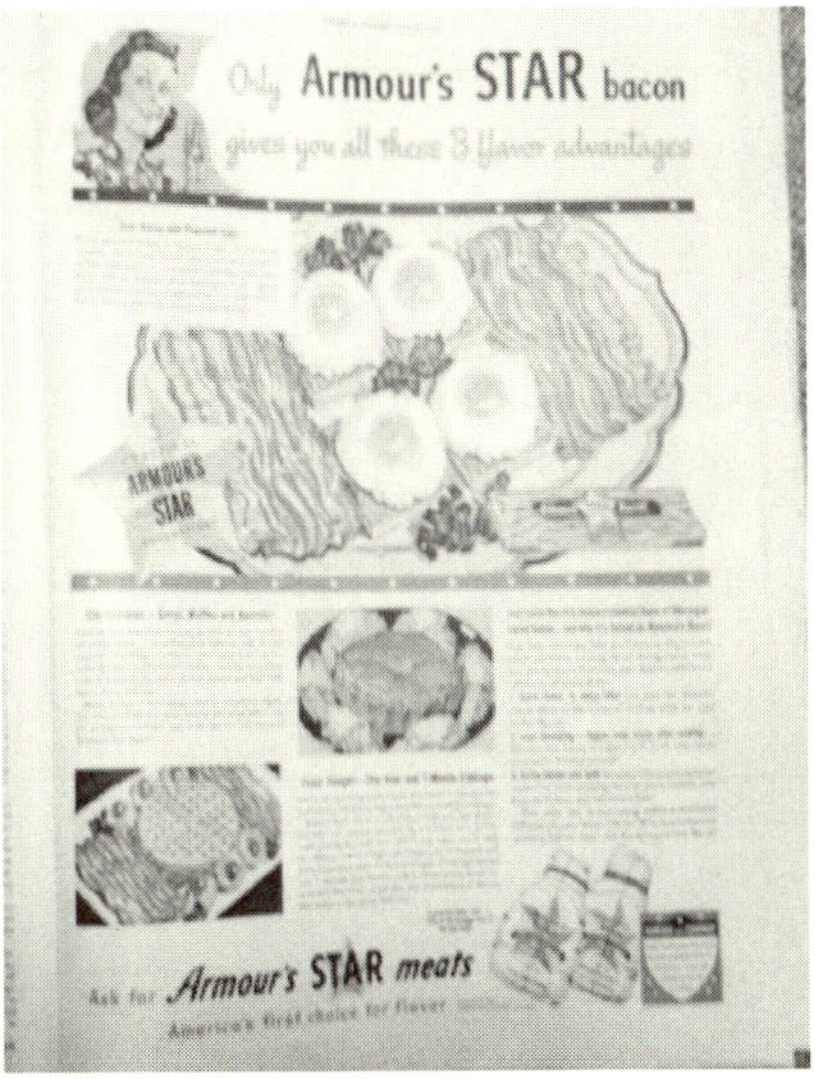

写真17　食肉会社の広告

いたようです。

5、広告から見た戦時——戦争協力と商魂

次に同時期の広告を見てみましょう。広告にも二通りあって、戦時ということをまったく感じさせない「普通」のものと、戦時色が強く出ているものとがあります。食品や化粧品、洗剤などの日用品、衣料などが広告の中心ですが、毛皮の広告もあれば、ビタミン剤の広告もあります。こうした「普通」の広告を見ていると、物の豊富さにおいて当時の日本の状況といかに違っていたかということがよくわかります（写真16、17、18、19、20）。戦時のアメリカが実は好景気であったというところで少し触れましたが、実際には、品薄の商品もあり、肉類や砂糖、コーヒーなどの食品、また、ガソリンなどの生活必需品の配給制度（子どもも含めて家族の一人一人にポイントが入った「レイション・ブック」と呼ばれるノートのようなものが与えられ、割り当てになっている商品を購入するとポイントが引かれるというシステム）ができていたので、買物に行列をしたりするという不自由さはありました。しかし、広告が伝えるのは不自由さではなく、あくまで豊かさです。

写真18　石けんの広告

写真19　毛皮のコートの広告

写真20　ビタミンの広告

一方で、平時の同誌にはほとんど見ることのない、前線で活躍する男性兵士が登場する広告も存在します。たとえば、グレープフルーツ・ジュースを宣伝するのに、平時であれば、可愛らしい子どもや美しい女性がジュースを飲んでいる様子が描かれるところを、おそらくは熱帯の戦場で厳しい作業に取り組んでいる兵士の姿が描かれています。グレープフルーツ・ジュースという飲み物より、グレープフルーツに含まれるビタミンCが兵士に活力を与えるのだというメッセージを伝えているのです（写真21）。こうした広告は、同時に、この企業が兵士にとって欠くべからざる重要な製品を大量に提供している、つまり自社はアメリカ国家に多大な貢献をしているのだ、ということも示唆しています。男性兵士が登場する広告に多いのは、その商品の宣伝とともに、「万一、一般市民の手に入りにくいようなことがあれば、それは何百万人という兵士に用立てることを優先しているからだ」というメッセージが書かれていることです。国家への協力は惜しみなくやっていますよ、ということもちゃっかり宣伝しているのです。

もちろん、戦争の影響は女性を中心とした商品の広告にも表れます（写真22、23、24、25、26）。平時との違いは、商品と一緒に作業服姿の女性労働者や制服を着た女性兵士がモデ

写真21　「こういう日々に勝利のビタミンCを！」

写真23　たばこの広告

写真22　「ヒトラーはこういう女の子たちを忘れてる」

写真25　化粧クリームの広告

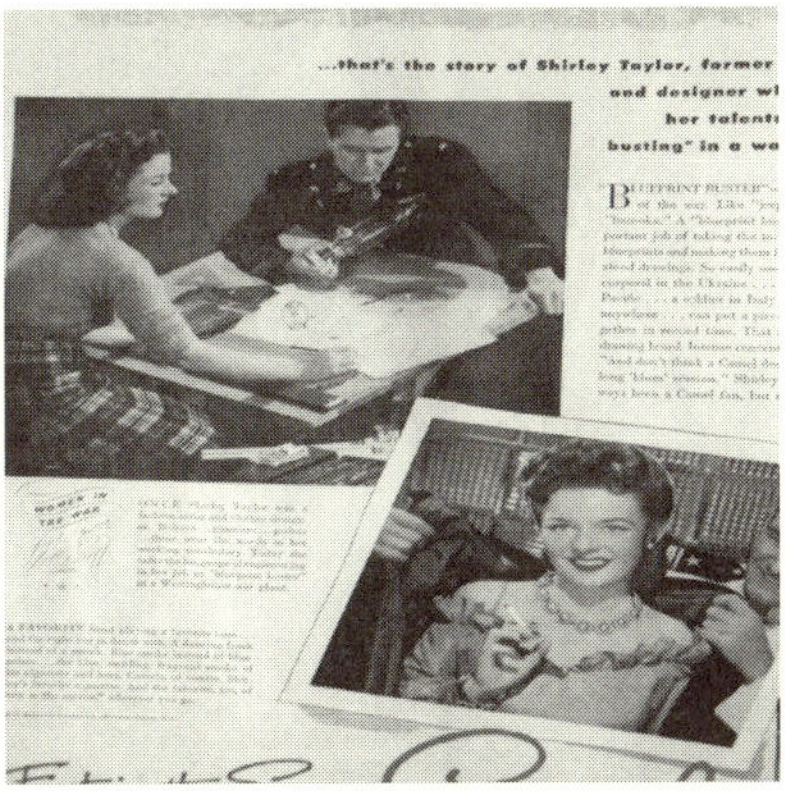

写真24　たばこの広告

ルとして使われていることです。写真22の若い女性二人が作業している図はスコッチ・テープの広告です。「ヒトラーはこんなに一生懸命国のために働く女性のことなど想像もしていないのだ」というキャプションは「アメリカはドイツなどとは違って自国の女性を高く評価していますよ」というメッセージでもあります。

　ここで、女性が外で働くということに対するアメリカ社会の風潮について少し補足したいのですが、戦争で労働力不足が深刻になり、女性の軍需産業での労働が必要になり始める前は、女性を含めた国民の大多数が「女性の居場所は家庭」であると信じていた時代で、とくに白人の場合、大学に行かない女性は結婚するまで働くが、結婚後は仕事を辞めて家庭に入る、大卒の女性は働かないまま結婚する、というのが普通でした。働く場合も事務職が大半で、工場での肉体労働はまずあり得なかったのです。

ですから、白人の女性がこの広告にあるような肉体労働に携わるのは、まさに戦時の反映なのですが、広告からはこの美しい女性たちが本気で作業しているようにはとても見えません。読者に伝わるのは仕事そのものではなく、どんな仕事に就いていても忘れてはいけない〈女性らしさ〉と〈余裕〉ではないでしょうか。

『LHJ』誌においては、このころの女性労働者や女性兵士が登場する広告にはたばこや化粧品関連のものが多いようです。そして特徴としては、仕事とプライベート・タイムの使い分けという形の中で商品が宣伝されています。軍需工場で働く女性も、軍隊で働く女性兵士も、プライベート・タイムではその商品を使って、装いも麗しく、女らしさを発揮し、男性にもてはやされる、という構図なのです。仕事をしている時ももちろん美しいけれど、プライベート・タイムになると一層あでやかになる姿が演出されています。化粧品の場合、「お国のために肉体労働をしていても、このクリームを使えば手はいつもすべすべ、肌はピカピカに保てますよ」、あるいは「この口紅をつければ女性らしさが一段と増しますよ」というような広告もたくさんあります。言い換えれば、平時であろうと戦時であろうと、これらの商品は徹底して〈女性らしさ〉を保つことがいかに重要であるかを焦点に広告を展開しています。写真25の化粧クリームの広告も、働いている図とプライベート・タイムの図の対比は同じですが、ここには「彼女は婚約している」という大きなキャプションがあります。働いていることが大事なのではなく、工場で戦時活動をしていても、美しくしていれば「ちゃんと」結婚相手を見つけられる、というメッセージでしょう。

『LHJ』誌に限らないのでしょうが、アメリカの企業が、広告を通じて、戦争協力を前面に出しながらも、本音のところでは自社製品を買ってもらうために、消費者の欲望を巧みに操作するという広告戦略をとっていることがわかります。

6、『ＬＨＪ』誌における戦時活動

ここからは、第一部の「メディアの中の女性の戦時活動」にありました女性の戦時活動の分野・分類にしたがいまして、四三年一一月から四四年一〇月の『ＬＨＪ』誌の広告を除いた記事や写真において、アメリカ女性の戦時活動がどのような分野で量的にはどのような程度で表象されているのか、また、どの分野にとくに力が入っているのか、具体的な内容も含めた検討に入ります。

『ＬＨＪ』誌に関しては、このような分類の試みには難しいものがありました。対象期間におけるアメリカの戦況（良い）や経済状態（非常に良い）、雑誌に対する政府の統制の有無（ない）がドイツ、

写真26　マニキュアの広告

日本とあまりに異なるために、戦時活動に関する記事が直接的に出ているものは必ずしも多くありません。広告の場合同様、平時となんら変わらない内容の読み切り小説やファッション関係の記事もあり（写真27）、戦争一色とはとても言えない構成です。戦時への言及があっても、大上段に構えず、さりげなく、さらっと書かれているので、注意して読まなければ見逃してしまうものもあります。アメリカ本土が攻撃される可能性がほぼ消えたこともあるでしょうが、雑誌側はアメリカの優位性、余裕をことさらに強調し、読者に戦時下の生活というプレッシャーを強く意識させることなく、明るく、前向きに暮らせるようなアプローチをあえてとったとも考えられます。

図2　戦時労働分野LKJ誌掲載件数

（43年12月～44年11月）

分野	A-2 軍隊内非戦闘部署	A-3 従軍看護師	B-1 思想戦	B-2 生活戦	B-3 生産戦	B-4 母性人口戦	B-5 軍人援護
件数	12	7	51	154	32	116	42

　図2はページ数ではなく、件数を表しています。A－1がないのは、女性兵士は実戦への参加を認められていなかったからです。ページ数としては「母性・人口戦」のほうが多いのですが、それは小説の占める割合に関係します。前にも言及しましたが、『LHJ』誌の

図3　件数に占める小説の割合

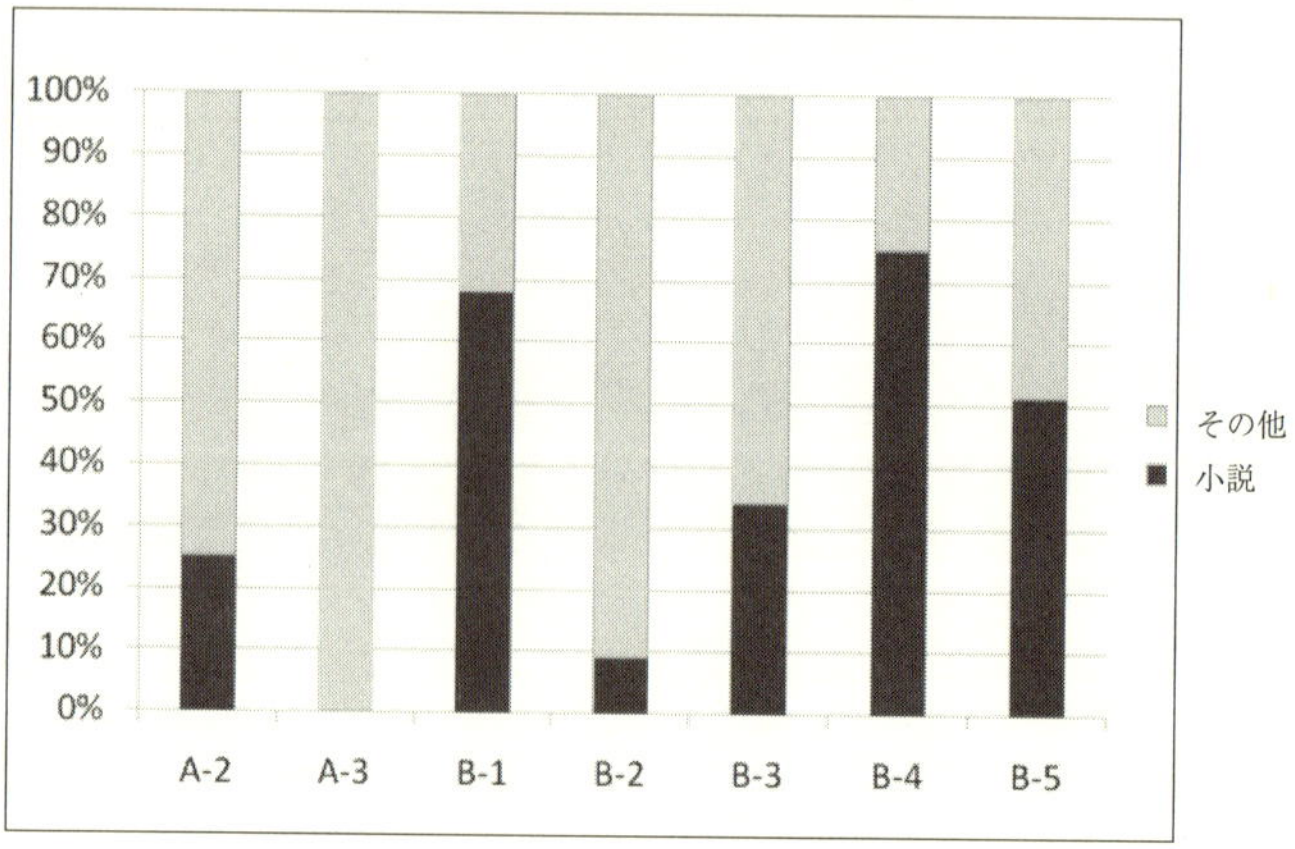

誌面構成の約三〇％を占めているわけですから、思想戦であるとか、母性・人口戦に関連する、結婚・子育て・家庭というテーマのものは小説という形をとって出てくることが多いようです。おそらく小説仕立てにしたほうが、ロマンスを入れながら、戦争と関連づけて、望ましい状況や人物像を展開できるからでしょう。それに比べて生活戦というのは、毎日のこまごました事柄と関連するわけですから、現実そのものと言え、小説で正面から扱われることはあまりありません。

ここでは、フィクションの比率が比較的高いB－1（思想戦）、B－4（母性・人口戦）と件数が極端に少ないA－3（従軍看護師）には言及せず、『LHJ』誌がもっとも力を入れた戦時活動の分野である生活戦（B－2）関連の記事から始め、B－3（生産戦）、B－5（軍人援護）についても少し、それからA－2（軍隊内非戦闘部署）に入りたいと思います。

写真27　夏のバカンス用ファッション

その1　生活戦――あくまで〈主婦〉の枠内で

生活戦といっても「髪振り乱して」ことにあたるわけではありません。まず、読者が「困難な日々」に対処できるよう、記事を通じていろいろなアドヴァイスを与えています。具体的には、夫が戦場に出て留守の間、家計をどのように維持するのか、税金はどうするのか、戦争債の仕組みなどがあります。次に、効率的な家事や子育てのヒントがあります。これには夫不在時の子どもの病気への対応や賢い買物術だとか節約メニュー、物を長持ちさせるにはどうしたらいいのか、ガソリンの節約の仕方といったハウツーものの記事があります。また、金属の供出に協力しているコミュニティや、母と娘たちだけで家の水回りの点検や電気製品の修理に精を出す家族が紹介されていたりします。

これらの記事や写真のすべてに共通するのが、「ルック・グッド」ということです。『ＬＨＪ』誌が強調しているのは、何事も「楽しそうに」、「余裕をもって」、「きれい」にみえるようにすることです。質素な食材を使った料理でも、おしゃれなセッティングにして、「豪華に」、「おいしそうに」見えることが肝心です。髪振り乱してやらない、いつも身ぎれいにして、余裕を持って、なにごとも楽しそうにやりましょう、というスタイルが徹底しています（写真28）。本当にアメリカの主婦が、現実の生活においてもそうであったか、ということとは切り離して考える必要がありそうです。実際、読者の投書欄には物不足、買物の不自由さを嘆く投書も載っています。紙の供給不足はかなりのものだったようで、読者の注意を引くように赤字を使って紙を無駄にしないように呼びかけています。その間も『ＬＨＪ』誌が一三〇ページを超える雑誌を毎月四〇〇万部以上発行していることを知ると、どうして?と思ってしまいますが（写真29）。

写真28　質素に、でもおいしく

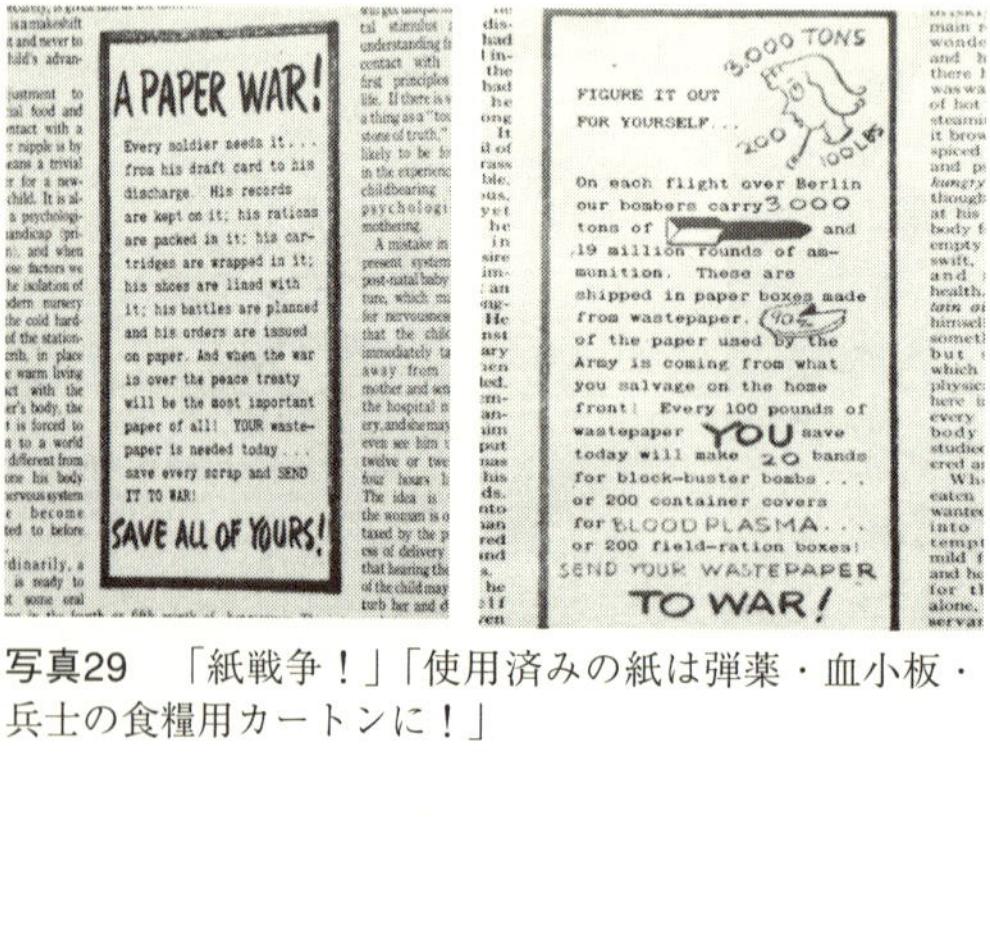

写真29　「紙戦争！」「使用済みの紙は弾薬・血小板・兵士の食糧用カートンに！」

戦時の『ＬＨＪ』誌の特徴として、もう一つ力を注いでいる生活戦の分野があります。それは目次の紹介のところにもありました、「ウィンズ WINS」というものです。「ウィンズ」は、『ＬＨＪ』誌の主導で生まれた、「主婦の活動の範囲内で」戦争に協力するアメリカ女性のボランティア組織です。メンバーは読者ですが、三二の州の州知事夫人が支部長をしていて、戦時における家事や家政の実務、さまざまな物の節約の仕方をまとめたハンドブックを作っています。同時に、『ＬＨＪ』誌には毎号数行程度の小さな囲みメッセージを数個載せて、戦時の節約の心得と方法を説いており、記事として掲載している事柄のエッセンスとも言え、「食べ残しはやめよう」、「ポイントが余っているからという理由だけで物を買ってはいけない」、「料理に使う油は少なめに」、「食べず嫌いはやめ、いろいろな食材をためしてみよう」、「使用済みの紙は捨てない」、「使用済みの瓶は捨てずに瓶詰めに」、「男性に代わり、大工仕事・修理をこなす」、「できるだけ手作りで」、「地域のボランティア活動に参加を」など、そこまでと思うほど細かなメッセージが書かれています（写真30、31）。

写真30　「ウィンズ」の特集記事

「ウィンズ」も含め、生活戦関連の記事に『ＬＨＪ』誌が力を入れているのは、この雑誌の主要な読者層が専業主婦を中心とした既婚の白人女性であることが関係するのではないでしょうか。『ＬＨＪ』誌が戦前から力を入れてきた、主婦は「家族の要であるとともに家政のエキスパートでもあるべき存在」という考え方の延長に生活戦における戦争協力があると思われます。生活戦での活動は主婦の〈力の見せ所〉、立派な主婦であればあるほど、普段やっていることの延長で戦争協力ができる、という考えです。なかなか都合のよい戦略です。

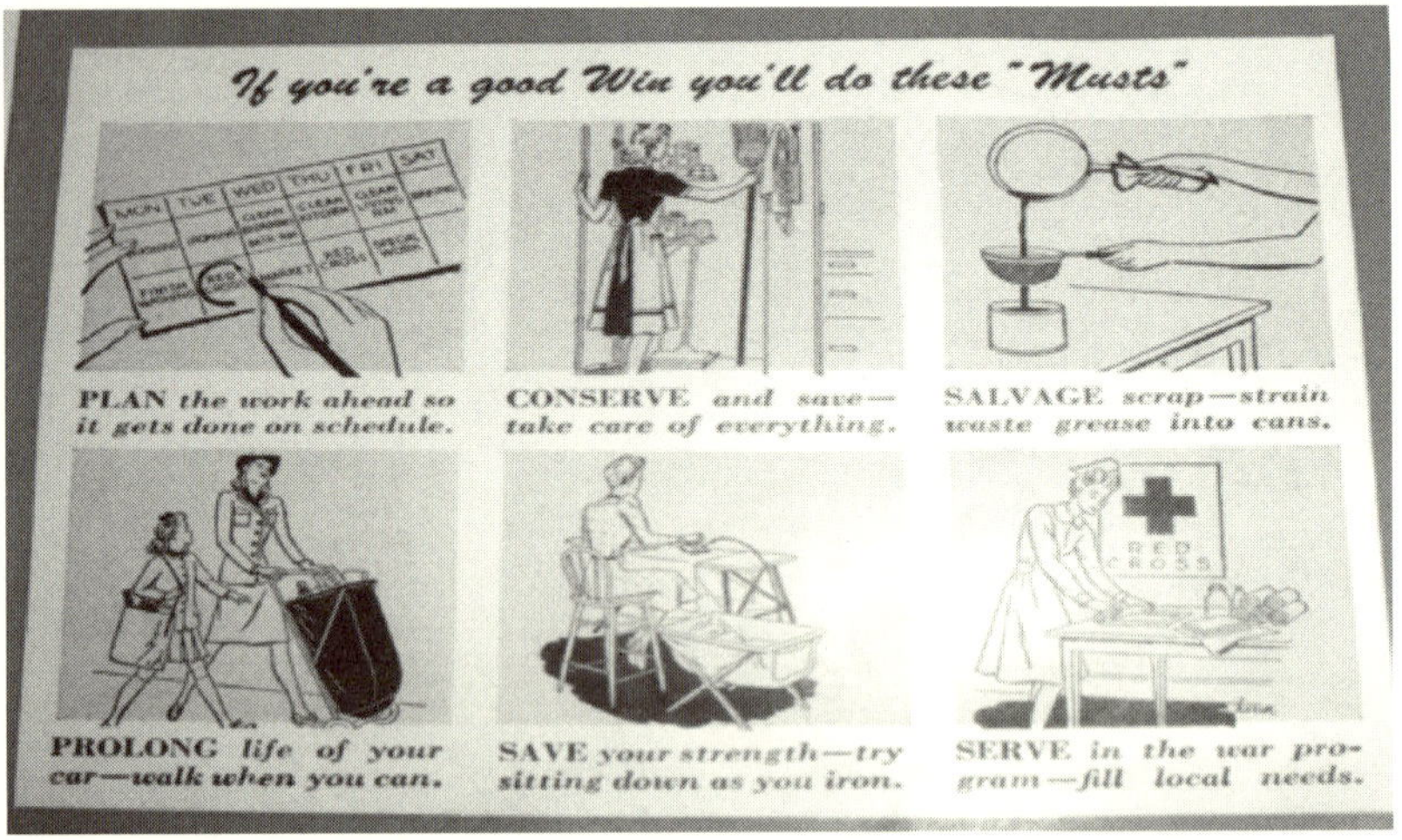

写真31　「立派なウィンなら、物事は計画的に、物を大切に、使用済み油は捨てずに肉屋へ、買物は歩いて、体力温存のためアイロンがけは座って、ボランティアもして」

その2　生産戦——女性労働者の表象

次に『ＬＨＪ』誌が取り上げた、件数としては生活戦よりずっと少ない、生産戦における戦事活動の表象を見てみましょう。生産戦における戦事活動の中心は軍需産業で働くことです。アメリカ政府がもっとも切実に必要としたのが、この分野での女性の協力です。総力戦に備えて、アメリカは重工業製品の増産体制を整え、戦時生産体制への移行をはかりますが、働き盛りの男性が兵役に就いた後は労働力を女性に求めざるを得ません。ポスターやメディアを通してのプロパガンダ作戦で、愛国心に訴え、女性の労働者の獲得に努めました。当初は独身女性がリクルートの中心でしたが、愛国心よりも高賃金に惹かれて、ウェートレスやメイドなど低賃金の仕事をしていた女性は独身、既婚を問わず、いっせいに動員に応じたので、そうした分野の仕事が人手不足に陥ってしまったということです。

戦線の拡大とともに、ますます国内の労働力が不足し、それまで専業主婦であった女性をもリクルートしなければならなくなりました。女性のもっとも大切な役割は、家政をつかさどり、妻として外で働く夫を支え、子育てをし、家族の和をはかることであるという、アメリカン・ホーム

写真32　「機関車の汽笛よりも元気な女性整備員たち」

の〈伝統〉とこの状況は一致しないものでした。しかし、政府は、「一時的」に女性が外に出て働くのは前線にいる夫のためにも称賛に値する「愛国的行為」であるとし、高賃金の提供とともにあの手この手で専業主婦の動員をはかりました。

　このような背景にもかかわらず、この報告で取り上げた時期には、『ＬＨＪ』誌で戦時活動に従事する女性についての記事や写真はそれほどありませんでした。一九四二年の八月号では特集として、戦闘機の工場で働く女性についての記事がありましたが、この時点ではまだ独身女性が圧倒的に多数を占めていました。**写真32**は鉄道の仕事に従事する女性を描いており、四三年前半のものですが、この時期でさえ、写真だけで関連記事はないのです。四四年という年には、まとまった記事はわずか二件で、それも必ずしも好意的な書き方ではありません。この頃になると戦後をにらんでいるのか、**写真33**では作業中の魅力的な女性の写真が掲載されていますが、記事は「戦争が終わったら、このような仕事をしている女性はどうするのだろう」ということに焦点を当てています。そして、『ＬＨＪ』誌が独自に行ったとする、女性労働者に対するアンケート調査の結果が書かれています。何人を対象にしたのかは不明です。

調査によれば、戦争が終われば四人のうち三人は仕事を辞めるとのこと。「結婚するなら仕事を辞めますか」という独身女性への質問に対しては七〇％が「よろこんで」と回答。また、既婚者に対して、「仕事を辞めて家事・育児に専念できるのが楽しみですか」という質問には、七五％の人がイエスと答えています。「男性の数が少ないと思われる戦後、彼らが結婚相手を選ぶとしたら、最高のホーム・メーカー？　それとも最高の美人？　それとも最高の仕事を持っている人？」この質問に対する回答はそれぞれ順に六一％、一二％、六％です。面白いのは、このような回答にもかかわらず、「家にいるより外で働くほうが楽しいですか」という質問に七九％の女性がイエスと答えていることです。そう回答した女性の七〇％は子どものいる既婚者です。こうした現象について、『ＬＨＪ』誌は、「家事・育児にはわずらわしいこともあり、外で働くほうが楽しいけれども、家事・育児が本質的に重要な仕事で、女性のみにできること、という使命感の表れ」と解釈しています。そして、同誌は、「軍需産業で働くのは限られた期間の中での緊急事態なので、大半の女性は戦争が終わったら家庭に戻ることになるだろう」という結論を下しています。

写真33「女性たちはどうなるの？」

写真34は、ちょっと分かりにくいかもしれませんが、デパートのバーゲンセールに群がっている女性たちの姿を写しています。「ホット・マネー」というタイトルは軍需産業で働く女性たちの賃金収入のことです。こうした女性たちは慣れない肉体労働をして、家事・育児との両立をはかり、買物に行列し、時間のやりくりも含めて、大変忙しい日々を過ごしてい

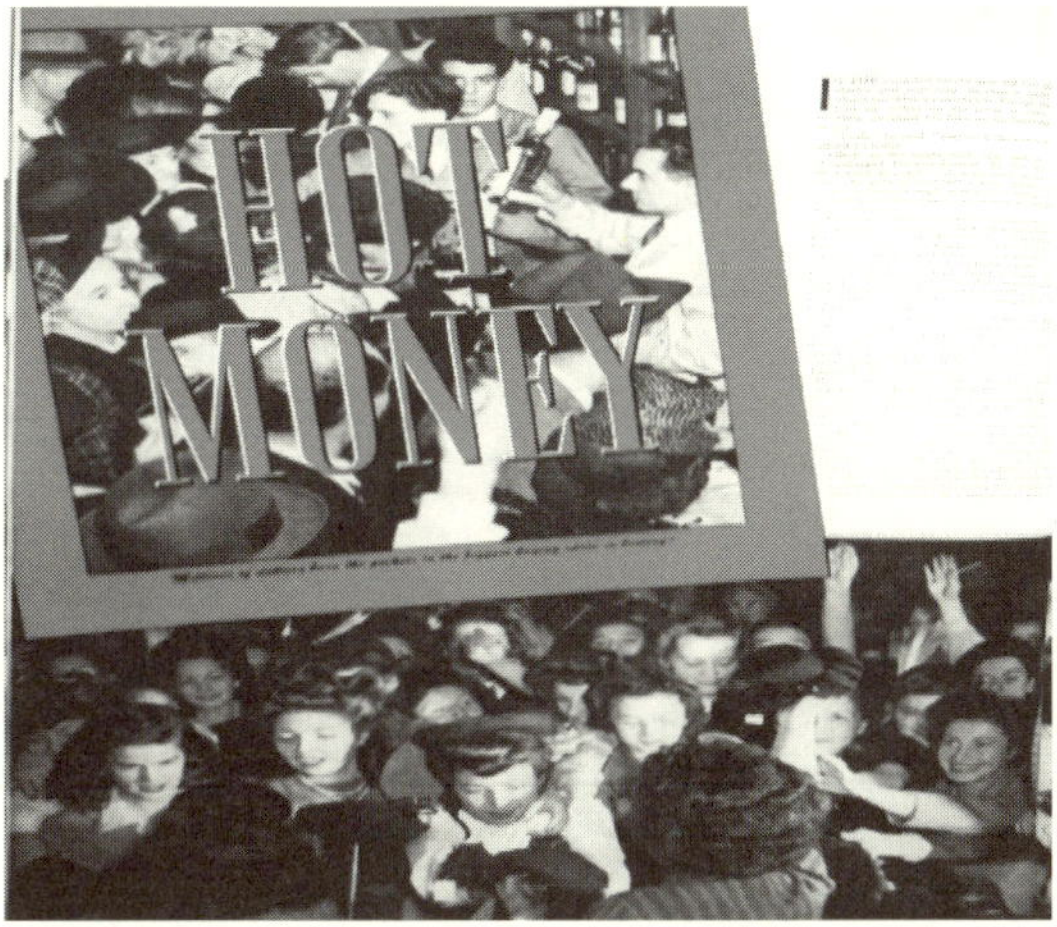

写真34　ホット・マネー

た一方で、これまで手にしたこともないほどのお金を得ていたことも事実です。とくに、それまで外で働いた経験のない既婚女性にとっては「自由に使える」お金のありがたさを初めて味わったといえます。この時代にデパートでバーゲンセールができたということ自体が私たち日本人には驚きですが、人々の購買力は戦争中に確実に高まりました。毛皮などの贅沢品の売上高は戦前より大きかったそうです。

『ＬＨＪ』誌が記事の中で、「女性たちがこんなにたくさんのお金を得て、それを好きなように使っているのは道徳的に正しくない」という評論家の意見や、こうした仕事に就いている既婚女性を否定的に表現した「ホット・マネー・ママ」という言い方などを引用していることから、この雑誌が、生活戦での主婦の協力に対する肩入れ具合とは大きく異なり、こうした戦時の女性労働者に対してはあまり好意的な見方をしていないのではないかと推測されます。

その3　軍人援護―ボランティアで海外赤十字活動

Ｂ―５の軍人援護については、フィクションで扱われている以外赤十字活動によるものが中心です（写真35）。赤十字活動はボランティア活動ですので、専業主婦もずいぶん協力しておりました。内容は兵士に送る品物の整理や包装などです。看護の仕事もありましたが、同じ赤十字活動でも『ＬＨＪ』誌が取り上げているのは、海外に出て、前線にいる兵士の援護をする活動で、「ドーナツ・ガール」と呼ばれていました。日本風な言い方

写真35　「前線の兵士に故郷の味と雰囲気を」海外赤十字活動「ドーナツ・ガール」

をすれば「おにぎりガール」、「のり巻ガール」というところでしょうか。前線の兵士に故郷アメリカの味を伝えるために、車に移動キッチンをつけ、コーヒーとドーナツを提供する、前線基地ではダンス・パーティーやさまざまな娯楽活動の手配をする、これらが彼女たちの仕事でした。陸軍女性部隊には二〇歳から応募できたのに対し、「ドーナツ・ガール」はボランティアにもかかわらず、応募資格は大学卒で、二五歳以上でなければなりませんでした。しかし、この時代の若い女性にとっては、愛国心を満足させながら、海外に出られるということで、応募者が殺到したそうです。しかし、このような活動についても『LHJ』誌は大きく取り上げることはありませんでした。

その4　女性兵士の表象

A―2はいわゆる女性兵士という部署での戦事労働になりますが、この分野の表象についても『LHJ』誌は特別積極的に報道しているようには思えません。少なくとも一九四四年には女性兵士の活動についての言及は非常に少ないのです。四三年一二月号に掲載された写真36は、軍隊内の活動とは思えない、タイトルも「美を添える」とした、国旗を掲げる女性陸軍部隊（WACs）の姿を映した、小さな記事くらいです。

写真36　WACsロックフェラー・プラザに美を添える

たしかに、四四年三月号には特集として、一見大きく、陸軍女性航空隊（WASPs）の訓練の様子が報道されています。しかし、約二七万人とされる陸軍、海軍女性予備志願部隊、沿岸警備隊、海兵隊女性予備役に在籍する女性兵士の中で、なぜ一〇〇〇人程度に過ぎない女性航空隊を特集に取り上げたのかを考えざるを得ません。

陸軍女性航空隊の仕事は、出来上がった戦闘機を操縦して、製造工場から軍の基地まで運び、また飛行場内で飛行機の移動をする、というものでした。パイロットの資格を持っている人にのみ応募資格があります。この時代にパイロットの資格を持っていた女性、言い換えれば、趣味で飛行機の操縦ができた女性がどのくらい存在したのか、そのような女性はどのような社会階層の出であったのかは容易に想像できます。記事に、近隣に住む同年代の女性が、隊員の訓練風景を見物したり、休日を過ごす様子を見聞きしたりして述べた、「女性航空隊の女性たちはスタイルもよく、颯爽として、とにかくすべてにカッコいいエリート」という感想をつけ加えています。「エリート」の女性航空隊員の活動ならば『ＬＨＪ』誌で取り上げるのにふさわしいと考えたのでしょうか。

7、専業主婦という〈聖域〉と守るべき〈アメリカ〉の姿

以上、おおまかではありますが、写真や記事を通して『レイディーズ・ホーム・ジャーナル』誌に女性の戦時活動がどのように表象されていたかを見てきました。『ＬＨＪ』誌の姿勢がある程度伝えられたのではないでしょうか。『ＬＨＪ』誌が提唱する戦時活動の中心は外に出て働くことにあるのではなく、主婦としての役割をきちんとやり遂げることにありました。『ＬＨＪ』誌では、女性の兵士や軍事産業従事者の姿を、記事の中でより、広告の中で見ることのほうがはるかに多かったという事実にもこのような姿勢が表れているよ

写真37　WASPs（陸軍女性航空隊）

うに思えます。記事においては家事・子育てに専念する女性の戦時における暮らしぶりを伝えることを中心にし、家庭の外で働く女性像は広告にまかせている感があるのです。

国家の立場からすれば、「女性は家庭」という伝統まで打ち壊したくはないけれど、女性労働者や女性兵士の不足は切実な問題でした。働いていない独身女性がいなくなると、政府は〈高賃金〉と〈愛国心〉をセットにした上で、「女性の力なしに戦争に勝利することはできない」、「戦っている夫のためにも戦争関連の仕事に就きなさい」と戦時女性労働者動員のキャンペーンをはって、既婚女性のリクルートに努めていました。

一九四〇年から四四年の間に、外で働く女性は一二五〇万人から一八二〇万人に増えました。この間、すでに働いていた女性のうち、四〇〇万人が、そして新たに外で働くようになった女性のうち二〇〇万人が戦時活動に従事しています。計六〇〇万人の女性が戦時活動に関わったことになります。その他に女性兵士と軍属の看護師を含めて三五万人、農業に四〇万人。これらはフルタイムの仕事です。ボランティアである赤十字活動やランド・アーミーとよばれる季節限定の収穫活動に携わった女性の数は入っていません。白人女性の場合、働く女性の大半が独身であった戦前とは異なり、三五歳以上の既婚女性の就労が目立つようになりました。戦時に新たに就労した女性の六〇％を占めます。

このような状況でも、『ＬＨＪ』誌はあくまで「主婦が主婦の立場で行う戦時活動」にこだわりました。なぜ、そこまで〈専業主婦〉の領域にこだわったのでしょうか。

既婚者も含めた女性全体の就業率は戦前に比べて確かに伸びました。一四歳以上の全女性の就業率は、一九四〇年の二七・八％から四四年には三五％になりました。それでも圧倒的多数の女性は働いていなかったということです。統計に表れた「一四歳以上の全女性」というのはあまりにもばく然としているように思われましたので、実際に働いている女性は二〇～五五歳に集中しているであろうと仮定してみました。それで計算しても、その年齢層の女性の約半数にあたる一七〇〇万人の女性が働いていなかったことになります。

とくに、結婚していて、年少の子どもがいる可能性の高い二五～三四歳の女性（約一一五〇万人）に限れば、ないでしょうか。

就業率はわずか〇・五％に過ぎません。つまり、この世代の女性は、労働力が払底して、危機的状況にあった戦時において、高賃金の魅力にも、愛国心へのアピールにもほとんど影響を受けていなかったようです。一九四四年の時点でも、いわゆる〈専業主婦〉として家庭に留まっていた女性が多かったということは明らかではないでしょうか。

「主婦の居場所は家庭」という社会通念を基本理念に、夫が仕事に励むことができる家庭環境をつくり、子育てをしっかりし、家事を効率よくこなすことができる〈有能な主婦〉であること自体がすなわち戦時活動であり、戦争協力なのである、というメッセージは、白人中産階級の、とくにこの世代の主婦層に多大な影響を及ぼしたのではないでしょうか。自分の価値観と役割を変えることなく、よい主婦になる努力を続ければ、戦争という重大な局面で高い評価を受けるのであれば、彼女たちの多くが専業主婦という〈聖域〉に留まったのも当然と思われます。また、国家が〈建前〉としては家事・育児という伝統的な既婚女性の役割を重視していたことも、この世代の女性の就業率の低さと無関係ではないでしょう。

この報告の最初に、雑誌産業への国家の介入はなかったと言いましたが、強制力は持たなかったものの、一九四二年には政府の戦時情報局内の雑誌部門で、すべての雑誌に戦争協力を要請していました。『マガジン・ウォー・ガイド』（*Magazine War Guide*）という月刊の小冊子を発行し、戦争協力のためのガイドラインを簡潔に掲載しています。内容としては、看護師、女性労働者、そして女性兵士の必要性と必要分野、必要人数など人的資源を求めるものから、戦争協力に役立つフィクションのヒントや効率的な家事の方法についてまで、具体的で細かい指示とアドヴァイスが書かれています。とりわけ頻繁に言及している項目は女性の労働動員と女性兵士への応募を要請するものでした。毎号のように民間、軍にかかわらず、女性の力を動員する絶対的必要について記事に取り上げてほしいと強く要望していたのです。

『ＬＨＪ』誌は、国家が切実に労働動員を求めていることを十分承知しているはずなのに、『マガジン・ウォー・ガイド』の要請にはあまり反応していないようです。反面、家政についてのアドヴァイスには全面的に協力しています。結局、『ＬＨＪ』誌が、『マガジン・ウォー・ガイド』に書かれたガイドラインを選択的に用い、広告・記事を使い分け、女性の労働力動員については、時折記事の中で「客観的」な報道をするけれども、主として広告を通して間接的に読者に女性労働者の「イメージ」を伝える一方で、家庭にいる既婚女性の活躍ぶりは頻繁に、そして好意的に記事にしたことは明らかです。

主婦の仕事そのものが愛国的行為であり、勝利への道であるとし、家庭に留まることこそが戦争協力だとする記事を繰り返し掲載して、主婦という本来の仕事の大切さを説いてくれたのですから、経済的に働く必要がない場合、この世代の女性が強い影響を受けたとしても不思議はありません。

最後に、女性と戦時活動との関係について、『ＬＨＪ』誌の基本姿勢を端的に示すものとして、当時の編集責任者ベアトリス・グールド（Beatrice Blackmar Gould）による論説（一九四一年七月号）の一部を引用させていただきます。

「これは民主主義を守るための戦いです。民主主義は個人個人が立派な人間になることから達成されます。（中略）現在の民主主義の危機はアメリカの女性にとって大きなチャレンジです。女性は役に立ちたいと願っています。望むのであれば看護を学ぶこともできます。トラックの運転を学んでもいいでしょう。そうすることによって、その女性の能力の程度までには、物資や武器の供給が促進されるでしょう。しかし、女性にはなによりもまず果たさなければならない、それよりはるかに大きな責任があります。子どもというこの世でもっとも大切なものの保護者であることです。母親こそが、学校よりも、教会よりも、社会よりも子どもの人格を形成します。全体主義国家では国家が決めた理想に従わなければならないので、母親には子どもの理想を育むという権利はそなわっていません。

自身がゆるぎない道徳観を持っていれば、外からの影響を受けることなく子どもを導くことができます。まず自分が何を信じるかを知ること。その信念が他者によい影響を与えます。母親は家庭内の倫理的中心です。

母が勇敢であれば子どももそうなるし、夫もそうなります。母親が真実に対し敬意を払えば子どもも同じようにします。公平で親切な判断をくだせば子どもが意見を異にする人に厳しくなることもありません。理想のために物質的快楽を犠牲にすることをいとわなければ、子どももその理想を大切にします。また、夫も必要とされた場合には容易に自己を犠牲にできるようになります。家庭は民主主義の単位（ユニット）なのです。」

少なくとも『ＬＨＪ』誌においては、女性の戦時活動の望ましい形がすでにここではっきり提示されていると思われます。

写真38　「これこそがアメリカ」

それでは最後に見ていただく戦争中のポスターです。父親の後ろ姿が見え、母親が家族の中心にいる構図で、「家族という神聖な制度をもつ国、子どもが両親を愛し、誇りに思い、尊敬する国、それぞれの家庭が守るべき城である国、それがあなたの国アメリカなのです」、と書かれています（写真38）。これこそが守るべきアメリカというわけです。女性の戦時活動は主婦という「高貴」な仕事の延長上にあるべきもの、そして、それは「よき妻、よき母」として自分の能力をフルに発揮できるチャンスであり、やりがいのある仕事である、という『ＬＨＪ』誌の主張がこのポスターの図柄にも表れているように思えてなりません。

資料は、ニューヨーク市立図書館、日本女子大学図書館のものを利用した。

参考文献

有賀夏紀『アメリカ・フェミニズムの社会史』勁草書房、一九八八年

佐藤千登勢『軍需産業と女性労働：第二次世界大戦下の日米比較』彩流社、二〇〇三年

Bird, William L. Jr. *Design for Victory.* New York: Princeton Architectural Pr., 1998.

Blum, John Morton. *V was for Victory.* New York: Harcourt Brace & Company, 1977.

Colman, Penny. *Rosie the Riveter: Women Working on the Home Front in World War II.* New York: Crown Publishers, 1995.

Dinnerstein, Leonard ed. *American Vistas 1877 to the Present.* (Seventh Edition) New York: Oxford Press, 1995.

Fussell, Paul. *The Great War and Modern Memory.* New York: Oxford Univ. Pr., 1977.

Harris, Mark J. *The Home Front.* New York: GP Patnam's Sons, 1984.

Hartman, Susan M. *The Home Front and Beyond: American Women in the 1940s.* Boston: Twayne, 1982.

Honey, Maureen. *Creating Rosie the Riveter: Class, Gender, and Propaganda during World War II.* Amherst: Univ. of Massachusetts Pr., 1984.

Jones, John Bush. *The Songs That Fought the War: Popular Music And the Home Front, 1939-1945.* Boston: Brandeis Univ. Pr., 2006.

Kennedy, David M. *Freedom from Fear: The American People in Depression and War, 1929-1945.* New York: Oxford University Press, 1999.

Lingeman, Richard. *Don't You Know There's a War on? The American Home Front 1941-1945* . New York: Thunder's Mouth Press, 1970.

Polenberg, Richard. *America at War: The Home Front, 1941-1945* . Englewood Cliff: Prentice Hall, Inc., 1968.

Scanlon, Jennifer. *Inarticulate Longings: The Ladies' Home Journal, Gender, and the Promises of Consumer Culture.* New York: Routledge, 1995.

Stein, Conrad R. *The Home Front During World War II in American History.* Berkeley Heights, N. J.: Enslow Publishers, Inc., 2003.

Winkler, Allan M. *Home Front U. S. A.: America during World War II.* (Second Edition) Wheeling, Ill.: Harlan Davidson, Inc. 2000.

Walker, Nancy A. *Shaping Our Mothers' World: American Women's Magazines.* Jackson: Univ. Pr. of Mississippi, 2000.

Walker, Nancy A. ed. *Women's Magazines 1940-1960:Gender Roles and the Popular Press.* Boston: Bedford/St. Martin's, 1998.

Yellin,Emily. *Our Mothers' War,* New York: Free Press, 2004.

ポスター引用サイト

http://americanhistory.si.edu/victory/victory6.htm

http://www.archives.gov/exhibits/powers_of_persuasion/powers_of_persuasion_intro.html

http://history1900s.about.com/library/photos/blywwiip208.htm

http://www.teacheroz.com/WWIIHomefront.htm

まとめにかえて　ジェンダーで見る三国の戦時女性表象　加納実紀代

いま三国女性雑誌における女性の戦時活動表象をご覧になって、どんな感想をお持ちでしょうか。一見すると、三国で随分違うと思われたのではないでしょうか。わたしなどは最初アメリカの女性雑誌を見た時は、誌面のあまりの余裕ぶりに腹を立て、突然反米ナショナリストになってしまったりしました。

しかしジェンダーの視点で見直してみると、違いよりは共通性の方が大きいのではないかと思います。その共通性について、二点にまとめてみました。

まず一点目としては、ジェンダーの越境に対する危機感です。それはこの三国の雑誌すべてに表れていると思います。女性を戦争に動員するということは、それまで構築してきた男らしさ／女らしさ、男性領域／女性領域という境界を揺るがすことになります。戦時体制とはいうまでもなく暴力を「男らしさ」として最高位におく男権的な社会体制です。その「男らしさ」は、あくまで非暴力的でやさしい「女らしさ」との対比で構築されるものです。にもかかわらず総力戦は女性の協力なくしては戦えない。そこにある矛盾、ジェンダーの越境への強い危機感があって、それが三国の女性雑誌における「女らしさ」の強調となって表れているように思います。

例えば、日本でいえば、『日本婦人』における「日本婦人の美徳」とか「婦徳」の強調ですが、『青年（女子版）』の身じまいをきれいにして死装束を、といった表現もそれにあたるでしょう。

ドイツの場合では、母性が価値づけられ強調されますが、ジェンダーの越境への危機感のあらわれ、とみることができるでしょう。

アメリカの場合、松崎報告にあったように、家庭の聖域化がはかられます。アメリカは正規軍の中に女性を導入し非戦闘部署で働かせているのですが、報告のなかに、ＷＡＣという陸軍女性兵士がヘルメットをかぶってニッコリしている写真がありました。きれいにお化粧をして真っ赤に口紅をぬって、笑顔で表象されています。ヘルメットがなければ民間女性と同じだと報告にありましたけれども、ヘルメットとの対比でかえって「女らしさ」が際立つともいえます。

それから、ドーナツ・ガール。これは一体何なんだと最初見たときびっくりしました。日本でいえば「おむすび娘」ということでしょうか。大学卒の女性を軍隊の中でそういうサービス係として使う、そして最大のメディアでそれを表象している。ここにも男たちのジェンダー越境への危機感が表れているのではないかと思います。

もう一つの共通点は、ご都合主義的な女性利用ということです。これはドイツの場合に典型的に表れています。ドイツはイデオロギーとしては分離型であって、女性のあるべき姿は家庭にあって子どもを育てることだという。しかし最終段階になって、どうにも男だけではたちゆかなくなると国防軍補助員として女性を使いました。桑原報告にあったように、「補助員」という名称で、あくまで男性の補助に過ぎないと位置づけながら、実際は非常に危険な部署で使うということが行われました。その結果として、捕虜になった女性たちが非常に残酷な目にあうということにもなっています。

それに対してアメリカの場合は、雑誌の性格もありますが、あくまで女性の居場所として家庭を重視する。そしてその中でアメリカの〈豊かさ〉と〈民主主義〉や〈自由〉を表象しています。これは実態を表しているだけでなく、イデオロギー的意味も持っているといえるでしょう。つまりアメリカにとっての戦争目的、守るべきものとしての〈価値〉の表象でもあると思います。男性たちが守るべきものとしての白人中産階級女性、彼女たちによって築かれる聖なる家庭を称揚することで、男たちの戦闘意欲をかき立てるということです。それでも戦況が厳しい段階では、「一時的に」女性が外で働くのは前線の夫のためにも称賛すべき行為だとして主婦を動員しました。

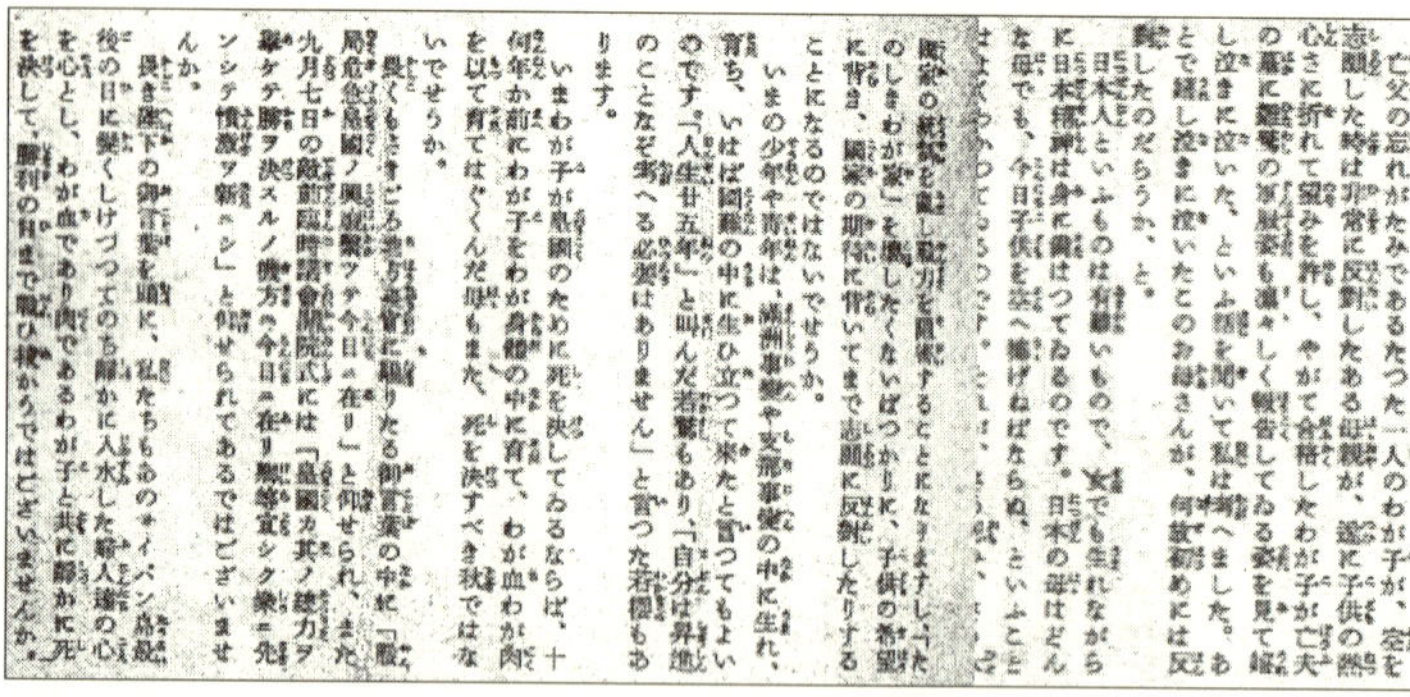
巻頭言

母も死を決すべき秋

日婦本部
航空婦人局長　松平俊子

亡父の忘れがたみであるたつた一人のわが子が、空を志願した時は非常に反對したある母親が、遂に子供の熱心さに折れて望みを許し、やがて合格したわが子が亡夫の墓に靈前の家族等も達々しく報告してゐる姿を見て嬉し泣きに泣いた、といふ話を聞いて私は胸へました。あとで嬉し泣きに泣いたこのお母さんが、何故初めには反對したのだらうか、と。

日本人といふものは有難いもので、女でも生れながらに日本精神は身に備はつてゐるのです。日本の母はどんな母でも、今日子供を空へ捧げねばならぬ、といふことはよく[illegible]

國家の興亡を賭し戰力を動員することになりましたのに「わが家」を離したくないばかりに、子供の希望に背き、國家の期待に背いてまで志願に反對したりすることになるのではないでせうか。

いまの少年や青年は、満洲事變や支那事變の中に生れ、育ち、いはば國難の中に生ひ立つて来たと言つてもよいのです。「人生廿五年」と叫んだ若鷲もあり、「自分は昇進のことなぞ考へる必要はありません」と言つた若櫻もあります。

いまわが子が皇國のために死を決してゐるならば、十何年か前にわが子をわが身體の中に育て、わが血わが肉を以て育てはぐくんだ母もまた、死を決すべき秋ではないでせうか。

畏くもさきごろ臨時議會に賜りたる御言葉の中に「戰局危急皇國ノ興廢繫ツテ今日ニ在リ」と仰せられ、また九月七日の臨時議會開院式には「皇國カ其ノ總力ヲ擧ケテ勝ヲ決スルノ機方ニ今日ニ在リ爾等宜シク衆ニ先ンシテ憤激ヲ新ニシ」と仰せられてあるではございませんか。

畏き陛下の御言葉を體に、私たちもあのサイパン島最後の日に雄々しくけづつてのち靜かに入水した婦人達の心を心とし、わが血であり肉であるわが子と共に靜かに死を決して、勝利の日まで戰ひ抜かうではございませんか。

「母も死を決すべき秋」（『日本婦人』1944年10月号

最後に日本です。日本の場合も女性利用のご都合主義は強くみられます。つねに家にあって夫や子どもに尽くすという「日本婦人の美徳」や「家族制度の美風」が称揚されながら、男性労働力の穴埋めとして徹底した女性利用がはかられました。

それだけでなく、他の二国にない日本の特徴としては、女性を死の道連れにするということです。先述のように、日本の場合は思想戦（B－1）の比重が非常に高いわけですが、この思想戦の中身として、最後の段階になると、「日本精神だ。日本精神とは武士道だ。武士道とは死を恐れないことだ」ということが非常に強く打ち出されます。ということは、つまりは「一億玉砕」、集団自決の強制です。

その一例として、ここにみられる「母も死を決すべき秋《とき》」があります。これは『日本婦人』一九四四年一〇月号の巻頭言で、筆者は大日本婦人会本部理事で航空婦人局長松平俊子です。彼女はいわゆる華族で、朝鮮の皇太子李垠と結婚した梨本方子は彼女の姪に当たります。ちょっとコピーが汚くて読みにくいでしょうが、八行目に「日本人といふものは有難いもので、女でも生まれながらに日本精神は身に備はってゐるのです」とあります。その「日本精神」の中身としては「子供を空へ捧げ」る、つまり息子を航空兵として志願させるということです。そのためには終わりから三分の一あたりにあるように、「いまわが子が皇国のために死を決しているならば、十何年か前にわが子をわが身体の中に育て、わが血わが肉を以て育てはぐくんだ母もまた、死を決すべき秋ではないでせうか」というわけです。

これが書かれた一九四四年一〇月とはどういう時期かと言いますと、特攻作戦が始まったのがまさにその一〇月の二五日、フィリピンのレイテ戦からです。この記事はそうした状況で、母に対して、息子を特攻兵として死なせろと言っていることになります。そして生み育てた息子を死なせるからには母も死を覚悟しろ、というわけです。

母というのは命を生みだす存在であって、ふつうは死の対極にあるとされています。だからこそ戦後は、母性は戦争反対・平和の象徴になりました。しかし戦争の最後の局面では、その母にすら「死ね」と要求する。それはもちろん松平俊子だけではありません。四五年になると女性も国民義勇隊に組織して「一億玉砕」、つまり国民総自決が呼びかけられます。それが日本の戦時体制であったということです。

現在、教科書の記述をめぐって、沖縄の「集団自決」に日本軍による具体的命令があったかなかったかが争われていますけれども、こういう形で一般女性に対しても死を覚悟しろ、ということが言われていたということ、そういう構造全体をきちんと見るべきだと思います。そしてわたしたちは、日本の軍隊とは、女子どもを守るどころか、状況が厳しくなると、赤信号みんなで渡れば怖くないとばかり、女子どもを死の道連れにするものであることをしっかり記憶に刻んでおくべきだろうと思います。

第２部

軍事主義とジェンダー

上野千鶴子

「女の私に祖国はない。
女の私に祖国は要らない。
女の私の祖国は全世界である」
ヴァージニア・ウルフ

上野千鶴子です。私は今日ほど社会学者であってよかったと思うことはありません。先ほど歴史学の研究を見せていただきまして、たいへん中身の充実した、しかもチームワークのとれた素晴らしい報告を聞かせていただきました。これで歴史家と張り合ったら私に勝ち目はありません。ところが社会学者というのは気が短いものですから、現在のことしか興味がない。今日このお話をお聞きになったみなさん方のなかには、六〇年も前のことだし、私は生まれてねぇよ、って思ってらっしゃる方も、多いことでしょう。今や日本の国民の三分の二は戦後生まれです。それから、こんな平和な時代に生まれてよかった、あんな大変な時代だったらさんざんな目にあったわね、と、ほっと胸をなでおろしている方もいらっしゃるかもしれません。私の話は現在のこと、軍事主義とジェンダーはあなたに関係おおありです、という話です。

最初に私の好きなヴァージニア・ウルフを引いておきました。『三ギニー』(Three Guineas［Woolf 1938＝2006］)は一九三八年、二〇世紀、戦争の世紀の幕開けであり、総力戦の最初の経験であった惨憺たる戦争、第一次世界大戦を経験したあとのイギリスで、ウルフが書いた本です。これがようやく昨

▼ヴァージニア・ウルフ　Virginia Woolf,1882～1941　イギリスの作家。作品に『船出』『ダロウェー夫人』『灯台へ』『オーランド』『自分自身の部屋』『三ギニー』など。

Virginia Woolf, Three Guineas

As a woman, I have no country.
As a woman, I want no country.
As a woman my country is the whole world.
Virginia Woolf, Three Guineas [Woolf 1938＝2006]
女の私に祖国はない。
女の私に祖国は要らない。
女の私の祖国は全世界である。

年、日本語に翻訳され、日本語でも読めるようになりました。名訳ですが、私の拙訳を出しておきました。原著の翻訳者は、「女として私は祖国を持ちません」と訳しておられるんですが、「女の私に祖国はない」と言ったほうがカッコいいでしょ（笑）。それから、最後の「女の私の祖国は全世界である」というよりも、「女の私にはいたるところが祖国である」と言いたい思いです。これを最後のオチにつなげたいと思います。

ナショナリズムとジェンダー

私がこういうテーマを論じるようになった理由は、『ナショナリズムとジェンダー』という本を書いたからです。この本を書いたとき、私は自分に対して問いを立てました。「ナショナリズムとフェミニズムは両立するか？」それに対する答は二通りあります。一つは、経験的な答、もう一つは論理的な答です。前者には「イエス・アンド・ノー」という答しかありません。本日みなさんが四人の方の歴史研究をお聞きになったように、女も戦争に動員され、女が意気揚々と自分の能力を試す機会として、戦争を歓迎するという歴史がありました。これはたまたま女たちが時代の波に呑まれて間違ったことをしたのでしょうか。論理的に考えれば、フェミニズムとナショナリズムはほんらい両立しないはずなのに、なにかの偶然で間違ったとなるのでしょうか。この二つはほんとに両立する必然性がないのか、それともあるのか。内在的・論理的に考えた場合に、この二つの関係はどうかというと、この難問はなかなか解けません。論理的には答は出ていないと言っていいでしょう。

フェミニズムの脱パッケージ化

フェミニズムをどういうふうに考えるか。フェミニズムの反対は性差別主義です。家父長制ともいいます。フェミニストは平和主義で、国境を超えた連帯を求める国際主義で、リベラルで、ヒューマニストだという考え方があります。他方、反対派は石原慎太郎のように、セクシストで、軍事主義者で、ナショナリストで、人種主義で、排外主義者だというパッケージが成り立ちます。私はこういう人物を、今、東京都民として都知事に戴いております。

こういうふうに見ますと、フェミニズムのパッケージというのは、とても美しく、フェミニストは正義と善の味方のように見えます。ほんとうでしょうか？　このパッケージをいったんバラバラにしてみようと考えました。このパッケージの組み合わせには、順列組み合わせで幾通りもの組み合わせがあるはずです。現実に歴史の中でそれは起きたのですから。それが私が自分自身に課した次の課題になりました。

フェミニズムとナショナリズム

フェミニズムの歴史を見てみますと、「女は産む性だから母性主義で、母性主義は平和主義だ」といわれてきました。戦後の母親大会の標語は「生命を産み育てる女性は生命を守ります」というものでした。それを言うなら戦争中に言えよ、と思います。言ったら逮捕されたでしょう。手遅れになってから言うなよ、と激怒した青年がいました。谷川雁です。歴史上、経験的事実

フェミニズムの脱パッケージ化

・フェミニズム	vs	セクシズム
・平和主義	vs	軍事主義
・国際連帯	vs	ナショナリズム
・リベラリズム	vs	人種主義
・ヒューマニズム	vs	排外主義

として母性は戦争へも平和へも両方に、ご都合主義的に動員されてきたということがわかります。

ところで、ナショナリストとフェミニストは両立しないかと思っていましたら、なんと『フェミニスト・ナショナリズム』というタイトルの本がありました。フェミニスト・ナショナリストがいるとしたら、それはフェミニストなのか、それともそうではなくて、たんに女のナショナリストだろうか、どちらだろう、という疑問がわきます。ルイ・ウェストが一九九七年に書いたこの本の中で、「平等な権利も与えられていないのに、なぜ女がナショナリストになれるだろう?」と問いを立てています。

ウェストはアメリカ人ですが、九七年のアメリカの女に、これを言う権利はもはやない、と思います。九七年のアメリカでは、女は十分な法的、政治的権利を与えられ、経済的にも職場進出しておりました。たしかに参政権がなかった頃の女はそう言ってもよかったでしょう。なぜなら、参政権というのは、権利の中の権利、自分の運命を自分で決める権利だからです。したがって、加納さんをはじめとした良心的な女性史家たちが、女にも戦争責任があったというとき、それに反論することも可能です。というのも、自分の運命を自分で決める権利すらなかった戦前の日本の女に責任なんか問えない。なぜならば、女はそのとき法的主体ですらなかったと言えるからです。巻き込まれたにすぎなかった、ということになります。だから、道義的責任は問えるかもしれませんけれども、法的責任は問えないということになります。

ところで、同じようにフェミニズムとナショナリズムがけっこう仲良しだ

Lois West, "Feminist Nationalism"

"How could women be nationalists when they did not have equal rights?" [West 1997: xii].
「平等な権利も与えられていないのに、なぜ女がナショナリストになれるだろう?」

Feminist nationalist?
Nationalist woman?
参政権=権利の中の権利/自分の運命を自分で決める権利
→女に戦争責任はあるか?

ったと主張している、インドのフェミニストがいます。クマーリ・ジャヤワルダネの『近代アジアのフェミニズムとナショナリズム』という古典です。一九八六年に出た本が、ごく最近になってようやく翻訳されて、日本語で読めるようになりました。彼女は、フェミニズムとナショナリズムの関係を非常に緩やかにとらえています。フェミニズムは体制内改革運動と連携する場合も、体制そのものを転覆する運動と連携する場合もあり、どちらの場合にもフェミニズムとナショナリズムはつながります。この人の目から見ると「青鞜」の平塚らいてうも国民国家の中で女権の拡張を果たそうとしたフェミニスト・ナショナリストの一人だということになります。

体制内変革であれ体制変革であれ、両者に共通する女性の志は、女性の公的領域への参加の拡大でした。ここで過去のファシスト女性やナチ女性をいかに評価するかをめぐって、フェミニズムの歴史にとっての躓きの石が登場します。

愛国婦人会の創設者であり活動家であった奥村五百子という女性の名前を、私は加納実紀代さんの本で初めて知りました。歴史の教科書に書いてない。それから、日本女性二千万人を糾合した大日本婦人会の会長を務めた女性、山内禎子の名前も知られていません。そのかわり、菅野スガとか金子文子という名前は知っています。この人たちは、天皇に叛旗を翻した逆賊ですよ。それから長谷川テルという人も女性史の中には名前を残しています。この人は日中戦争下の中国で日本向けの宣伝放送をやっていた、当時、売国奴といわれた女性です。したがって、フェミニズムの歴史とかフェミニズムの志を

Jayawardena, Kumali [1986= 2006]

『近代アジアのフェミニズム
とナショナリズム』

・体制内改革運動　nationalism/ liberalism
・体制変革運動　counter-nationalism/ socialism
・女性の公的領域への参加の拡大
→フェミニズムの歴史の躓きの石
ファシスト女性、ナチ女性、翼賛婦人会の女性をどう評価するか？

持った女性史家によって書かれた本の中では、逆賊や売国奴の名前のほうが著名であり、日本の総力戦に協力した女性たちの名前は忘れ去られているのです。

歴史家というものは、歴史を書き換える権力を持っています。何を記憶するかだけではなく、現実にそこにあって大きな影響力があったものを、忘れる権力も行使します。ときには人々が忘れていたものを思い出す権力、これも行使します。これまでのフェミスト歴史家たちは歴史を改ざんしたのでしょうか。女性史家たちは公正な歴史を書かなかったのだろうか、という問いも成り立つことでしょう。

答えは簡単です。講壇史学、つまり象牙の塔の中にあるアカデミアの史学が、女性史を徹底的に抑圧・排除したせいで、はずれ者になった女が女性史をやってくださったおかげで、私たちははずれ者の歴史をよく知っているんです（笑）。女性史をやることが出世の道につながらなかったおかげで、今日私たちは、加納実紀代さんのような優れた歴史家を持っているんですが、もし時代が変わって、女性史をやると出世につながることになると、女性史は再び書き直されるかもしれません。そうなれば国家に貢献した女性の名前が歴史に残るようになるかもしれません。

ドイツの例でいうと、ナチの女性で、ナチ女性連盟の代表であったゲルルート・ショルツ＝クリンクも忘れられていた女性です。こういう人をドイツ女性史の中でいかに評価するかは、ドイツ女性史の踏み絵になるでしょう。ドイツの女性史家が避けて通ったこの問いに対して、寝た子を起こしたのがアメリカ人の歴史家、クラウディア・クーンズでした。このショルツ＝クリンクという人は社会的な使命感を持ってナチ女性運動に参加しました。３Ｋことキッチン、キルへ、キンダー、つまり台所、教会、子ども部屋に閉じ込められていた女の指定席を脱け出て、公的領域への女性の参加を拡大しようという高邁な使命感に支えられてナチ女性運動に参加したのです。この女性を私たちはフェミニストと呼ぶべきでしょうか。

女性の参加の二類型

女が国家に参入していくとき、その参入の仕方には二通りあります。先ほどのご報告では、「分離か参加か」という用語がありましたが、私の用語は少し違います。参加には二つの類型がある、男並みの参加か、女らしい参加かです。別な言葉で言うと、前線か銃後か、「統合か分離か」となります。フェミニズムの概念に言い換えると、平等か差異か。これを「参加か分離か」と言ってしまうと、分離はあたかも参加じゃないように聞こえてしまいますから、分離は分離という参加の類型だととらえます。分離型の参加とは、「女らしい仕方」で「女領域」での参加です。「だって私、銃取らなかったもん」「だって私、お家にいただけだもん」というのが言いわけにはならない、という厳しい問いを私たちにつきつけたのが、この女性の戦争参加の二類型です。ですから女性の参加の下位類型についての用語法として、私は『ナショナリズムとジェンダー』の中で「参加か分離か」という用語を用いましたが、その後、参加の二類型として「分離か統合か」という概念セットを採用したほ

女性の参加の二類型

・男並みの参加か	「女らしい」参加か
・battle front	home front
前線	銃後
・integration	segregation
統合	分離
・equalitydifference	
平等	差異

うがよいと思うようになりました。

ヨーロッパにおけるフェミニズムとナショナリズム

ウェストの『フェミニスト・ナショナリズム』のなかで、カプランが、ヨーロッパにおいては経験的にはフェミニズムとナショナリズムの相性が悪かったと言っています。どうしてかというと、国民国家が完成した社会では、フェミニストは体制批判の思想として反体制運動に参加する傾向があり、その際の盟友は社会主義者たちだったからです。たしかに、フェミニスト・ソーシャリストというのはいますが、どうもフェミニズムとソーシャリズムの間もなかなか相性が悪く、階級が先かジェンダーが先かみたいな二者択一になる傾向があります。日本でも女がたくさん社会主義に参加していますが、その人たちはたんに男を女らしく支えたり、ハウスキーパーなどに使われて搾取されたりしたようです。彼女たちは女性社会主義者にすぎないのか、それともフェミニスト・ソーシャリストなのか。これも議論の分かれるところです。

六〇年代以降、ハンガリー動乱とプラハの春以降は、ソ連の評判がガタガタになりましたから、ヨーロッパで社会主義者であるということは、ソ連邦があるから社会主義になったのではなくて、ソ連があるにもかかわらず社会主義者になった、良心的・体制批判的な人たちでした。その人たちとフェミニストはお互いに連携してやってきたわけですが、アメリカはまったくそれとは違う動きをしました。アメリカでは、フェミニズムは公民権運動から誕

Kaplan, Gisela, 1997

ヨーロッパにおけるフェミニズムと
ナショナリズム

- 体制批判の思想としての社会主義とフェミニズム
- socialist woman か feminist socialistか？
- 60年代以降のヨーロッパ社会主義
- 西欧フェミニズムと日本フェミニズムの類似性
- USA　civil right movement→liberal feminism

生しました。アメリカで社会主義者であることは、たんなる夢見る人にすぎません。ですから日本のフェミニズムがアメリカの影響を受けているとか、アメリカの輸入品だと言う人はたくさんいますが、とんでもないことです。いろんな意味で、日本のフェミニズムはヨーロッパのフェミニズムのほうにより共通点を持っています。

このように、フェミニズムとナショナリズムは、仲がいいこともあれば、仲が悪いこともあります。ここで、ナショナリズムとはいったい何か?をジェンダー視点から考え直してみようというので、「ジェンダー」という概念を歴史に持ち込んだポスト・モダニストの女性研究者たちが新しい研究領域に乗り出しました。その一人が『ジェンダーとネーション』の著者、ニラ・ユバル=デイヴィス（Nira Yuval-Davis［1997］）です。この人はまずネーションとは何か、を三つの類型に分けました。(1) **Volknation**（民族）、(2) **Kulturnation**（文化伝統）、(3) **Staatnation**（国家公民）の3つです。この3つは、(1) 共通の先祖、(2) 共通の文化伝統、(3) 共通の市民権を持っているという、「神話的な思い込みに基礎をもった共同体 **a community based on the mythical idea**」と定義されます。おもしろいのは、「平等な市民権」も「神話的な思い込み」だとしているところです。

ふたつのナショナリズム

どうやら私たちの世界には、特殊主義と普遍主義というふたつのナショナリズムがあるようだ、と指摘したのは西川長夫さんです。一方を「文化」、も

Nira Yuval-Davis [1997]
"Gender and Nation"

・Volknation（民族）: a community based on the mythical idea of "a common origin"
・Kulturnation（文化伝統）: a community based on the mythical idea of "a common culture"
・Staatnation（国家公民）: a community based on the mythical idea of "equal citizenship"
「神話的基礎」=根拠のない信念集合

う一方を「文明」と呼びます。ネーションという用語はもともと「生まれ」という意味のナシオというラテン語から来ています。その中で、特別な資格を持った人にしか国民の権利をあげないよというのが特殊主義です。これが「血統」と「領土」、つまり出生で市民であるかどうかが決まるタイプです。ドイツと日本がその典型です。他方、市民権普遍主義というのがあります。これは、シビリゼつまり文明開化した人ならば誰でも平等な市民権を持てる、というシビリザシオン（文明）タイプです。この典型がフランスですが、これも「神話的な思い込みにすぎない」と指摘したのがユバル＝デイヴィスです。

日本で「文明とはフランス・ナショナリズムの別名にすぎない」と喝破したのは西川長夫さんでした。彼の『増補　国境の越え方—国民国家論序説』は素晴らしい本です。日本人でフランス研究者であることはどういうことか。生涯にわたる屈辱に甘んじるということを意味します。その屈辱に耐えながら、全生涯をあげて、フランスの中にある根本的な矛盾を衝くというリベンジ戦を果たしたのが西川さんのこの本です。どういうことかというと、「我々のルールは普遍的である。我々の普遍的なルールに従う者だけが文明化された市民である。そのような文明化した市民なら、我々の国民に迎えてあげよう」とフランスの市民権普遍主義は言います。一見普遍的に見えますが、たとえば「政教分離」という市民的ルールに従わない者は、文明化されていないことになります。こう考えると、現代フランスにおけるスカーフ論争▼の謎も解けます。文化特殊主義は文明という普遍主義のもとに否定されなければ

ふたつのナショナリズム　文化と文明

・natio 生まれ<nation
・市民権特殊主義：
血統主義／出生地主義（血と土）
・市民権普遍主義:
civil<civiliser<civilisation（文明・教化）
citizen=civilized person
文明＝フランス・ナショナリズムの別名
[西川1992, 2001]

▼スカーフ論争
フランス国内に旧植民地マグレブ系移民（地中海沿岸のアフリカ地域）出身者が増えたために、女性は髪を見せないというイスラエルの戒律に従って、公教育の場にスカーフを着用して出席する女生徒が増えた。これが政教分離（キリスト教会の権力を世俗権力から分離する）というフランス革命お

ならないのです。フランスの市民権普遍主義の基になったのは、フランス革命時の人権宣言でした。人権宣言をよーく見ると、誰が国民なのかが書いてあります。これを「人権宣言」と訳した日本の訳者は誤訳をしました。直訳をするなら、「男にして市民の権利」と訳すべきでした。この正確な意味を、当時のフランス人も知っていたからこそ、ただちに「女権宣言」が登場しました。実は、「人権宣言」の中には、女と外国人と労働者は、この文明化・教化された市民に含まれない、したがって市民権の対象にならないということがしっかりと書き込まれていたからです。

ナショナリズムのもう一つの大きな特徴として、ユヴァル＝デイヴィスは、こういう特徴をここに書き加えます。「a shared destiny（わかちもたれた運命）」です。私なら「運命共同体」と訳します。それよりも半世紀も前に、同じことを、ヴァージニア・ウルフが何と「forced fraternity」という言葉で言っていることを、私は原著にあたってみて初めて知りました。「強制された同胞愛」と翻訳者は訳していますが、原語に戻ると、「fraternity」とありますから、「兄弟愛」と直訳するのが正しい。つまり男同士の連帯です。それに女も巻き添えをくらうから「強制」となります。これに先ほど加納さんは見事な一言を与えてくださいました。「死への道連れ」です。

戦争と市民権

ナショナリズムは死への道連れの運命共同体である、という特殊な性格があることがわかります。ナショナリズムにこういう性格を与えたものは、何

よびそれによって成立した共和国の原則に反するとして、論争が起きた。

運命共同体としてのナショナリズム

・"a shared destiny"[Yuval-Davis 1997]
「運命共同体」
・"forced fraternity" [Woolf 1938]
「強制された同胞愛（兄弟愛）」

人権宣言1789

・La declaration des droits de l'homme et du citoyen
「男および／にして市民の権利」
・女性 sexism
・外国人exclusinism/ xenophobia/ anti-semitism
・労働者階級の排除 racism

といっても戦争です。戦争と市民権がどういう関係にあったかという研究が出てきました。今からご紹介するのはアメリカ独立戦争当時の、市民権と戦争との関係を研究したリンダ・カーバーという女性史家の研究です。アメリカ独立戦争の立役者であったリビングストン・ジェイの妻、サラが、独立戦争の時に兵隊を前にスピーチをしました。「May all our citizens be soldiers, and all our soldiers be citizens.（私たち市民のすべてが兵士でありますように、そして兵士がすべて市民でありますように）」。このスピーチをしているのは女性ですから、自分がその対象に入らないことを主張したことになります。

アメリカにとって独立戦争は国民国家の形成そのものですから、戦いに行って国家に貢献して帰ってきて、その上、手や目や足を失った、そのような人たちこそが一級市民権に値する人たちでした。したがって、戦争に行って帰ってきた人たちには、退役軍人特典がもらえました。年金、恩給をもらい、国家公務員に優先採用され、公立学校に優先入学できる、という特典や福祉の対象になりました。今日の福祉研究においては、「公的福祉の戦争起源」説が常識になっています。国家に貢献した者だけが市民権を授与されるとなりますと、女は市民になれません。当時のアメリカは「女は国家より夫に従うべし」と考えていました。国家より上に夫がくるんです。それに抗議して訴訟を起こした女性を、カーバーは紹介しています。

カーバーは、こんなおもしろい本も書きました。『憲法が保障する淑女としての権利？』というものです。淑女というのは、敵が攻めて来たら「あっれ〜」って言って失神すればいいんです（笑）。けっして銃を取らず、敵に立ち

“May all our citizens be soldiers, and all our soldiers be citizens.”

・Sarah Livingston Jay, October 3, 1783, New England
・独立戦争時のスピーチ
・１級市民権／退役軍人特典
・公的福祉の戦争起源
・国家に貢献した者が市民権を授与される
・女は？　国家より夫に従うべき??

向かわないのが淑女です。敵に立ち向かったとたん、あなたは淑女ではなくなります。なぜなら淑女は男性が守ってくれるものだからです。アメリカには建国以来、女は守られるべき家庭の天使である、という考え方があります。だから、女には戦争に行かなくてもいいという憲法上の権利があるはずだと言い出す保守派の女性たちが、ベトナム戦争当時に登場しました。それに対して、「女にそんな権利があるのか?」という問いを立て、カーバーは「ノー」という答を出しました。アメリカ合衆国憲法は女に戦争に行かない権利を保障していない、と。にもかかわらず、ベトナム戦争時の兵役登録は、男しか対象にしていませんでした。戦争に行くのは、辛い苦役なのか、それとも名誉ある権利なのか、というと、ホンネは男だって兵役忌避したかったんです。逃げ隠れしたかったけれども、拒否したら大変な目にあうからいやいや兵隊に行ったんですね。日本でもあの手この手を使って徴兵逃れしています。「おまえを国民にしてやるからかわりに戦争に行け」とか、「戦争に行ったらそのご褒美に国民にしてやる」と言われたら、戦争へ行って国民国家の仲間に入れてもらうことと、行かなくてもいいからそのまま二級市民でいることの、どちらが有利でしょうか。市民権の権利と義務のバランスシートは、いつもバランスが取れているとは限らない。黒字のこともあるかもしれないが、赤字のことだってある。赤字ばっかりの国なら国民を降りた方がましでしょう。

一九世紀のプロイセンで徴兵制が始まったときには、兵役は奴隷的な苦役と思われていました。明治維新後に日本政府が徴兵令を作ったときも、兵隊さんに行ったら生き血を絞られるというので、農民たちは血税一揆を起こし

Linda Kerber, "No Constitutional Right to be (treated like) Ladies" [1998]

「憲法が保障する淑女としての権利？」
・兵役は権利か、苦役か？
・国民国家への包摂と排除のバランスシート？
・19世紀プロイセン　奴隷的苦役としての兵役
・19世紀日本　血税一揆
・女性の軍隊参加
　　反対：保守系男性＆女性
　　賛成：主流派フェミニスト（NOW）

て反対しました。当然でしょう。兵隊にとられては、いいこと何もありません。だったら、イヤな苦役を背負わないですむのは女の権利だという気持ちもわからないではありません。

ここで妙なねじれが起きます。女を軍隊に参加させることに反対したのは、「女は家に引っ込んでいろ」という保守派の男だけではなく、「戦争なんか行きたくない」という保守派の女の両方でした。逆に、女性の権利を拡張したいという主流派フェミニストたちが、「女も徴兵の対象にせよ」と言い出して、訴訟を起こしました。ＮＯＷ（National Organization for Women 全米女性機構）というアメリカでいちばん大きな女性団体が「軍隊の男女平等」を主張したときに、対抗しなければならなかったのは、「軍隊に女は無用」と考える頑迷固陋なオジサンたちだけでなく「戦いは女らしくない」と考える女らしい女たちの双方を相手に、両面作戦をやらなければならなかったのです。

軍隊への共同参画とは

「軍隊への男女共同参画」とはいったい何でしょうか。佐藤文香さんは日本における自衛隊研究のパイオニアですが、『軍事組織とジェンダー』という本の中で、軍事主義（これを「軍国主義」と呼ばないことには理由があります）、専門職主義、平等志向のあいだのパッケージをばらばらにして、順列組み合わせを考えてみると、二の三乗で八通りの組み合わせができるという理論モデルを作っています。そしてこのすべてに当てはまる経験的な言説があるということを実証しました。

佐藤文香
『軍事組織とジェンダー』2004

	平等	差異	軍事化
(1) 軍事主義的保守主義	−	＋	＋
(2) 反軍事主義的保守主義	−	＋	−
(3) 軍事主義的専門職主義	−	−	＋
(4) 反軍事主義的専門職主義	−	−	−
(5) 軍事主義的分離主義	＋	＋	＋
(6) 反軍事主義的分離主義	＋	＋	−
(7) 軍事主義的平等主義	＋	−	＋
(8) 反軍事主義的平等主義	＋	−	−

このなかで、「平等志向」の持ち主がフェミニストに当たりますが、それにも男と同じような参加を求める「統合」派と、女には女しかできない貢献があるから女らしい参加をしようという「分離」派との二つがあります。八つの類型の中で、一番わかりやすいのは、軍事主義×専門職主義×反平等志向の組み合わせからなる軍事主義的保守主義です。つまり性差別的なタカ派のオヤジです。対極に、反軍事主義×反専門職主義×平等志向分離派のフェミニスト平和主義者がいます。これも非常にわかりやすい考え方です。女は戦争反対で、平和主義ですという主張です。これを両極にして、全部で八通りの類型が索出されます。

性差別的な保守系オヤジのなかにも、タカ派とハト派がいます。たとえば軍事主義的分離主義というのは、平等を求めるが、男と同じようなことをするのではなく女領域で貢献し、戦争の推進に協力する国防婦人会の女たちのような人々です。そういうふうに順番に見ていきますと、反軍事主義×専門職主義×平等志向の反軍事主義的平等主義は、苦境に立たされます。戦争には反対だが、でも、男と女には根本的な差はなく、男にできることは女にもできるという主張です。八〇年代以降、女性の職域拡大が起こり、男性領域だった職種にも女性がどんどん進出するようになりました。消防士しかり、警察官しかり、その中に軍人も入ります。それなら消防士と警察官は良くて、なんで軍人がダメなんだ、という問いに答えられません。九〇年代、湾岸戦争以降の状況は、軍隊の女性参加を促進しました。日本でも、いまや「軍隊への男女共同参画」が国策として推進されかねない時代です。「あらゆる分野

軍隊への男女共同参画？

・「あらゆる分野への男女共同参画」

・職域のジェンダー分離の解消

・非伝統職への女性の参入　消防士、警官

・国連ＧＤＩ、ＧＥＩ＝女性の参入比率　国会、内閣、公務員、企業、教育etc.

・女性の過少代表制 under-representation の是正

への男女共同参画」は、軍隊をも例外にしません。

現在の国連のGDI（Gender-related Delopment Index、ジェンダー開発指数）、GEM（Gender Enpowerment Measure、ジェンダー・エンパワーメント指数）は、いずれも女性のさまざまな分野における参入比率を指標としています。国会に女が何%、内閣に何%、公務員、企業、教育分野に何%というのが目標ならば、なぜ軍隊も、とならないの?と問われるのは当然でしょう。現在の国策フェミニズムとしてのリベラル・フェミニズムは、女性の過少代表性を是正し、適正なジェンダー比を最終目標としています。そうすれば、「軍隊への男女共同参画」も夢ではありません。夢どころか、悪夢かもしれませんが。

現在、軍隊の女性比率はどうなっているでしょうか。これは、ザビーネ・フリューシュトックというドイツ人の日本の自衛隊研究者の新しい本からとってきた二〇〇六年のデータです。一番高いのはラトヴィア。もっと高いのはイスラエルですが、女性徴兵制があるので例外です。カナダが比較的高く、アメリカも高く、一五%。日本もけっして低いとは言えなくて、四%あります。中国といい勝負です。低いのは、イタリアとポーランドです。

軍隊の女性比率を上げることが国策フェミニズムの目標なのでしょうか。私たちはこれを歓迎すべきなのか、について論争が起きました。軍隊に女が入っていくと、紳士的で平和的な軍隊ができる。強姦しない、掠奪しない、紳士的な軍隊ができる。それを軍隊の女性化と言います。ほんとうでしょうか。ところでそのような軍隊は、よく戦えるのか。他方、軍隊に女がどんど

軍隊の女性比率（2006）

ラトヴィア	20.0%	ノルウェー	6.3
カナダ	16.9	ドイツ	6.0
USA	15.5	中国	4.8
フランス	12.8	日本	4.2
スペイン	10.7	イタリア	1.0
イギリス	9.0	ポーランド	0.47

［Früstuck 2007=2008］

ん入ると、女もまた、男同様にマインド・コントロールされてキリング・マシーン、殺人機械になるという説もあります。湾岸戦争以降この論争が始まってから一〇年経ちました。一〇年経って、歴史的現実によって答えは出ました。九七年にニューヨーク・タイムズ・マガジンにリチャード・レイナーがこんなことを書いています。「女は殺せるか？　イエス。女を殺しのために訓練できるか？　イエス。女は男と同じくらい効率的に殺せるか？　イエス。我々は女を前線部隊に迎え入れる準備があるか？　イエス」。歴史はそれを私たちに教えました。

女性の軍事化

シンシア・エンローという、軍事主義と女性について研究している国際政治学者がアメリカにいます。この人が、『策略―女性を軍事化する国際政治』(Cynthia Enloe, "Maneuvers: The International Politics of Militarizing Women's Lives"上野千鶴子監訳・佐藤文香訳［2000=2006］)という本を書きました。翻訳したのは私と佐藤さんです。私たちはミリタリゼーションという言葉を「軍国主義化」とは訳しませんでした。日本共産党なら、「軍国主義への道を再び歩むな」と言うでしょうが、ミリタリズムは軍国主義（国家の軍事化）とは限りません。軍事主義は至るところにはびこっています。先ほどのご報告の中では、女性の軍事化を、女性の軍隊への参加と同義に使っておられたようですが、エンローの優れたところは、統合派・分離派を問わず、つまり男らしい参加・女らしい参加を問わない、軍事的な暴力を支える女の貢献に対し

軍隊の女性化 < 女性の軍隊化

「女は殺せるか？　イエス。女を殺しのために訓練できるか？　イエス。女は男性と同じくらい効率的に殺せるか？　イエス。我々は女を前線部隊に迎え入れる準備があるか？　イエス。」

Richard Rayner, New York Times Magazine [1997]

て女性の軍事化という概念を与えたことです。したがって、たんに女性兵士が増えることだけが女性の軍事化ではありません。軍人の妻や恋人が戦場に夫や恋人を送り出すのも軍事化ですし、軍事基地周辺のホステスや娼婦も軍事化されています。さらに軍需産業の女性労働者もまた軍事化されています。ミリタリー・ファッションの大好きなあなたも、迷彩服のTシャツを着ているあなたも軍事化されていることになります。

この概念が優れているのは、互いに対立しあい、接点がないと思われている多様な女性たちが、軍事化というひとつの出来事のもとに統合されていることを示す、オーバーアーチングな概念を私たちにもたらしたことです。実際にはこの女性たちが連帯することは非常に難しい。軍事基地の娼婦やホステスと軍人の妻や恋人が仲良くすることは非常に難しいでしょう。軍需産業の女性労働者のストライキを軍隊は抑圧します。女性兵士は、銃後で待つだけの妻や恋人をきっと軽蔑するでしょうし。彼女たちの間には連帯はなかなか成り立たないにもかかわらず、軍事主義というものは、これらすべての女性を軍事化というひとつの出来事に巻き込むのです。

超国家／脱国家時代の軍隊

私たちはもはや国民国家の時代の総力戦ではなく、新しい戦争の時代に入りました。ポスト・ステイトとかトランス・ナショナルといわれる、超国家、脱国家時代の軍隊に直面し、その軍隊に対する女性のさまざまな貢献を考えなければいけない時代にきています。ＥＵ（欧州連合）が地域連合を作りまし

Cynthia Enloe,
『策略：女性を軍事化する国際政治』

女性の軍事化の多様性
・女性兵士
・軍人の妻・恋人
・軍事基地周辺のホステスや娼婦
・軍事産業の女性労働者　等
→互いに対立しあい、接点がないと思われている
　多様な女性たちがともに「軍事化」されている

たが、ここにはＮＡＴＯ（北大西洋条約機構）軍という多国籍軍があります。現在、ＥＵはＥＵ加盟諸国に共通のジェンダー政策を要求しています。そのジェンダー政策の一環として、ＥＵはＮＡＴＯ軍の女性比率の向上を各国軍隊に要求し、その目標値を達成しない国に対してプレッシャーをかけています。そのひとつがイタリアです。先ほどご覧に入れたようにイタリアの軍隊の女性比率は一％、日本より低い。これを上げろとＥＵから言われています。

もし、あなたがイタリアのフェミニストなら、このＮＡＴＯの要求を歓迎しますか？　それとも抵抗しますか？　私たちはこういう問いに対して踏み絵を踏まされる立場に立っています。これが、ポスト国家におけるジェンダー平等政策の効果です。ただし、ＥＵ軍という軍隊は存在しません。国連軍という軍隊も存在しません。存在するのは多国籍軍だけです。というのは、国民国家が持った組織的な暴力である国民軍というものは、国際法上、唯一合法化された、暴力の行使者だからです。合法化というのは、暴力を行使しても、つまり人殺しをしてもお咎めを受けない、殺人罪にならない組織、つまり暴力行使の非犯罪化特権を持った集団だということです。したがって、国民軍の形式をとり続ける必要があるのです。

国民軍と言えば国民が兵士になるのでしょうか？　徴兵制ならたしかにそう言えますが、実態はとっくの昔に変わっています。今日の軍隊は、ポスト国民軍です。というのは、多くの国で徴兵制はかなり前に廃止されたからです。アメリカではベトナム戦争の終了と同時に徴兵制は廃止されて志願兵制度に替わりました。志願兵になってから、女がどんどん参入してきました。

超国家／脱国家時代の軍隊

- ＥＵ　地域連合＝ＮＡＴＯ　多国籍軍
- ＥＵのジェンダー政策の適用→女性比率の向上要求
- ＥＵ軍、国連軍は存在しない
- 国民軍＝国際法上唯一の合法化（すなわち非犯罪化）された組織的な暴力の行使者

自分で入りたいっていうんだから、やめろというわけにはいきません。誰が志願したかというと、アメリカではこれを、「貧困による徴兵」と言っています。労働市場で割りを食った人々、つまり少数民族、低学歴者、女性が、相対的に有利な職業として軍隊に入ってきたのです。

思い出してください。アブグレイブ収容所でイラクの囚人を虐待したと言われたあの米軍女性兵士は、高卒で、大学に入る学資を貯めたいと思って軍隊に来た女の子でした。兵士の数がだんだん足りなくなったので、今イラクには、州兵と予備役が動員されています。予備役とはどういうものかというと、兵役登録をしておいて、年に数週間だけ軍事訓練を受ける義務があるが、普段は普通の仕事をしていてよくて、それに対して月額だいたい五万円程度の手当が出ます。年に数週間、軍事訓練を受けるだけで、毎月五万円ぐらいお手当がくれば、家計の足しにもなります。ただし、この登録した予備役は、いったん徴集があるときにこれを拒否すると違法行為となって監獄に収監されるという罰則が待っています。契約不履行になるからです。このためにいやいや戦地へ行っている兵士がたくさんいます。

最近では戦争が民営化されるに至りました。ＰＭＣ（Private Military Company）と言うのですが、社員を雇って戦争させる、戦争のアウトソーシングです。最近のイラク戦争で驚いたのは、イギリスのＰＭＣの社員に日本人の元自衛官が雇われており、この人がイラクで死にました。これは戦死でしょうか、殉職でしょうか。この人がもし人殺しをしていたら、この殺人は兵士による名誉の戦果なのか、それとも私人による殺人行為なのかという問

ポスト国民軍

- 徴兵制の廃止→志願兵制度
- 「貧困による徴兵 poverty draft」
- 州兵／予備役の動員
- 戦争の民営化 PMC （Private Military Company）
- 祖国のために戦う多国籍兵士？

いが不問に付されたままです。この戦争の民営化の結果、現場の戦闘は多国籍軍どころか、多国籍兵士が投入されています。具体的には失業した元ソ連兵、民兵組織にいたがそのあと職のないアフリカ系の元兵士たちなどです。こういう人たちがＰＭＣの社員になだれ込んできています。となると、祖国の名において戦っているのはカネのない外国人たちだという、胸の悪くなるような事態が起きています。これを傭兵制度といいます。今や新しい傭兵制度の時代になりました。つまり、金のある人々が貧乏人を雇って自分たちのために戦わせる。何のためか？　石油権益のためです。そして、それに貢献しているのが日本です。

こういう事態を遠く海の彼方のことと考えないでください。サッカーチームを見てください。多国籍兵士による傭兵という現象、つまり国民軍のグローバリゼーションという事態がもっとも早く、先頭をかけて進んでいるのがスポーツ界です。スポーツというのは擬似戦争です。祖国のために戦う外国人傭兵たちに、国民の名において拍手喝采を送っているのが私たち日本国民です。

対抗暴力とジェンダー

国家というのは諸悪の根源、とお思いになるでしょうが、それだけで話がすまないのは、ミリタリズムはもっと根が深いからです。ミリタリズムを軍国主義と訳さずに軍事主義と訳すのは、国家が大嫌いで国家を打ち倒したい人もまた軍事主義に汚染されているからです。暴力には暴力を、と考える

対抗暴力とジェンダー

- 民兵組織、ゲリラ、パルチザン、武装勢力、革命兵士、テロリスト
- 学生運動の軍事化
- 対抗暴力のジェンダー平等？
- 「ある女性活動家の物語」権仁淑『韓国の軍事化とジェンダー』[2005=2006]
- 女性闘士か救対の天使か？

人々は、それだけでミリタリズムに汚染されているということができます。国民軍だけが軍事組織ではありません。民兵組織、ゲリラ、パルチザンはすべて軍事組織です。イラクの「武装勢力」と日本のメディアが報道しているのは、国家が崩壊したあとだから、イラク軍と言えないから武装勢力と呼んでいるだけです。

革命を武力で起こそうと思った人々もまたミリタリストでした。そして極めつけは、自爆テロリストもミリタリストです。正義と善のための運動もまたミリタライズされるという例を私たちはたくさん見てきました。学生運動もその一つでした。暴力に対する暴力、対抗暴力もまた、軍事主義の一種です。それでは対抗暴力にもまた男女共同参画を、ということはありうるでしょうか。歴史は「イエス」と答えます。

韓国というのは非常に軍事化された社会です。何しろ現在も徴兵制のある社会です。現在も停戦中で、朝鮮戦争が終わっていない、戦時下の社会です。その社会で、軍事独裁政権に対抗する学生運動もまた流血を引き起こすような暴力的なものになりました。それを私たちは英雄的な行為と讃えることもあります。それに参加した女性活動家が書いた優れた本、権仁淑『韓国の軍事化とジェンダー』〔2005=2006〕が日本語で読めるようになりました。その中に「ある女性活動家の物語」という章があります。学生運動のなかで、女も男並みに戦力として戦えるという、男まさりの女性のライフヒストリーを聞き書きしたものです。こういう女性は後ろでじっと待っている女たちを軽蔑します。自分の女らしさを否定し、男と肩を並べて敵に敢然と立ち向かう女性、その人の内部にあるジレンマと葛藤を顕わにしていったものですが、そのなかには、平等か差異か、統合か分離かをめぐる、女性の痛切な問題意識があります。

こういう男まさりの女は必ず戯画化されて描かれます。私の脳裡をよぎるのは、今から四〇年前の学生闘争のとき、東大のゲバルト・ローザと呼ばれた女性のことです。男はこういう女をけっして愛さない。自分と同じく、同志として前線に立つ女と、「あなた、行ってらっしゃい」と涙こらえて柱の陰で送り出す女の、どちらを男は愛するかというと、女らしい家庭の天使、可愛い娘《こ》ちゃんのほうを愛する、というのがどこにでもあるストーリーですね。

公的暴力と私的暴力

暴力の非犯罪化特権を分配された人々が国民軍の兵士です。市民社会であれば、たとえば街角で誰かが誰かを殴れば直ちに犯罪行為になるのに、暴力を行使しても罪に問われない、それどころか暴力を振るうことがむしろ英雄的だと考えられてきた領域は、戦場だけではなく、対抗暴力の中にもありました。国家のような公的領域だけではなく、つい足元にも、暴力が犯罪にならなかった領域がありました。フェミニズムは、一方では公的暴力の合法性を問題にしてきましたが、他方で私的暴力の違法性もまた問題にしてきました。家庭内の暴力もまた犯罪であると問題化してきたのがドメスティック・バイオレンス（ＤＶ）とか、虐待の犯罪化です。夫婦間強姦の犯罪化もそのひとつでした。夫婦の間には性的合意があって当然、応じるのが妻の義務だ

公的暴力と私的暴力

ＤＶ、虐待、強姦

暴力＝市民社会における犯罪

国家と家族における非犯罪化／非介入の原則

“Private sphere is a public construct.” Scott

「私的な領域とは公的に構築されたものである」

“No intervention is actually intervention.”

Frances Olsen [1995]

「非介入は一種の介入である。」

から、夫婦の間には強姦という概念は成り立たないという考え方をくつがえしました。暴力は市民社会において市民の間で行使されれば犯罪です。それなのに、国家の組織的暴力の行使者である国民軍の兵士と、家族の家父長だけは暴力を振るっても咎められない特権を持って来た。もし暴力の非犯罪化特権を市民的な権利のひとつだと考えるなら、女たちは暴力を振るっても咎められない特権を私にも、と言い出すのでしょうか。国家は戦争権だけではなく、死刑の権利も持っています。つまり、死の権力を国家が独占してきたわけです。

私的暴力に対しては、国家は家族に対して非介入の原則を維持してきました。だから家族の中で何が起きようが、強姦が起きようが虐待が起きようがドメスティック・バイオレンスが起きようが、プライバシーだから介入しない、法は家族に入らない、と言ってきたわけです。それに対して、フェミニストたちは異議申し立てをしてきました。「私的な領域とは公的に構築されたものである、したがってプライバシーとは公的な制度である」とずばり言ったのがジョアン・スコット（Joan Scott）です。フェミニスト法学者のフランセス・オルセン（Frances Olsen［1995］）は、「非介入は介入の一種である」と、はっきり言いました。

もう一度、ナショナリズム、つまり死への道連れとしてのナショナリズムへ戻りましょう。なぜ、私があなたと運命を共にしなければならないのか。あんたとそんな約束をした覚えはない、死ぬなら勝手に死んでくれ、無理心中はよしてほしい、と女が言うための根拠は何なのか。ネーションというカ

集合的カテゴリーとしての
ナショナリズム

（1）卓越性 saliency:
他の集合的カテゴリーのどれよりも優位に立つ
（2）包括性 inclusiveness:
部分帰属を認めない
（3）排他性 exclusionism:
敵・味方のグレーゾーンを許さない

テゴリーには以下のような困った特徴があります。それは、⑴卓越性、⑵包括性、⑶排他性という特徴です。⑴卓越性とは他の集合的カテゴリーのどれよりも優位に立つこと、⑵包括性とは部分帰属を認めないこと、⑶排他性とは、敵味方のどっちつかずを決して許さないことを言います。こういう「運命共同体」「強制された同胞愛」を意味するナショナリズムに対して、道連れになることをを「ノー」という権利は、私たちにはないのでしょうか?

私は九〇年代、「慰安婦」問題にかかわりを持ってきましたが、その中で「慰安婦」訴訟における個人補償の法的な論理の組み立てに非常に大きなインパクトを受けました。彼女たちはこう言ったのです。「日韓条約で補償問題は決着済みと両政府が主張するが、娘が強姦されて、お父さん同士が握手しても、私の利益は、お父さん、あなたには代表されないよ。私の身体とセクシュアリティは、あなたに所属しない」と。家父長的な国家は、私の利益を代表しない。私の生命と身体は私自身のものであって、国家に所属しない、と主張したのです。

市民権の脱男性化・脱国家化

結論に入りましょう。お国というものに組織化された暴力という危険なおもちゃを与えると何をしでかすかわからない。お国だけではなくて、男性の集団に暴力という危険なおもちゃを与えると、彼らはそれを善用すると言いながら、何をしでかすかわからない。困ったことに、今日、アメリカという強大な国家が世界で一番大きな軍事力を振り回すという権力を持ってしまい

「慰安婦」訴訟における
個人補償の論理

「国家はわたしの利益を代表しない」
「わたしの生命と身体は、国家に所属しない」

ました。暴力を行使する権利を国家から奪うこと、国家に戦争権を与えないで、戦争を犯罪化することはできないでしょうか。そのためには、それを支えている市民権を脱男性化することが必要です。こんなふうに言えば、夢幻《ゆめまぼろし》のような話だとお考えになるかもしれません。けれど、私たちは今、DVは防止できる、男と女の間で暴力が支配する社会を変えることができるという信念のもとに、運動をやってきて、その結果DV法が作られました。もし、私的暴力が根絶できるとするなら、なぜ、公的暴力についても同じことを考えることができないのでしょうか。

殴り返す力を持たない人たちが生き延びていける社会を

私がこういう思いを非常に強く抱くに至ったのは、障害者運動と深くかかわり、同時に自分が老いを切実に感じるようになったからです。殴ったら殴り返せと、血気にはやる青年たちは思うかもしれません。私は女だが、だけど爆弾抱えて自爆テロはできる、と女も思うかもしれません。それは復讐の思想です。やられたらやり返せの思想です。けれど、もしあなたが障害者だとしたら、もしあなたが寝たきりの年寄りだとしたら、あなたは虐待を受けても、殴られても、殴り返す力を持ちません。殴り返す力を持たない人たちが、生きのびていける社会を作る、それを考えれば、公的暴力、私的暴力を問わず、あらゆる暴力の犯罪化という道以外に私たちの生きのびる道はないと思います。これが私がお伝えしたい結論です。

ありがとうございました。

市民権の脱男性化・脱国家化

de-masculinization/de-nationalization of citizenship
もし私的暴力が廃絶できるとすれば、なぜ公的暴力が廃絶できないか？

参考文献（ａｂｃ順）

Enloe, Cynthia, 2000, *Maneuvers: The International Politics of Militarizing Women's Lives.* Los Angels: The University of California Press. =2006 上野千鶴子監訳『策略——女性を軍事化する国際政治』岩波書店

Früstuck, Sabine, 2007. *Uneasy Warriors: Gender, Memory and Popular Culture in the Japanese Army.* California: University of California Press. =2008 花田智恵訳『不安な兵士たち——ニッポン自衛隊研究』原書房

Jayawardena, Kumali, 1986, *Feminism and Nationalism in the Third World.* London: Zed Books. =2006 中村平治監修『近代アジアのフェミニズムとナショナリズム』新水社

Kaplan, Gisela, 1997, *Feminism and nationalism: The European case, in West,* 1997.

Kerber, Linda, 1998, *No Constitutional Right To Be Ladies: Women and Obligations of Citizenship.* New York: Hill & Wang.

西川長夫 2001『増補 国境の越え方——国民国家論序説』平凡社ライブラリー

佐藤文香 2004『軍事組織とジェンダー』慶応義塾大学出版会

上野千鶴子 1998『ナショナリズムとジェンダー』青土社

上野千鶴子 2006『生き延びるための思想』岩波書店

West, Lois A., ed., 1997, *Feminist Nationalism.* New York & London: Routledge.

Woolf, Virginia, 1938, *Three Guineas.* London: Hogarth Press. =2006 出淵敬子訳『三ギニー——戦争と女性』みすず書房

Yuval-Davis, Nira, 1997, *Gender and Nation.* London: Sage Publications.

第3部

〈過去〉と〈現在〉の対話

——質疑応答から

1、死の道連れと集団主義

司会（松本ますみ）　それでは第3部の質疑応答に入ります。第2部で講演していただいた上野千鶴子さんにも壇上に残っていただき、回収しました質問用紙をもとに質疑応答に入りたいと思います。

では第一部への質問をいくつか読みあげさせていただきます。

最初の方の質問は次の通りです。「死を恐れないというのは武士道精神から来ていると結ばれていますが、少し短絡的な結論ではないでしょうか。私はいろいろな武士道の本を読ませていただきましたが、そこからはどこにもそのような結論を導くことはできませんでした。では、どうして武士道精神がここで持ち込まれているのでしょうか」という質問です。これは男性の方です。

二番目の質問です。「日本だけに見られる形としての思想戦の中で、女性も死の道連れとするということがあげられていますが、それは日本人が、特に女性というものの存在を男性の一部分と見ていることの表れなのでしょうか。だとしたら、それは何か特別な理由があるのでしょうか」。

まず、日本に対する質問なので、加納さん、あるいは神田さんのほうからお答えできればと思います。

加納実紀代　ご質問、どうもありがとうございました。お二人の質問はいずれも私の話にかかわりますので、先に答えさせていただきます。

最初のご質問は、武士道が死とつながったというのは武士道の本来ではないというご意見かと思います。私は武士道について研究しているわけではありません。先ほど申し上げたのは、あくまで当時のメディアの中でそう言われているということです。『日本婦人』だけでなく、新聞も含めて当時のメディア全体がそういうふうに言っています。ということは国家的認識だということです。これは一九四一年初めに東条英機陸相によって出された有名な『戦陣訓』の「生きて虜囚の辱めを受けず」と関係しますが、日本精神の極致は武士道精神なんだ、武士道精神というのは、行き着くところ死を恐れないことだというわけです。そのときよく言われるのが「武士道とは死ぬことと見つけたり」という一節です。これは一八世紀に佐賀で書かれた『葉隠』にある言葉ですが、この本自体は決して死を自己目的とするものではないといわれています。しかし戦争末期の敗色濃くなった段階では〈武士道精神＝死〉とされました。

二番目のご質問は、日本の場合、最終段階では女性を死の道連れにするということになったわけですが、それは日本の男性が、女性を男性の一部と考えているからではないのか、つまり女性を自立した存在として認めないということから、そういう考え方が出て来るのではないかということですね。確かにそれは言えると思います。それは男性だけというよりは、当時の日本社会全体が、ステレオタイプな言い方ではありますが、共同体主義というか集団主義というか、〈個〉の自立を認めないということがあったと思います。

それは三国の雑誌の比較においても感じました。第1部で紹介した日本とドイツの雑誌は、ともに国家主義団体の機関誌でその性格は非常に似ているのですが、表象比較では見えないところにちがいがあります。それは部数です。日本もドイツも用紙不足になるわけですが、『ナチ女性展望』は最後まで部数は一〇〇万部以上です。その代わりページ数は最終段階では一二ページと非常に薄くなる。それに対して日本の場合は『日本婦人』も『青年（女子版）』も最後までページ数は三〇ページ以上ありますが、部数はせいぜい二〇～三〇万部です。大日本婦人会は網羅的組織ですから会員は二〇〇〇万人というにもかかわらず三〇万部しか発行していません。じゃあ足りない分はどうするか。地域で回覧しなさい、というわけです。ここには日本の集団主義が現れていると思います。ドイツの場合はページ数を減らしても会員ひとりひとりに届けることが前提になっているのではないでしょうか。

そういう集団主義の中で、女性は守るべき存在というよりは、最後の段階ではもうみんな一緒に死にましょう、ということになってしまったのだと思います。

神田より子　私が最後に述べました日本女子大の氏家壽子も、一九四四年一〇月号に「一億総武装の先頭にたつもの」という文章を寄せています。その中に死装束をして、きれいな下着をつけて、それで最後の戦いに臨みましょう、その瞬間まで現場で働きなさい、と言っています。ということはもう死を覚悟した言葉としか思えないのです。この氏家という方は、女性の当時の代表的な知識人でしたが、そういう方でさえも、こうした言い方をする。今から考えると非常に無謀な発想だったと思いますが、たとえば、『青年（女子版）』でも、特攻隊が出ていった記事を目にした女子青年たちが、自分たちも彼らのように頑張らなくちゃ、ということで特攻隊を賞賛している記事がずいぶん見受けられるんですね。そうすると当時の風潮としては、そうした死を恐れないという事柄に洗脳された、つまり思想戦の結果なのかなということを『青年（女子版）』を読みながら感じました。

上野千鶴子　下着をきれいにしてどうやって死ぬんですか？　地上戦で死ぬことを予想しているんですか、爆撃で死ぬことですか？　竹槍突撃して死ぬことを考えているんですか？

加納　体験者の話を聞くと、具体的な死についての想像力はほとんどなかったようですね。もう一つドイツとのちがいでいえば、同じ全体主義の国といいながら、ドイツではメディアを通じて明示的に女も死ね、というようなことはないそうです。当時の日本人がいかに精神主義でマインド・コントロールされていたか、非合理的な思考に染まってしまっていたかということです。国民がみんな死んでしまったら何にもならないじゃないですか。日本の場合はその歯止めすら効かなくなるところまで行ってしまったということだと思います。ドイツはまだしも合理的な思考が最後まであったといえるのではないでしょうか。

桑原ヒサ子　ドイツの場合について少し補足しますと、『ナチ女性展望』を見るかぎり、兵士として規定された男性に対しては死ぬことへの勇気が常に言われています。戦場で自分の命を惜しんで、民族共同体のために戦い、そして死ねないのではしょうがないというわけです。

一方、産む性と規定された女性に対しては、本土への激しい空爆を受けるようになってからは生きる勇気を持ち続けるよう、そして生命を産み出してこの民族を途絶えさせてはいけないということを最後まで訴えかけていましたね。ですから、死と生という対照的な呼びかけは、男性と女性にはっきり分けて使っていました。

2、戦時ドイツにおける人種問題

司会 次に、ドイツ報告の桑原さんへの質問です。「写真の子供は金髪で肌が白い子ばかりでしたが、男の子を産むということ以外に、外見的要素で、こういう子どもを産みなさい、という強制はありましたか。ドイツの人は金髪の人が多いのでしょうか」。それからもう一つ、「外国人労働者とありましたが、それはどのような人たちだったのでしょうか。それともユダヤ人の人たちも含まれていたのでしょうか」という質問です。

桑原 金髪で色白の子どもたちの写真は、絵画の写真だったと思います。絵画では理想化されて描かれますので、アーリア人種の特徴である金髪碧眼なんですね。アーリア人種の血を守り、受け継ぐというのは理想としてありました。それでは、ドイツ人に金髪が多いかというと、決してそうではありません。むしろ金髪碧眼は北方人種に多いのではないでしょうか。ヒトラーだって金髪ではありませんでした。だから、「ヒトラーのような金髪で、最終的には国防軍の元帥になったゲーリングのようにスラっとして（彼はすごいでぶっちょでした）、そして啓蒙宣伝大臣のゲッベルスのように筋骨隆々（彼は華奢な体です）とした子どもを産みましょう」なんていう揶揄があったぐらいです。つまり、『ナチ女性展望』の表紙には確かに金髪で碧眼の理想的な絵画が出されますが、それは理想であるからこそ、言いかえれば現実ではないということなのです。

もう一つの、外国人労働者についての質問ですが、外国人労働者は大きく戦時捕虜と民間人に分けられます。外国人労働者、いわゆる季節労働者を雇うということは、一九世紀末からあったようです。当初からポーランド人とイタリア人では、ポーランド人に対して抑圧的であり、すでに人種差別待遇は存在していたようです。

外国人労働者は、戦時捕虜と民間人に大別されるわけですが、民間人については自由意志で働く人と、第二次世界大戦期には公的なリクルート組織による募集によって、とはいえそれは強制連行に等しかったのですが、そうしたリクルート組織を通して外国人労働者になった人が大勢いました。

一九四四年八月に外国人労働者は七六〇万人いた

といわれており、これはドイツの就業者の五人に一人が外国人労働者だった計算になります。内訳は民間人が五七〇万人、戦時捕虜は一九〇万人でした。ソ連人が一番多く全体の三六%、次にポーランド人、そしてフランス人と続きます。戦時捕虜は男性中心ですが、民間人の三分の一は女性でした。女性の半数以上がソ連人女性で、次に多かったのはポーランド人女性だったと言われています。

　最後にユダヤ人の問題ですが、これは、外国人労働者という範疇に入れるにはレベルが違うかもしれません。しかし、彼らも強制労働を行っていました。強制収容所のユダヤ人に、農業の手伝いをさせたり、収容所の近辺の工場で過酷な労働が負わされたりしました。労働力が必要とされる場所に強制収容所が建設されるということがあったのです。もちろん、一九四二年の「ユダヤ人問題の最終解決」により、ユダヤ人政策は、大きな転換点を迎えることになります。

3、戦時色希薄なアメリカ

司会　どうもありがとうございました。次に、アメリカ報告の松崎さんに対する質問が大量に来ております。まず、簡単なところからいきます。「アメリカの雑誌に男性、つまり大人の男性、子どもの男性が登場しないのは、なぜだとお考えでしょうか」。これがお一人目のご質問です。「女性労働者の闘いはあったのでしょうか。戦時中には労働運動は弾圧されてしまっていたのでしょうか。たしか一九三〇年代にはあったと記憶しているのですが」。これが二番目です。

　それから次は女性の方です。「『レイディーズ・ホーム・ジャーナル』の三割の小説はどのようなストーリーなのでしょうか。思想戦の手段としてそれらが使われるということはあったのでしょうか、なかったのでしょうか」。それから非常にオシャレな女性たちが出てきたわけですけれども、「戦時下において女性に『なりふり構え』というのは女性を大事にするよりも、むしろ男性の戦意高揚のためなのではないでしょうか」というご質問。それから、「アメリカの戦争好きは、第二次世界大戦から始まったのでしょうか」。以上が五人の方の質問です。

松崎洋子　何て運が悪いんでしょう（笑）。最初の質問について、たしかに私は女性誌に男性はほとんど登場しないというふうに申し上げましたけれど、記事の中ではたとえば離婚の危機をどうするかなどについての専門家のエッセイとかのような形では男性は登場しています。視覚表象という面ではほとんど女性で成り立っているという意味です。また、この時期には、とくに『レイディーズ・ホーム・ジャーナル』には、「アメリカの素顔」ともいうべきシリーズ物で、かなり充実した家族特集記事が載っていまして、これは一九六〇年代まで続きます。アメリカの各社会層の家庭、それから各地域に住む様々な文化的背景をもった一つの家族を取り上げ、その家族構成であるとか、夫の職業であるとか、収入であるとか、その家族の生活をあらゆる角度から取り上げた特集が毎号載るのですが、この戦争の時期には、出征し、負傷して帰ってきた兵士を迎える家族とか、そういう形で男性は出てきます。ただし、その特集でも写真と記事双方の表象において、妻であり母である女性が家族の要となって、家族をまとめるという体裁になっています。

産業革命後、アメリカが工業化社会、産業化社会に移行するにつれ、男性は外に、女性は家庭に、という女性と男性の役割分担が進んでいった一九世紀の終わり頃から大衆文化が盛んになり始め、その中で娯楽雑誌がたくさん出るようになりました。このころすでに主婦を対象とした女性誌がいくつか発行されていることから、おそらくその時代には男女を含む読者層による棲み分けがなされていたと思います。『レイディーズ・ホーム・ジャーナル』のような女性誌に男性があまり登場しないというのも、このような背景と関係があるように思われます。

この時代から女性誌は多くの女性に読まれました。アメリカは広いので、郵便制度とともに通販のシステムも整っていましたし、どんな地方に送るのも非常に安い料金で送れたので、どこに住んでいてもこのような雑誌を見ることができて、同じような夢を描いていたということになります。

次に、女性労働者の闘いはなかったのかというご質問についてですが、この当時、もちろん労働運動は存在しました。戦時労働ということで、愛国心の発揚もあり、みんな働きましたが、それでも、より多い休みを、より高い賃金を、ということで、戦前とは規模や頻度においては比較にならないほど小さなものではありましたが、ストライキやボイコットがあったり、サボタージュがあったりしたようです。しかし女性は、軍需産業の場合、そもそも熟練工の男性で占められていた職場で、「戦時」という特殊事情で「期間限定的」に受け入れられた女性労働者は組合員として受け入れられていなかったかもしれません。女性の工場内での地位は男性に比べて低いものでした。もともと女性が働くことを想定していない業種ですから、そこで出世をするとか、高い地位に就くというのは皆無といっていいくらいです。もちろん国としては、このような戦時労働に従事する女性を大切にしなさいと言っていましたが、男性と同じ仕事をするなんて、という男性労働者の強い抵抗があって、当初はたいへん働きにくい職場であったといえます。そういう意味で、女性戦時労働者は工場の中で虐げられた面もありました。とくに造船は最後まで、女性を職場に入れることへの抵抗があったので、入ってからも苦労が絶えなかったと聞いております。女性戦時労働者たちは男性労働者のいやがらせに耐え、男性並みの働きができることを証明しなければならなかったのです。

次に小説についてのご質問について。英国のロアルド・ダールや、オーストラリアのネビル・シュートなど著名な作家も読みきり短編のような形で書いたりしています。戦争とは無関係な恋愛ものもあります。多いのは戦争絡みですが、家族のつながりの中で描かれているものがかなりあり、直接的な戦闘シーンは少ないように思われます。たとえば、夫が戦地にいて、ティーンエイジャーの子どもを抱えている。長女が若い兵士に恋をして、結婚を望む。いくら好きでも母親は彼が戦場に出るからという理由で結婚を急いではいけない、というような子供に対する教育的な物語もありますし、戦時故の専業主婦の仕事をめぐる話もあります。ある中産階級の家庭で、メイドがその家庭を辞めて戦時労働に就くことになる。そのほうがメイドの給料よりずっといいのです。メイドがいなくて困った、どうしましょう、しかし自分も働くことで戦争協力をしたい。夫の協力が得られるかどうか、どういう職がいいだろうか。いろいろ考えて、中産階級らしく、肉体労働ではなく、ドクターのオフィスで働き始めるが、メイドはいない、仕事は忙しい。その結果、家族にさまざまな問題が生じる。結局、大切なのは主婦の仕事に専念することである、という『レイディーズ・ホーム・ジャーナル』誌らしい主婦を礼賛する物語もあります。時代背景を知るという点を除いて、失礼ながら、小説類は全体としてそんなに真剣に読まなくてもいいかなという印象でした。

それから「なりふり構え」は男性のための戦意高揚のためではないか、というご意見ですが、多分、おっしゃるとおりだと思います。戦意高揚もあるでしょうが、それ以前から、つまり男が外で働き、女は家庭にというライフスタイルが一般的になって以来、妻は夫のためにできる限りきれいにすることを求められました。妻のイメージとして「なりふり構う」ことが男性から求められてきたわけです。それは各家庭の問題であるということもいえますけれども、女性誌という媒体が広告を介した消費主義と結びついているわけですから、その雑誌の広告に登場する、きれいなドレスを着て、きれいな髪型をして、きれいになる化粧品を使って、という具合になっていきます。

「なりふり構う」もう一つの理由は、戦時という非常事態であっても、アメリカという国が持っている余裕ではないでしょうか。「なりふり構える」豊かさがありました。アメリカの物質的豊かさが精神的な余裕にもつながっていると思われます。日本、ドイツにはそのような余裕はありませんでした。

ちょっとお答えとは逸れるかもしれませんけれども、『レイディース・ホーム・ジャーナル』においては、敵国日本、ドイツに対し、罵倒するような記事を見つけることはできませんでした。逆に、収容されている日系人の家族の投書が載っている号があったくらいです。市民権を持ち、お国のために働いているのになぜ収容所に入れられるのか、他の家族と同じように、日系人もアメリカ市民なのだから、先に少しふれました「アメリカの素顔」という特集に日系人家族を含んでほしいという投書を載せています。

「アメリカの戦争好き」というご質問に対し、「戦争好き」かどうかは別として、アメリカは第二次世界大戦で初めて戦争をしているわけではなく、ネイティブ・アメリカンとの戦いから始まっている、ともいえると思います。フレンチ・インディアン戦争など独立以前の植民地戦争は「アメリカ」の戦争とは言えませんが、イギリスと戦った独立戦争後も、ふたたび米英戦争、メキシコとの戦争、南北戦争、スペインとの米西戦争、対フィリピン戦争、第一次世界大戦と続いてきたことは確かです。

4、ジェンダー平等と戦争

司会　上野さんへの質問も大量にいただいております。まず簡単なところからいかせていただきます。「フェミニズムの上野さんの定義を教えてください」これが一点です。それから二番目が、「上野先生が最終目標とする理想的な男性と女性の平等の形を教えてほしい」です。これは、学生さんからです。それから次は、どの方もだいたい同じような質問で、大きなテーマだと思うんですけれども、代表的なものを読ませていただきます。ほぼ同じような質問を複数の方からいただいておりますけど、次のようなものです。「DVなど私的暴力の廃絶の後ろには警察、司法という権力が根拠として存在するように思うのですが、国家間暴力の廃絶の場合にそれに相応する権力が必要になるということなのではないのでしょうか。そうすると、そのためにはどのような具体的な方法が先生は考えられますでしょうか」。以上が三番目の非常に大きな問題です。それからこれは加納さんとも関係があると思うんですけれども、「大政翼賛婦人会で戦争に加担した女性たちが、戦後、社会でもリーダーとして活動した事実をどのように思われますか」。

ちょっとすみませんが、時間が押して非常に重要な問題ばかりなので、まずこのへんのことをお先に上野先生からお料理していただきます。

上野　イヤな質問ばっかり来ますね。簡単なほうからいきましょう。二番目。理想的な男性と女性の関係、そんなもの、私の好みを聞いてどうするんですか。あなたに関係ないでしょう（笑）。それともう一つは、理想なんていうのは絵に描いた餅、持っていても意味ないので、私は幅広く男性を愛する博愛主義者でございます。いろんな関係があって当然で、あまりこういうふうに固定的にものを考えること自体を好きではありません。

それから、一番の難問は、フェミニズムの定義ですが、御質問の方、たいへん賢い方ですね。フェミニズムの私なりの定義を聞かせてくれとおっしゃいました。と申しますのは、フェミニズムというのは、十人十色というか、非常に多様性がありまして、必ずしも合意が形成されていません。したがって、これを定義するというのは非常に難しいんです。私はフェミニズムの訳語として、「男女同権論」とか「男女平等思想」を採用しません。「同権」と言ったとたんに、じゃあ男並みになりたいのか、「平等」と言ったとたんに、何を指して平等というのか、という次なる難問にぶつかるからです。私自身は「女性解放思想」と一貫して訳しています。ところで何が解放かは、アンタには決められない、決めさせない、決められたくない。というのは、解放とは自己定義概念ですので、私にとって何が解放かは、私にしかわからない。

私はいつもこういうときに、マルクスのセリフを思い出します。「来るべき共産主義社会が誕生したときに、そこでありうべき人間像とはどのようなものだろうか」と聞かれたとき、あのマルクスはこのように答えました。「私はこの階級抑圧の社会に生まれ育ち、そのような歴史的被規定性のもとで生きている。したがって私は自分自身が経験したことのない、抑圧のない社会における人間像を想像することができない」。素晴らしい答えですね。それと同じように、解放というものは、何が解放か、それを手に入れたときにしかわからない。ただし、何が解放でないか、という直観だけは確かです。多くの女は、歴史的で社会的な経験の共有の中から、そういう直観を共有することができるということも確かだと思います。けれども、最終的に何が解放かは当事者にしかわからない。だから、たとえば、大統領夫人のローラ・ブッシュが、タリバーンに抑圧されている可哀想なアフガニスタンの姉妹を解放してあげるために空爆した、と言えば、「バカヤロー」とは思います。何が解放かは決して第三者には決められないからです。これが当事者主権の考え方でございます。というふうに逃げておきましょう（笑）。

三つ目も難問ですが、私的暴力を抑止するものが警察・司法権力であるとすると、公的暴力を抑止するものも、それに対応するような、より上位のインターナショナル、トランスナショナルな国際司法・

警察権力、つまり国連軍である、というようなことに、短絡的になりがちです。ここで直ちにくる批判は、それならばフェミニストは、もっともっと警察権力を、もっとポリス・コントロール社会を求めるのか？　辻々にお巡りが立っていて守ってくれる社会を求めているのか？　つまり究極の管理・監視社会をキミたちは求めているのか？　という批判が直ちにまいります。こういうことを予期してこの方はおっしゃったんだと思います。イヤな質問ですね（笑）。

この誤解を私たちは解かなければなりません。私たちが求めているのは決して国内レベルでも国際レベルでも、さらなる警察監視社会をという要求ではありません。基本的には、国連軍も警察権力も、良い暴力で悪い暴力を抑止するという暴力主義、つまりミリタリズムであることにはかわりがありません。この思想はミリタリズムを支持する思想です。私は良い暴力は必ず悪い暴力に転化すると思っておりますので。それならより多くのポリス・コントロールを求めるかわりの方法がありうるはずだ。それは、平和な男を育てることです。それは、母親である女にならば、できないことはない。実際にDVの解決のために女性たちがやってきていることは、加害者矯正のプログラムです。修復的司法も含めたいわば和解の戦略というか、男性的なアイデンティティそのものを現在のようなジェンダー社会化のあり方とは異なるあり方で形成していくやり方が、決してないわけではない。そのような期待に基づいてさまざまなアクティビズムが行われています。

最後に、翼賛婦人会に参加した人たちが、戦後も活躍したことをどう思うか、という問いについては、それ以前に、戦犯だった男たちが、戦後も政治権力の座についたことをどう思われますか、という問いと重なります。今回、男がやったことを女がやらないということにはならないという例証をたくさんお示ししたわけですが、戦犯だった男も戦後権力の座につきました。それを許容したのは日本国民です。それと同じことが、女の世界にも起きた、というだけで、残念ながら、女もまた男と同じようなふるまいをし、それを許容したのもまた女性市民だったということであろうかと思います。

司会　加納さんはこの問題について専門なんですけ

ど、何か一言。

加納　翼賛的な女性活動家が戦後もそのままリーダーとして活躍したことをどう考えるかということですが、私は、戦後女性活動家として尊敬していた方々が戦争中に「天皇万歳」「戦争万歳」の言論を書いていたことを発見してショックを受け、そこから研究に入ったという経緯があります。先ほど神田さんが紹介した氏家壽子にしても、戦後、日本女子大の教授として様々な場で活動しました。たしかにいま上野さんが言われたように、天皇をはじめとして彼女たちよりずっと戦争責任の重い男たちが責任をとらないどころか総理大臣になったりしたわけですから、なぜあえて女を問題にするのかということはいえます。

しかしわたしが女性の戦争責任を問題にしたのは、一つは、戦後ずっと女性は戦争の被害者だとされてきたからです。それどころか母親大会に見られるように、命を生み出す母親は戦争とは反対の平和勢力だと女性自身も言ってきました。わたし自身もそう思ってきたからこそ、三五年ほど前に戦中の女性雑誌を見たとき、そこにおける女性たちの生き生きした戦争協力ぶりに衝撃を受け、なぜそうなってしまったのか自分なりに明らかにしたいと思ったわけです。以後研究を続ける中で、一つ言えることは、さっき上野さんが言われたように、戦前女性には選挙権はなかった。家の中に閉ざされ、国民とはみなされないという状況があった。そうした状況の中で、戦時体制は女性活動家にとって女性の社会進出のチャンスだったということです。一般の女性にとっても、少なくとも初期の国防婦人会の活動は家からの解放をもたらすものでした。聞き取りの過程で、あんなに生き甲斐のある日々はなかったと語る元国防婦人会幹部に何人もお会いしました。その背後にある女性抑圧を思うとき、誰が彼女たちを非難できるでしょうか。もし私がそのとき生きていたら、同じことをやったかもしれないと思います。

それでもやっぱり、批判すべきだと思っています。それは現在の自分たちの生き方、女性の主体性ということを考えるからです。いま「主体」という言葉は使いにくいですけど、ほかに言葉が見つからないので使いますが、かつての女性には選挙権もなかったけれど、いま私たちには選挙権もある。一定の社会参加もできている。そういう状況の中ではかつてのように知らなかったんだ、仕方なかったんだという言い訳は成り立ちません。女性も歴史の主人公として生きたいと思うわけですが、そのとき一つ必要なのは客観的責任、結果責任をとるということだと思います。つまり、当時は戦争は正しい戦争だと教えられていた。その中で女性の社会参加をめざした。それが結果的には侵略戦争加担という悪になってしまったが、主観的にはあくまでも女性の社会参加、男女平等を目指したのだから責められるいわれはない、という意見があります。でも私は、歴史の主体として生きようとするならば、主観的には善意であっても客観的に悪い結果をもたらしたのであれば、それに責任を取るという姿勢が必要だと思っています。

もちろんこれは過去の女性たちの断罪のためではありません。現在進行している軍事化の中で、自分たちがどうすれば同じ轍を踏まないですむかという問題です。アメリカのように、女性も男並みに武器を取って戦うのが男女平等なのでしょうか。ジェンダー平等をどう考えればいいのか、今日の上野さんのお話はまさにこの問いにこたえるものでした。

5、なぜ軍事化とジェンダーを問うたか

司会　最後になるんですが、上野さんから何か今日のシンポジウムに対してコメントがございましたら、いただきたく思います。

上野　お三方は主として先の戦争、第二次世界大戦の経験をお話しになりましたが、私がお招きいただいた理由は、それはけっして過去の話ではない、現在にそのままつながっているということを喚起するためだったと思います。歴史から学ばない者は現在にも向き合うことができない、ということです。

私は過去を現在へ、さらにこれから先へのステップにつなぐ役割をいただいて、それを果たしたということになります。先ほど宿題として残った、民主主義を構成する要員に女は入っていたのか、という問いに戻りましょう。これは、戦時下のアメリカで、という限定付きでしたけれども、これは他の国にも現在の私たちにもあてはまる問いです。民主主義を構成する要員に女は入っているのか。民主主義というのは、いいことも、悪いことも、自分で決めるこ

とのできる権利のことです。安倍を総理にすることもできるし、大連立を選ぶこともできる。いいこともたまにはやるが、アホなことも決めることができる。それが民主主義というもので、したがって、参政権のある私たちはもはや戦前のように「私たち、自分の運命を決められなかったから知らないもんネ」とは、言えない状況にあります。昨今の日本の状況、国際政治、国連を含む様々な外交関係のもとで、局地戦争は継続し、戦争の世紀はいっこうに終わっておらず、二一世紀はなんと九・一一で明けたという、何ともおそろしい時代を迎えています。人類が進化しているとはちっとも思えないような、そういう中で、ものごとを決めるその一員に女は入っているのか、という問いに、ほんとはつながっていると思います。ここには男性の方も女性の方もいらっしゃいますが、あなたがたが自分の運命をご自分で決める時に、男と死への道連れというか、無理心中を強いられてはいないでしょうか。というところに議論は行くんじゃないでしょうか。

加納　上野さんがきれいにまとめてくださったのですが、もう一言だけ言わせてください。今日上野さんに来ていただいて軍事主義とジェンダーの問題を考えたいと思ったのは、実は新潟だからということもあります。つまり対岸の北朝鮮との関係ですね。いま日本では、いま上野さんが言われたようにさまざまな意味で軍事化が進行しています。そのとき一番口実にされて、国民にも受け入れられやすいのは「北朝鮮こわい」です。新潟はその最前線に立っています。

ご承知のように、ついこの間まで新潟は北朝鮮との間で人が通う唯一の港でした。元山《ウォンサン》という対岸の港に万景峰号という船が通っていました。しかし拉致問題の浮上により途絶えてしまいました。新潟県議会も入港禁止決議をしています。そういう意味で新潟は一番厳しい局面に立っているわけですが、逆に言えばそれを変える力も持っているといえるのではないでしょうか。進行する軍事化の中でどうやって対岸との融和を目指すのか、ぜひとも新潟のみなさんと一緒に考えたいと思います。どうぞよろしくお願いいたします。（拍手）

司会　どうもありがとうございます。一三時から一七時までという非常に長丁場でございましたけれども、最後までご参加いただき、ほんとにありがとうございました。

軍事主義とジェンダーとの密接なかかわりが、あらためてこのシンポジウムで確認できたとともに、男女平等が軍事化とそれとリンクして語られることの危険性をあらためて認識できる、そういう会になったと思います。二〇世紀は戦争の世紀であったと言われておりましたけれども、それが二一世紀になってもなお加速し、そして二〇世紀の戦争に使われた軍事化におけるジェンダー利用が、もっと巧妙な形で蔓延していくような恐怖を私たちは今感じております。そういう中で、私たちは、一人一人の命の権利、あるいは自分たちの選択をどのように守っていけるのかということが、今問われているのだと思います。

これからも敬和学園大学のジェンダー研究チームはこのテーマについて研究を続けてまいる所存でございますので、また、別の機会に、その成果を皆さまに発表する場を持ちたいと思います。皆さまのご参加、どうもありがとうございました。そして有意義な御質問どうもありがとうございました。（拍手）

あとがき

敬和学園大学人文社会科学研究所所長　**松本ますみ**

本書は、二〇〇七年一一月一〇日（土）、新潟市民プラザで開催された、「軍事化の〈現在〉を問う――ジェンダーの視点から」（敬和学園大学戦争とジェンダー表象研究会主催、敬和学園大学人文社会科学研究所後援）で開催されたシンポジウムの記録です。当日は会場に五〇〇名近くの市民を迎え、約四時間にわたって問題提起と討論が行われました。今回出版にあたり、内容を勘案して書名を『軍事主義とジェンダー』に変更しました。

二〇〇二年度から敬和学園大学は「日本近現代史」「歴史学」担当の教員として近現代日本ジェンダー史専門の加納実紀代を迎えました。彼女を中心として教員有志が集い、専門領域の垣根を越えて「戦争とジェンダー」に関する研究会例会が月一回定期的に開催されるようになったのは二〇〇三年秋のことです。

参加メンバーは、加納実紀代、神田より子、桑原ヒサ子、松崎洋子、佐藤渉、杉村使乃、前嶋和弘、そして私、松本ますみでした。本書の加納、神田、桑原、松崎以外に、佐藤はフランス・ヴィシー政権下における女性表象と女性政策研究、杉村はイギリスの週刊誌『ピクチャー・ポスト』の表紙を使ったジェンダー表象研究、松本は満映フィルムや李香蘭映画に表れるジェンダーと民族表象研究を、前嶋はアメリカの女性議員研究を行いました。

この研究会の研究目的は、女性の軍事組織への参入・参加は男女平等社会の形成につながるのかという現在の問いから発し、第二次世界大戦中、各参戦国で女性はどのような戦争参加をしてきたのかを問い直すことにありました。そのために、当時の各国の雑誌、映画、ポスターなどに登場する女性、男性がどのように描かれているかについての比較研究の形をとることになりました。各メディアの記事内容とともに表紙、挿絵、写真、広告などを総合して、戦時下の各国でどのようなジェンダー表象が存在したのかを比べたのです。

その結果、第二次世界大戦に参戦した各国において、女性表象は大きな違いをもっていたと共に、共通点も見え隠れすることが明らかになったのです。

その相違点は、「全体主義」の日本、ドイツが官製メディアによって画一的女性像を表象したのに対し、アメリカ、イギリスのメディアでは連合国の戦争目的である「自由の擁護」のための「自由な」女性像が提示されたことでした。一方、共通点は、参戦国のいずれにおいても、女性の戦争協力は戦局の激化に伴って質・量ともに拡大し、その結果既成のジェンダー秩序が揺るがされたことでした。他方で、女性の社会進出・活躍に脅威を感じた男性社会が再び「女らしさ」を強調するという矛盾も表れたことが共通点として明らかとなりました。さらにもう一つの共通点が、どの参戦国も植民地・占領地の人々や国内におけるエスニック・マイノリティのジェンダー表象を利用し戦争を正当化したことでした。

本書のもととなったシンポジウムでは日本・ドイツ・アメリカの三国に絞って発表されました。それには枢軸国の日本・ドイツと、連合国アメリカを比べるとどのような相違点と共通点があるのか、市民のみなさんとともに考えてみたかったからです。

四年半の研究を終え、二〇〇八年の現在を照らしてみますと、あらためて女性の戦争協力と女性の「解放」が、第二次世界大戦時に関連づけられ語られたことの重みを感じざるをえません。戦後、旧植民地で独立が相次ぎ、現在で一九二の国連加盟国があります。ごく少数を除き国軍を持たぬ国家はありません。女性兵士がいない国家は少数派です。世界各地で戦火の止まぬ時はなく、女性兵士が動員されていない時もありません。女性の銃後での戦争協力や戦争を是認するような文化はなお巧妙な形で広がっています。この現象は果たして女性のエンパワーメント、ジェンダー平等、あるいは平和的社会の構築につながっているのでしょうか？　私たちがこれから考えるべき、取り組むべき課題はたくさんあります。

この小著が読者のみなさんの思考と行動のきっかけになることを願ってやみません。

本書のもととなった研究は、平成一七年度—一九年度（二〇〇五年—二〇〇七年）日本学術振興会科学研究費補助金基盤研究（B）「第二次世界大戦下の女性表象とジェンダー平等に関する国際比較」（研究代表者：加納実紀代）の成果の一部です。二〇〇四年度には敬和学園大学人文社会科学研究所の研究助成を受けております。

煩瑣な事務作業を一手に引き受けてくれた杉村使乃さんなしには、すべての研究プロジェクトは進みませんでした。また、出版を引き受けてくださったインパクト出版の深田卓さん、大変お世話になりました。本当にありがとうございました。

二〇〇八年七月

資料『ナチ女性展望』全目次

作成・桑原ヒサ子

解題

1931年、ナチ指導部は、独自に活動していたすべてのナチ女性組織を一本化させ、「ナチ女性団」を結成させた。翌1932年に『ナチ女性展望』*NS Frauen Warte*（初年度1号1932年7月1日～第13年度4号1944/45年）は「ナチ女性団の雑誌」として創刊された。

『ナチ女性展望』は、女性の編集・発行による女性のための女性雑誌だった。全国女性指導部には独自の「報道とプロパガンダ部局」があり、そこで働く女性たちは、女性カメラマンや映画制作者を雇い、日刊新聞の編集者と連携しつつ、『ナチ女性展望』を含む女性雑誌を何種類か刊行し、女性問題をテーマとする自主制作映画の上映会や展覧会を開催した。『ナチ女性展望』は官製雑誌として、社会的・文化的領域において、家庭や職場における公的女性像に多大な影響を及ぼした。

1934年2月24日にゲルトルート・ショルツ＝クリンクが全国女性指導者に就任し、以後彼女は「ナチ女性団」と、強制的同質化によって非ナチ女性組織を統合した「ドイツ女性事業団」を統率することになる。『ナチ女性展望』が「ナチ女性団の雑誌」に代わって、「党公認の唯一の女性雑誌」を表紙に掲げるのは、ショルツ＝クリンクの就任直前の第2年度13号（1934年1月1日）からである。

『ナチ女性展望』は創刊以来、格安な値段と強力な組織的講読勧誘運動に支えられ、1934年2月には25万部、数ヶ月後の6月には50万部に伸び、1939年には140万部に達している。部数で第2位の『主婦の雑誌』が57万5千部であったから、『ナチ女性展望』は断然トップだった。しかし、それでも市場を独占することはできなかった。2大出版社である、ドイツ出版社（旧ウルシュタイン出版社）とユニヴァーサル出版社の女性雑誌の合計部数は1938年末に230万部を数えていた。

ヒトラーの権力掌握後、ジャーナリズムに対する統制と弾圧の嵐が吹き荒れるが、非政治的だった女性雑誌への介入はなかった。しかし、1939年の開戦と同時に、宣伝省に「雑誌ニュース部」と「週間ニュース部」が創設されると、女性雑誌の編集内容も細部にわたって統制を受けた。すなわち、①銃後の女性を安心させる前線報告、②男手を失った職場への動員を促す義務遂行の啓蒙宣伝、そして、③この時期の女性雑誌の最重要テーマである、物不足を乗り切る庶民の知恵、父が出征した時の心構え、倹約の方法、衣類のリフォームなどの記事の掲載が義務づけられた。

戦況が厳しくなる1943年には、有力女性雑誌も廃刊に追い込まれた。廃刊を免れた女性雑誌は、④国民の抵抗の意志、戦争遂行能力の強化を強制され、⑤反ユダヤ、反ボルシェヴィズムの記事を頻繁に取り上げさせられた。この時点で生き残った雑誌は1939年に登録された雑誌の10分の1で、総発行部数は5分の1に落ちた。『ナチ女性展望』も1945年を迎える時期に廃刊となる。

雑誌の形態は、以下の通りである。

① 判型

創刊号から第2年度まではA 4判。その後、サイズが大きくなり、縦・横が30.5cm × 25.5cmで、A4より大きくB4より小さい。

② ページ数

創刊号は28頁でスタートし、第2年度5号（1933年9月1日）で32頁に増頁。第8年度6号（1939年9月第2号）から28頁に減少。戦時統制措置として用紙節約のために新聞は12頁、グラビア雑誌は28頁に制限されたためである。しかし、翌10月第2号で20頁に自粛。第12年度1号（1943年9月第1号）から20頁と16頁の号が交互に出版される。1943年は1月にスターリングラード戦でドイツ軍が降伏し、敗戦への決定的転機となった時期である。第12年度12号（1944年8月）で12頁に減少。廃刊の1944/45年号は4頁という薄さとなる。

③ クラビアと活版の割合

グラビアと活版の割合はほぼ半々で、この割合はページ数が減少しても変わらない。

④ 発行頻度と号数表示

発行頻度は、記載がない期間もあるが、大抵は表紙に明記されている。「14日に1冊」の割合で発行され始め、第8年度18号（1940年3月第2号）から「月2冊」、第10年度16号（1942年3月）から「3週間に1冊」、第11年度15号（1943年5月）から「月1冊」となる。

雑誌の号数の付け方が特殊なので、簡単に説明しておこう。創刊号が発刊された1932年7月から翌年6月までの一年間を、「初年度」と呼んでいる。したがって、廃刊になった1944/45年号は「第13年度」になる。また、第11年度から第12年度にかけて発行ペースに乱れがある時期を除いて、各年度1号は7月号となる。

発行頻度が変わるため、初期は年度、号数、西暦、月日が明記されていたが、そのうち「日にち」は省略され、第7年度からは「7月第1号」のように、年度の通し号数のほかに、その月の何号に当たるかも記載される。とはいえ各月2冊、まれに3冊発行されるだけである。「月2冊」となれば、各月第1号か第2号のみ。「3週間に1冊」から

「月 1 冊」では、月ごとの号数表示は消える。
⑤ カラーか白黒か

本文に掲載される写真はモノクロのみ。

創刊号から第 4 年度 20 号（1936 年 3 月）までの表紙は、雑誌名 *NS Frauen Warte* をデザイン化し、ベージュの紙に濃茶の字で描かれている。途中、鷲のロゴ・デザインが若干変わり、時々空白部分に同系色で写真や主な目次が掲載される。

第 4 年度 21 号（1936 年 4 月）の表紙から写真やイラストが登場するが、まだベージュの単色で、遅くとも第 5 年度 17 号（1937 年 2 月）から二色刷り、第 6 年度 1 号（1937 年 7 月）からフルカラーとなる。表紙がモノクロにもどるのは、第 12 年度 5 号（1944 年 1 月)。

⑥ 価格

創刊号は、20 プフェニヒ、初年度 14 号（1933 年 1 月 15 日）で 25 プフェニヒに、第 2 年度 13 号（1934 年 1 月 1 日）で 27 プフェニヒに値上げしている。以後、廃刊まで 27 プフェニヒ。

1937 年当時の物価と比較すると、牛乳 1 リットルが 23 プフェニヒ、卵 1 個 11 プフェニヒ、ビール 1 リットルが 75 プフェニヒ、女子青年団のブラウスが 8 ～ 10 マルク、スポーツ・シューズ 14 ～ 20 マルク（1 マルク＝ 100 プフェニヒ）である。

⑦ 販売形態

各号の単独販売と自宅配達の方法があった。後者は第 2 年度 14 号（1934 年 1 月 15 日）以降、遅くとも第 3 年度 9 号（1934 年 10 月第 1 号）から始まり、第 12 年度 12 号（1944 年 8 月）に戦時統制のため配達中止の通知記事が掲載された。

⑧ 内容構成

巻頭には、雑誌の頁数の変遷に従って数頁～ 10 頁の特集記事が割り当てられた。戦没将兵慰霊の日、復活祭、ヒトラーの誕生日、母の日、「ドイツ芸術の家」におけるドイツ大美術展、党大会、収穫祭、クリスマスなど暦上固定されている行事のほか、時事問題やイデオロギー的テーマが特集内容となった。これに続いて、詩、連載小説、ファッション（数頁）、料理（2 頁）、庭の手入れや家事のアイデアなど実用頁、本や映画の紹介、広告（数頁～ 8 頁）がほぼ定番の構成となっている。そのほか、ナチ女性団・ドイツ女性事業団の活動報告、体験談、投稿が掲載される。ときどき懸賞付きクイズ、クリスマスには歌と楽譜が載った。

第 2 年度 5 号（1933 年 9 月 1 日）から原則的に 2 号に 1 回、誌上で紹介された流行の服の型紙が付くようになる。この付録の型紙は読者獲得の効果的な手段であった。というのも、商業女性雑誌の価格は『ナチ女性展望』よりずっと高かった上に、付属の型紙は別料金で購入しなければならなかった。この号から増頁としたが、増やしたのはモードや実用のページである。

⑨読者対象

ナチ女性団、ドイツ女性事業団に所属する都市部の中産階級の女性たち。

初年度

1 号（1932 年 7 月 1 日）

世界の転換期の女性（エーリヒ・フォン・ハルツ）/国家の問題としての結婚（ユーガ・ルッセル）/過去の女性運動（ヒルデガルト・パッソウ）/大都市のイメージ（エルスベート・ツァンダー）/写真「ヘレンブルク」/伝統的装飾文化（エリザベート・ラインハルト）/詩「女性」（ハンス・ヨースト）/連載書き下ろし小説『鏡の中の顔』（マリー・ディールス）/詩「ろうそく」（マックス・ダウテンダイ）/一部屋と台所（エルスベート・ウンフェアリヒト）/ドイツの主婦はドイツ製品を買おう！（Dr. ゾフィア・ラーベ）/自宅で裁縫（ルート・フォン・クロプフ）/料理：夏野菜とサラダ菜（J. v. H.）/モード：単色あるいは柄物の夏服、子どもの水着/ビュールにおける第 1 回ナチ女性団研修会/生の食べ物/小さな菜園/詩「野原を思うとき」（M.ダウテンダイ）/新女性公務員法/時代のドキュメント

2 号（1932 年 7 月 15 日）

訴え!（グレゴール・シュトラッサー）/ナチ女性団の基本方針/ドイツ女性は国民社会主義を選択する（E.ツァンダー）/女性の権利と国民社会主義/遺伝病質のない健康管理―向上への最強の支援（ディートリヒ・ベルンハルディ）/詩「私の花嫁に」/両親と子どもたち（J. クランハルス）/木版画「パンと鉄」/1918 年以降のドイツ文学（カール・ヴィルケ）/詩「警告」（ハンス・フランケ）/またもや野卑なダンス（グイダ・ディール）/詩「恋人に寄せる夏の歌」（ヨーハン・ルツィアン）/連載小説『鏡の中の顔』/ドイツ民族の顔（レントヴァイ＝ディルクセン）/幸せな結婚（カーリン・ミヒャエリス）/文化の担い手としての小都市の女性（ブリギッテ・フォン・アルニム）/暑い日には冷たい飲み物を（J. v. H）/健康法と美容法（Dr. E. K.）/メリヤス生地、木綿生地、色亜麻生地/マンハイム、ナチ女性団の緊急食堂/子どもを連れて旅行する時（ヨハンナ・ヴァイスキルヒ）/目的にあった栄養（Dr. ブラック）/女性に対する国民社会主義の立場―プロテスタント女性新聞より（C.v.H)

3 号（1932 年 8 月 1 日）

ドイツ女性に告ぐ（E.ツァンダー）/1932 年の女性戦線（シャルロッテ・ケーベルレ＝シェーンフェルト）/前線へ行く女子青年たち（アンナ・ルイーゼ・キューン）/女性問題と国民社会主義による解決（パウラ・ズィーバー）/大都市像（E. ツァンダー）/ヘントの祭壇の前で（E. ラインハルト）/小さな喜び（ユッタ・アドルフィ）/詩「神の家」（ヴォルフガング・ユーネマン）/百貨店―ドイツ中産階級の没落（ケーテ・アウアーハーン）/連載小説『鏡の中の顔』/女性たちよ、母たちよ、あなたたちの子どもたちを守りなさい、ドイツの未来を！/動物保護（J.ヴァイスキルヒ）/家を快適に（R.v. クロプフ）/詩「憧れ」（M. ダウテンダイ）/モード/シュライツァー支部の会議について/国民社会主義国家

における就労女性の将来（Dr. S. ラーベ）/農業（E. ウンフェアリヒト）/備蓄まで料理してはいけません/仕事着の重要性について

4号（1932年8月15日）
国民社会主義の文化政策（Prof. Dr. Dr. シュルツェ＝ナウムブルク）/外国のドイツ女性（マリア・カーレ）/東部のドイツ人（M. カーレ）/記念式典（J. ルッセル）/マリアンネ（ヴァルター・エーリヒ・ディートマン）/ドイツの美術工芸品に対する賛成と反対（E. ウンフェアリヒト）/連載小説『鏡の中の顔』/小都市の人々（ハンス・フリードリヒ・ブルンク）/詩「子ども」（M. ダウテンダイ）/洗濯コーナー（マルガレーテ・W. マース）/どうしたら自分の子どもに言うことを聞いてもらえるか（S. ゼーティエン）/手仕事/季節に合ったレシピ/子どもに対する母親の権利（区裁判所長ルプレヒト）/避雷針/最も重要な食料を評価する/見て料理する/クロスワード・パズル

5号（1932年9月1日）
女性の自己教育/民族の死はあるのか（Dr. シュヴァーブ）/イタリアの最強の要塞—家族（マルゲリータ・サルファッティ）/都会の女性と農村の女性（B.v.アルニム）/詩「素晴らしい秋」（J.ヴァイスキルヒ）/社会的良心　（エディット・ザルツブルク伯爵夫人）/連載小説『鏡の中の顔』/テーブルでの会話（シャルロッテ・レーベルレ）/教皇へ向けての発砲（ハインツ・シュテグヴァイト）/路上で倒れた男（H. フランケ）/若い職業世代から生きる勇気をすべて奪うな！（Dr. ローラント・シュップ）/なぜ宗派分離なのか/デュッセルドルフ大管区は133人の子どもたちを休暇に送る/モード/料理/習得した職業としての家政（トーニ・ザーリング）/最初にした整理整頓を見直す/リビング・キッチン/女性たちよ、百貨店を避けなさい！/購入した品物を交換する女性/ドイツ女性たちよ！

6号（1932年9月15日）
ボイテンの判決について（E. ウンフェアリヒト）/母権制なのでしょうか（Ch. ケーベルレ＝シェーンフェルト）/入植地の女性/都会から来た入植地の女性/クレーヴェ近郊モイラント宮殿におけるフリードリヒ大王とヴォルテールの初対面（アウグステ・カルトホフ）/故郷もなく（E. ツァンダー）/ドイツの童話の中の女性（H.Fr. ブルンク）/連載小説『鏡の中の顔』/詩（エリザベート・グナーデ）/仕事に就く女性たち（ウルズラ・ティーム）/婚姻財産権における女性の立場（Dr. S. ラーベ）/観葉植物/幼児の世話について/モード/料理のために/目を開けよ！/家事—完璧なる体操の代用（マリア・ディーツ）/学校での子どもたちの勉強（ハインリヒ・カルステンス）/ドイツ女性よ！/5年間賃金を受けた女性（ゼルマ・フィンク）

7号（1932年10月1日）
文化の精神（G.シュトラッサー）/私たちはどこへ行くのか（シュロスマン＝レニース）/女性労働奉仕義務って何ですか（アンネマリー・ケッペン）/詩「秋」（W.ユーネマン）/依存しないこと、それが自由/失業者の女性伴侶（イルマ・フィービヒ）/ヘドヴィヒ・フォン・ブレドウを偲んで（Dr. S. ラーベ）/ショルンドルフの女性市長/連載小説『鏡の中の顔』/詩「人間」（H. ヨースト）/私の子は何を読むか（G. ゲティエン）/国家試験付きファッション学校/古い住居を近代化する（M.ディーツ）/主婦はどちらを選ぶべきか—バターか、マーガリンか/オーブンから煙が昇ったら/料理のために/モード/書評

8号（1932年10月15日）
家族と国家への奉仕における国民社会主義女性運動の課題（アドルフ・ヒトラー）/ドイツ女性はだれでもリスト1を選ぶ/大管区女性指導者たちのミュンヘン会議/社会的優生学的覚書/女性をおとしめること/女性天国/極圏の向こう（レントヴァイ＝ディルクセン）/連載小説『鏡の中の顔』/詩「ルーネ文字」（パオラ・ジルバー＝フォン・グローテ）/11月の不安（B.v.アルニム）/詩「あなたの両手」（W. ユーネマン）/簡素な形の美/両親にどう言えばいいのか/ドイツ人学校における三色旗/ドイツ女性防空奉仕団/家事における塩/清潔な台所/倹約（R.v.クロプフ）/注目に値する決断/モード/グロースアルメローデ・ナチ女性団

9号（1932年11月1日）
ドイツ女性たち—国民社会主義の女性たち（E. ツァンダー）/就労女性—労働者、事務職、アカデミカーは国民社会主義を選ぶ（E. ウンフェアリヒト）/ドイツ女性はA. ヒトラーを支持する（M. ディールス）/企業細胞組織の中の女性/ナチ女性団の全国援助週間（K. アウアーハーン）/遺伝病質のない健康管理（D. ベルンハルディ）/古代のドイツ女性の墓（マリー・イェディケ）/死者の日/連載小説『鏡の中の顔』/貧窮と失望の高齢者/エリザベート・フォン・ハイキング（カール・ライプニッツ）/詩「ドイツ」（J. クランハルス＝ルッセル）/素晴らしい才能—うちの子は飛び級すべきか（H.カルステンス）/自分で印刷する色紙（ブルーノ・ツヴィーナー）/だれでも織ることができる（フライア・ベルゲントゥン）/家具の手入れ/あまった靴下をどう利用するか/モード/呼びかけ

10号（1932年11月15日）
国民社会主義と女性教員（M. ディールス）/民族共同体（P. ズィーバー）/詩「私たちは何を知っているだろうか」（クヌート・ハムズン）/死についての考察（F. シュレングハーマー＝ハイムダル）/死の儀式（E. ラインハルト）/国立ヴァイマル美術大学（Prof. Dr. シュルツェ＝ナウムブルク）/詩「言葉」（W. ユーネマン）/連載小説『鏡の中の顔』/詩「愛」（H. ヨースト）/自信と自己規律（クラーラ・ハーバーシュトック）/明晰な頭脳（イルゼ・リーム）/ドイツ女性よ、ユダヤ人医師を避けなさい/動物幼稚園（アントニー・ラーン）/オーダー河沿いフランクフルトにおける研修会/ブリキですか、美しいじゃないですか（B. ツヴィーナー）/ミシンを自分で

直す技術（リーゼロッテ・ザッセンベルク）/家で、農場で、菜園で利用する泥炭腐葉土（ハンス・シュルツ）/栄養摂取の方法/料理/モード

11号（1932年12月1日）
アドヴェント（リューディア・ラート）/死者たちのアドヴェント（エルンスト・ヴィーヒェルト）/民芸とクリスマス・クッキー/連載小説『鏡の中の顔』/焼きリンゴのパーティー（リーザ・フォン・ブラオヒッチュ）/詩「年老いた賢女」（H. ヨースト）/私たちのクリスマスの厩（イルミ）/クリスマスの時期に創作する手（イルミ）/レープクーヘンでできた家/詩「アドヴェント」（W. ユーネマン）/観葉植物とバルコニーの植物の冬越し/女性労働奉仕義務についての討論（リースベト・ヴュルデマン）/詩「子どものクリスマス・プレゼントの希望」（H. M. ハイドリヒ）/解放者ヘルマンの町で　ヴェストファーレン北大管区における第2回女性団研修会（W. ベルゲマン）/マンハイム管区の現地女性指導者たちの第1回会議報告/クリスマスのプレゼント・テーブルのための本/モード/料理のために

12号（1932年12月15日）
絵と詩「マリア」（H. ヨースト）/クリスマス（クラーラ・シュロスマン＝レニース）/モミの木をめぐる神話（P. S. ロッゲ＝ベルナー）/無神論者たち、少年たち、クリスマス（E. ザルツブルク伯爵夫人）/連載小説『鏡の中の顔』/男性と女性のための時流に叶ったクリスマス・プレゼント/お金を使わずに三つのクリスマス・プレゼントの願いを叶える（G. ゲティエン）/小詩（W. ユーネマン）/そしてプレゼントを包む/クリスマス・プレゼントのテーブルはどんな風にしたらいいか/クリスマス・ワゴン/焼いたクリスマス・プレゼント/ドイツの前線、ダンツィヒのドイツ女性/ハンブルク女性団の文化活動/ナチ女性団ミットヴァイダ支部（指導者、ナチ女性党員アグネス・グルーン）/美しいドイツのレース/料理のために/モード/クリスマス・プレゼント用テーブルのための本

13号（1933年1月1日）
大晦日（ロルフ・ショット）/フィナーレ（ハンス・ヘニング・フォン・アルニム）/シラーの母（Dr. ズザンネ・ハンペ）/詩「新年に向けて」（J. クランハルス＝ルッセル）/愛について（K. ハムズン）/連載小説『女主人』（バルバラ・カタリーナ・フォン・ブロンファルト）/詩「年越し」（ルートヴィヒ・トーマ）/モーリッツ・フォン・シュヴィント画「訪問」/ウィンター・スポーツ（M. ディーツ）/詩「森の冬」（エルゼ・ラウアーバッハ）/動物保護法を作る（ヘドヴィヒ・ヘルツォーク）/仕事を持たぬ女性に対する課題（リューディア・カート）/コピター灯下の季末大売り出し/子どものために/女性労働奉仕義務についての討論/ナチ女性団の活動から/農婦のために―家禽小屋の灯りは長所か短所か/女子の職業見通し（T. ザーリング）/筆跡は何を語るか（クリープシュ・シャラー）/小型パイ/モード/今日の家庭用救急箱（薬剤師ネウバオアー）

14号（1933年1月15日）
新しい認識（P. S. ロッゲ＝ベルナー）/A. ヒトラーの新年のメッセージから/社会的優生学的覚書（Dr. シュヴァーブ）/連載小説『女主人』/詩「旅行用カップ」（コンラート・フェルディナント・マイヤー）/M. v. シュヴィント画「旅の途中で」/家内労働―社会的イメージ/ドイツ初の国民社会主義女性学校（G. オッパーマン）/ハンブルク・ナチ女性団の大クリスマス展示会（Ch. ケーベルレ＝シェーンフェルト）/オストゼーバート・クランツの記念碑（イーダ・ヴァーグナー）/消化の良い子ども料理/生徒たちの朝食/チーズとチーズ製品の製造について（ゲルトルート・マウルマイアー）/今日の家庭用救急箱/モード/家事における染色/少し砂糖を加えると役立つこと（ゲルトルート・ヴェッセル）

15号（1933年2月1日）
国家レベルでの遺伝病質のない健康管理の必要性（Prof. ギュンター）/詩「家系」（イルゼ・アルンハイター）/母親であることが意味すること（マグダレーネ・シュミット）/連載小説『女主人』/詩「オーストリアの騎士の歌」/教育について重要なこと（エンマ・ギュトナー）/正直なドイツ人フリードリヒ・コッタ　J. Fr. コッタ死後100周年/遊ぶ子どもたちと母（アンゼルム・フォイアーバッハ）/推薦書/時代の鏡としての希望リスト（イルゼ・カッテンティット＝ベルリン）/ホレおばさん（イルゼ・イェスター）/ニグロ人形/子どもを招待することは時流に叶っているか（エルゼ・フライシュマン）/ヴェスト・シュテルンベルク管区の農婦に対する冬期支援/冬の生食とその健康上の価値（エリザベート・ボッシュ）/農民を忘れてはならない、彼はあなたがたの同志です！ドイツの野菜と果物を食べよう！/料理のために/モード/本がもたらすもの

16号（1933年2月15日）
ドイツ国民の首相/リヒャルト・ヴァーグナーの死後50年に　1933年2月13日（ドーラ・ハウスマン）/国民と人種についてのR. ヴァーグナーの告白/R. ヴァーグナーとマチルデ・ヴェーゼンドンク（マルガ・フォン・レンツェル）/連載小説『女主人』/詩「1907年度」（I. イェスター）/ドイツの道化伝説と伝説の道化たち/カール・シュピッツヴェーク画「セビリヤの理髪師からセレナード」/家の屋根/若い女性と女子向きの非常に健康に良い、エレガントなウィンター・スポーツ（M. ディーツ）/私たちは一握りの土をつくり出す（オルガ・ベーンケ）/謝肉祭の食事/モード/ドイツの卵を買いましょう！

17号（1933年3月1日）
女性たちを前線へ！（E.ツァンダー）/新しい国家の建設者A. ヒトラー（H. パッソウ）/Dr. ゲルトルート・ボイマーの国家観と私たち（ヘレーネ・パッソウ）/A. ヒトラーがドイツ・ラジオ放送で語る/ドイツの錠前屋/ドイツの溶鉱炉労働者/ボルシェヴィズムとキリスト教（E.v. ハルツ）/ソヴィエト地獄の中のドイツ女性―ロシアから戻った労働者の

妻の苦悩の道/民族衣装の農婦と農民の2枚の写真/ドイツの農民　バイエルンの自由農民（D. ハンスマン）/ヴェストファーレン南大管区ナチ女性団のクリスマス展示会/モード/本の世界から/報告

18号（1933年3月15日）
ドイツ芸術について（ロルフ・ケルナー）/娘はどんな職につくことができるか（司祭フステット）/詩「速記タイピストたち」（マルタ・グロッセ）/いつ私たちの子どもたちを学校にあげればいいのか（Dr. シュヴァープ）/連載小説『女主人』/バンザイ！春はもうそこまで来ている（イルムガルト・シュトラウプ）/香辛料の健康への影響（E. ボッシュ）/私は肺結核なのか（Dr. クルト・クラーレ＝シャイデク）/ヴェーザー・エムス大管区ナチ女性団部局管理者たちの研修会/一杯のコーヒー/コーヒー・タイムに/モード/このことは知っておかなければならない/報告

19号（1933年4月1日）
第二帝国の設立者オットー・フォン・ビスマルク/夏の歌/連載小説『女主人』/詩「3月の木」（W. ユーネマン）/春のハイキング（マーヤ・ディーツ）/贈る喜び/詩「古いドイツの踊りの歌」/目覚める国民の日/詩「親愛なる神への夜の祈りと願い」（イルムガルト＆ゲアハルト・ヴィダンスキー）/卵を購入する際に、何に注意しなければならないか（コンラート・クラウゼ）/変化に富んだ卵料理（G. マウルマイアー）/料理のために/復活祭のクッキーいろいろ/モード/書評

20号（1933年4月15日）
詩「復活祭の朝」/古代ゲルマン人の復活信仰（ヨハンナ・アルンツェン＝シュミッツ）/オスタラ、春の童話/詩「ドイツの復活祭」（J. ルッセル）/連載小説『女主人』/復活祭のうさぎと復活祭の卵について（G. マウルマイアー）/詩「様式」（ジドニー・シュターツ）/ナチ女性団の呼びかけ（4月1日10時からのユダヤ人商店に対するボイコット）（K. アウアーハーン）/暴利とユダヤ人に対する闘いにおける女性の武器/ビーレフェルトとミュンヘンのナチ女性団の女子青少年団/料理のために/お金を使わずに十分な栄養を摂る/モード/書評

21号（1933年5月1日）
労働の日/ヨハネス・ブラームス生誕100年 1933年5月7日（D. ハンスマン）/明るくいる方法（J. アドルフィ）/詩「5月の賛歌」（W. ユーネマン）/女性の仕事（Prof. D. M. シュテムラー）/職業学校から（ウルズラ・ポーク）/連載小説『女主人』/詩「春の奇跡」（I. イェスター）/10マルクで汽車が乗り放題/自分の耕地から生まれた食料（L. マルティン）/主婦はなぜ「純粋な」ドイツ・チーズを好むべきなのか/ヘッセン・ナッサウ北とメクレンブルクにおける活動/安くて栄養のある食事/モード/報告

22号（1933年5月15日）
呼びかけ（ナチ女性団全国女性指導者リューディア・ゴチェブスキー）/デューラーの版画「母と子」/母心（J. ルッセル）/詩「おお、あなたにはまだお母さんがいるの」（クリスティアン・ローデ）/母の愛/産前教育の力 ドイツの母へ一言（アンナ・ゼーシュ）/詩「母性」（E. フライシュマン）/母親と女性の民族政策上の課題（K. シュロスマン＝レニース）/ヨーハン・ヴォルフガング・ゲーテが母に宛てた手紙/母について（ヴィルヘルム・フォン・キューゲルゲン）/平和的あるいは英雄的教育（レーニ・ラールフス＝ヴェンツ）/子ども天国 新生イタリアを行く研修旅行（上級看護婦ヴェルナー）/子だくさんの母親の窮乏（リーザ・シュレック＝エルツ）/子どもたちが床に就くとき（マルタ・ヨスト）/連載小説『女主人』/料理/モード/書評

23号（1933年6月1日）
白樺の絵/白樺、ドイツの聖霊降臨祭の木（レナーテ・フォン・シュティーダ）/詩「聖霊降臨のコラール」（フランツ・アルフォンス・ガイダ）/新しい女性世代が育ってくる（L. ゴチェブスキー）/詩「目覚め」（エネ・ベンダー）/詩「敷居」（バルドゥール・フォン・シーラハ）/詩「白樺」（ボギスラフ・フォン・ゼルヒョウ）/新しい国家の女性（文化大臣H. シェム）/子どもの教育における初めての宗教的考察（ベアーテ・リントヴァルト）/私たちはH. ヨーストの「シュラゲーター」を体験する（R.v. シュティーダ）/国民の労働の日、そして私がいかにその日を体験したか/ケムニッツのドイツ見本市報告/女性のための健康体操（フリッツ・シュトルーベ）/連載小説『女主人』/料理/モード/書評

24号（1933年6月15日）
住居文化へのステップ（H. M. ハイドリヒ）/生きることへの教育（カーリン・ホーマン）/詩「息子がいれば」（E. ベンダー）/職業訓練をする少年少女の写真4枚/社会福祉は助けてくれるか/私たちの時代における家と家庭について（R.v. シュティーダ）/乳母車（ローニ・ラウルマン＝キンツェルマン）/詩「夕方」（エルゼ・カーツマイアー）/夏至について（R.v. シュティーダ）/ドイツ女性とドイツの庭（ハンス・ゲルラッハ）/文化（H. v. アウアースヴァルト）/詩「ドイツの女性たちに」（フェリール・ハーヴェンシュタイン）/手織物工芸（エレン・ティーメ）/ラジオ放送を聞く習慣（エレン・ゼンメルロート）/政治的出来事を回顧する/映画評論「突撃隊員ブラント」（ハインツ・クリンゲンベルク評）/連載小説『女主人』/料理/モード/良書

第2年度

1号（1933年7月1日）
写真「夏の旅行—今回はドイツへ」/もしあなたが祖国ドイツを知らないのであれば、世界を見て回ってください/詩「日没」（リーナ・フォン・エルツェン）/国境を越えて（R.v. シュティーダ）/詩「旅の格言」（M. ド・ボーア）/あなたの子どもと休暇（A. リービヒ）/自然の中へハイキング（L. ラウルマン＝キンツェルマン）/詩「民謡」/木の写真/甦る

民謡（B. v. アルニム）/バイオリン製作の町から/郷土博物館（A. v. アウアースヴァルト）/詩「海」（ヨゼファ・ベーレンス）/それは見たことがある（R.v. シュティーダ）/幻想（ルイーゼ・ケーフィンガー）/伝説/詩「ラインプファルツ」（ルイーゼ・レストゥガー）/連載小説『女主人』/故郷での休暇（ヒルデ・エプフェンハイン）/家族を養い、強化することをめぐって（シャルロッテ・ハウザー）/お手伝いさんが失業保険から免除されることによる社会的影響（E. ゼンメルロート）/活動から/計算の専門家としての主婦（エルナ・ホルン）/モード/良書『私たちは総統あなたを歓迎します！』

2号（1933年7月15日）
神話の中の女性の仕事（D. ハンスマン）/ドイツ女性のためのD.L.G.（ドイツ農業団体）展覧会の意義　ベルリンにおけるドイツ農業団体巡回大展覧会/パンが焼かれる（Ch. ハウザー）/農婦の一日の仕事（L. マルティン）/詩「太陽の歌」/東フリースラントの高層湿原　入植問題について（R. v. シュティーダ）/民族共同体の仕事における女性の労働奉仕（イルムガルト・シェーン）/ドイツ人の認識/結婚資金貸付に関する実施要項から抜粋/「陽光」の家、入植の準備講習を受ける女性たちの写真4枚/ヴォルフェンビュッテル（ブラウンシュヴァイク）にある初の国民社会主義入植女性学校「陽光」の家/イェーナの子ども休養施設「スイス高地」/ハーケンクロイツに奉仕するザクセン城　ザクセン・ナチ女性団とBDM（女子青年団）のための指導者養成学校開学式/質素と簡潔は義務です！（E. ゼンメルロート/子どもが生まれる（B. ヴェルナー）/計算の専門家としての主婦（E. ホルン）/料理/モード

3号（1933年8月1日）
戦争1914年—勝利1933年！（ヨーゼフ・マグヌス・ヴェーナー）/戦争の要請（R.v. シュティーダ）/ドラマ「クラウス・ビスマルク」からの場面（ヴァルター・フレッツ）/戦争の思い出（R. v. アウアースヴァルト）/詩「我々は剣を突く」（W. フレッツ）/シュトラースブルクの運命の時/ナチ女性団全国指導部からの指示/防空が必要！/物語『帰郷』（イルムガルト・フォン・マルツァーン）/レンツブルクにおけるシュレースヴィヒ・ホルシュタイン国境地方のデモ（エンマ・フォン・ハッセル）/連載小説『女主人』/ひまわりについて（M. ド・ボーア）/詩「二つの世界の放浪者」より/ひまわりの写真/政治的出来事を回顧する/保存食を作る時期に実用的なこと（E. ホルン）/モード/時流にあったアイロンかけは、洋服を作るさいに大切です/良書『第三帝国における福祉体制』

4号（1933年8月15日）
木の写真と詩/新しいスタイル（L. ゴチェブスキー）/詩（ゲアハルト・シューマン）/今日の世界像における混血児（v. d. ベンホフ）/ニーチェの「ツァラトゥストラ」より/ゲルマン民族/異民族と混血（顔写真集）/詩「聖なる時」/ユダヤ的なものと対立するのはキリスト教的であることではなく、ドイツ的であるということである（Dr. ヴァルター・エーメリン）/ユダヤ人の中のドイツ少女（エルザ・ゲルバート）/窮乏の国民（Dr. ベーム）/銀行で（リリー・フリック）/詩「二つの歌」（L. v. d. ベーンホフ）/連載小説『女主人』/もし子どもが生まれたら（B. ヴェルナー）/良書『国民社会主義の闘いと第三帝国への興隆』『ドイツ的信条』/ドイツの入植女性のミツバチ農場（管区ミツバチ・マイスター、ヴァイゲルト）/トマト—美しくて良質！/モード：がっしりした体格の女性向きタウン・ウェアと下着

5号（1933年9月1日）
写真とヒトラーの言葉（国民の労働の日）/労働の喜び　雇用者としての主婦へ一言（アリス・リッヒァース）/既婚女性の仕事日（写真：工場で働く女性たち）（R.v. シュティーダ）/詩「希望」/国民社会主義と女子学生（Dr. ルーチエ・ショルス）/一人暮らしの女性とその扶助　時事的問題への提案（J. v. レーダー）/日常生活の女性戦士たち　ソーシャル・ワーカーの体験から（看護婦B）/詩「告白」（リヒャルト・F. クルーゼ）/女性—母—アルコール/女性のスポーツ—競技スポーツですか？（E. テッセル）/シュットゥトガルト、第15会ドイツ体育大会（ゲルト・フィッケンチャー）/活動から/連載小説『女主人』/続・もし子どもが生まれたら（上級看護婦B. ヴェルナー）/良書　小説『マリアンネの子どもたち』（パウラ・ケーニヒ）/農婦のために：休暇の子ども/自分の家でパンを焼く/呼びかけ/洗濯物の扱い方のヒント/洋服の手入れ/　寝具に飾りをつける/小さな洗濯物とデリケートな洗濯物/モード：冬のコートに毛皮の服飾、生地を節約したシンプルなウールのワンピース

6号（1933年9月15日）
民族共同体—文化共同体（R. v. シュティーダ）/女性と本（イルマ・ヘルヴィヒ）/詩「まがいもの」/女性画家（マリア・ランガー＝シェーラー）/ドイツの女性芸術家/ 詩「日が射す9月」/家庭の音楽（アンネリーゼ・メンドルフ）/ドイツ民謡について（シャルロッテ・シュッツェ）/1933年のバイロイト　ニーベルングの指輪（E. ゼンメルロート）/ニュルンベルクの党大会/民族の中のドイツ女性の課題/あなたは無であり、あなたの国民がすべてである！（Dr. ヴァルター・グロース）/連載小説『女主人』/農婦のために：居間はどんな風がいいか/洋なしのムース/お金のかからない昼食の助言、パイ/編み物/モード/家で毛皮を縫う

7号（1933年10月1日）
女性の指導性　新しい国家への女性の編入（L. ゴチェブスキー）/家族と国民（ヘレーネ・ブラウン）/詩「認識」（ルート・シュトローム）/詩「結婚式の鐘」（E. ベンダー）/父の誇り（H. M. ハイドリヒ）/家族の本（グレート・リュッフラー）/男性の伴侶としての女性（L. ラウルマン＝キンツェルマン）/母と若い国民（L. ラウルマン＝キンツェルマン）/ラジオ放送と女性（クリスタ・ホマー）/ナチ女性団の活動の写真/連載小説『女主人』/子に対する母

親の権利（区裁判所長ルプレヒト）/続・もし子どもが生まれたら　母乳が切れたら人工栄養で育てる/農婦のために：ナチ女性団と農業主婦連盟（L. H. V.）/鶏舎は秋冬も灯りをつけるべきか/料理：安くて美味しく料理する/モード/掃除機の若返り（技師ハンス・ケールマン）

8号（1933年10月15日）
クルマハーの写真/ナチ女性団全国指導者にしてドイツ女性事業団の指導者、郡長 Dr. クルマハー/1933年10月1日は「ドイツ農民名誉の日」/歴史思想における新しい視点（R.v. シュティーダ）/祖先の神々の世界は私たちにどのような係わりがあるのか（レオポルト・ヴェーバー）/古代北欧の教え（Dr. L. ラート）/ゲルマン民族の女性の墓（A. v. アウアースヴァルト）/子どもたちがドイツ文化のイメージ豊かな足跡を理解するよう教えなさい（D. ハウスマン）/歴史に登場するヒトラー（ルドルフ・ハーゼ）/ヒトラーの肖像画/アイスランドの女性地主が家を注文する　『ラックスヴァッサー谷の人々』より/連載小説『女主人』/子どもたちが成長するとき（上級看護婦 B. ヴェルナー）/農婦のために：経済的な鵞鳥の飼育/病人のための料理/私たちの裁縫講座/モード：新しい襟と袖/事務的な連絡

9号（1933年11月1日）
秋のブナの森の写真/11月9日の意義（J. M. ヴェーナー）/ヒトラーの言葉/突撃隊の死者を偲ぶ　1930年のバラード（ヴァルトラウト・フォン・シュティーダ）/マルチン・ルターのドイツ的使命（大学教授 Dr. カール・ボルンハウゼン）/ルターの木版肖像画（1933年11月10日は生誕450年にあたる）/国民社会主義国家におけるプロテスタントとカトリックの教会/ヒトラーの言葉/新しいドイツの木版画（Dr. オットー・H. フェルスター）/女性芸術家に対する国民社会主義の要請/ヒトラーの言葉/シュヴァルツヴァルトの民族祭り（ロッテ・ランプレヒト）/連載小説『女主人』/クルマハーの名による報告とお知らせ/良書 Dr. オットー・ディートリヒ『ヒトラーと権力の座へ』、ローベルト・ベットヒャー『新しい国家における芸術と美術教育』/農婦のために：自分と隣の庭の害虫駆除/家禽の寄生虫/結婚資金貸付で買い物をする際の助言（カール・ブルヒャルト）/ドイツのモードをつくり出す新しい道（E. ゼンメルロート）/モード：午後のワンピース3種類/今からクリスマスのプレゼントを考えておきましょう/毎日の野菜

10号（1933年11月15日）
メルヘンの時間（R.v. シュティーダ）/ドイツの民話と私たちの子どもたち（H. ブラウン）/影絵/青少年教育の本（図書館司書、ナチ女性団文化研究員 I. ヘルヴィヒ）/明けの星と夕べの星　H. Fr. ブルンクのメルヘン/メルヘンの真実の内容（A. レーリシュトッフ）/ゼルヒョウの詩/詩「秋のハイキング」（S. シュターツ）/「耳ウサギが狼の巣穴におちたとき」幼児向けメルヘン/メルヘン「竜を退治する人」/家庭音楽への道（A. メンドルフ）/子ども部屋に歌の本/良書　マルガレーテ・ガイスト『ろばの馬車でUSAを行く』、アルフレート・ハイン『アンケの戦争の運命 1914-18』、L. ヴェバー『グードルン』/連載小説『女主人』/11月3日・4日、ハンブルクにおけるナチ女性指導者会議/結婚資金貸付で買い物をする際の助言 / 乳児のしつけ（上級看護婦 B. ヴェルナー）/モード：いつも素敵に装う、小さな子たちにどうですか/新しい編み物の技術/料理

11号（1933年12月1日）
詩「静かで、喜び溢れるアドヴェント」（M. フェーシェ）/アドヴェントの季節の意味/数千年前と現在のクリスマスを迎える習慣（D. ハウスマン）/クリスマス・プレゼントについて考える（A. リービヒ）/贈り手としての私たちの子どもたち/クリスマスの厩（Dr. ルートヴィヒ・ノックヘア）/クリスマスの厩を作ろう/連載小説『女主人』/クリスマス・プレゼント用テーブルの女性向け良書/ロイヒテンブルクの女子学生研修施設第1号/ハンブルクの女性たちの色とりどりのクリスマス市/クルマハーの名によるお知らせ/結婚資金貸付を受けられるでしょうか/二重窓を冬の庭として使う（マルタ・シュミット＝タイレ）/わずかなお金で大きな喜び（ケーテ・フォルツ）/アドヴェント・クランツ（L. ラウルマン＝キンツェルマン）/モード：関心を引くそでと肩の強調/手仕事――一番素晴らしいクリスマスのプレゼント/クリスマス・クッキー

12号（1933年12月15日）
1933年のクリスマス（H. Fr. ブルンク）/クリスマスのメッセージ（Dr. クルマッハー）/詩「灯りが点った木の聖別」（ヘルマン・ヴィルト）/雪が積もったモミの木の写真/ドイツのクリスマスの歌（エルンスト・ゾンマー）/ドイツ民族のクリスマス祝祭における宗教的慣習（牧師 W. クラウゼ）/ドイツのクリスマス（ロタール・ゲルケ）/私たちのクリスマス・クッキーとその何千年も古い祖先（D. ハンスマン）/詩「クリスマスの羊飼いの歌」/私たちのクリスマスのさらなる内面化（エヴァマリア・ブルーメ）/母クリスティーネのクリスマスの願い事（ヘルミーネ・マイアーホイザー）/良書　ヴィル・ヴェスパー『ウルリヒ・フッテンの遍歴』、ハインツ・グンプレヒト『魔法の森』/子どものための本/政治的出来事を回顧する（E. ゼンメルロート）/連載小説『女主人』/モード：変化を加えたワンピース/美しく整えられたクリスマスの食卓/祝日に美味しいものを

13号（1934年1月1日）
新年にあたってドイツの女性たちに（J. M. ヴェーナー）/詩「新年！」/1933年を振り返る（H. パッソウ）/ドイツ女性事業団（Dr. クルマハー）/女性と系譜学/どうやって系譜学を始めるのでしょうか（シャルロッテ・シュッツェ＝ベーム）/かつての家族、現代の家族（Dr. K. H. ブッセ）/出生数減少の原因（小冊子『危機の民族』より）/第三帝国における女性の運命（Dr. K. H. ブッセ）/結婚―そして妊娠中のドイツ女性（F. ベルゲントゥーン）/断種

法について考える（プロイセン内務省医療部局 Dr. シュヴァープ）/女性ソーシャルワーカーと医師の対話（Dr. エンミ・ヴァーグナー）/「私」から共同体への道（マルガレーテ・ヴァインハンドル）/母（Ch. ハウザー）/子どもと子ども部屋（建築家 K. ブルヒャルト）/新しいドイツにおいてアルコールを飲まぬ文化を目指して女性には何ができるか（ゲルトルート・マチェンツ＝シュトライヒハーン）/法の中の女性、母そして子ども（区裁判所長ルプレヒト）/良書 Prof. Dr. オットー・シュテッヒェ『健康な民族—健康な人種』、人口政策および人種管理啓蒙部局パンフレット『新しい民族』/子どものための本 ルーシィ・ファルク『クラウスは何をしたいか分かっている』、アグネス・ザッパー『父はなくとも』/ナチ女性団の活動から エッセン大管区女性団指導部の相談所/報告事項/ナチ女性団の歌/モード：ブラウスと一緒に着る新しいジャンバー・スカート、冬のスーツ/繕いあれこれ 新刊バイアー本『正しい家政』より/料理

14 号（1934 年 1 月 15 日）
1 月 30 日に/詩「帝国の歌から」（G. シューマン）/スキー 民族への軌跡（C. J. ルター）/無限なるものとの調和（E. ボンダーミュール）/人種問題に関する寄稿（Dr. A. ルッセラート）/なんのために体操は必要か（G. フィーケンチャー）/目的に叶った家事（Dr. L. ノックヘア）/専業の母に休暇と自由時間を作り出す可能性（マルタ・ミッヒェルの助言）/母たちの労働施設 なぜ私は都市の病院で出産するか（エーリカ・リングナー）/詩「木々」（ヴィリー・ベスパー）/弟（E. リングナー）/母性は美貌を損ねるか（ドレースデン自然化粧学校長シャルロッテ・メーンツェン）/自然な美しさの手入れ（Ch. メーンツェン）/連載小説『女主人』/良書 B.v.アルニム『ヒトラーへのマンフレートの道』/モード：ダンスと仕事のためのドイツの農民服、堅信礼と聖体拝領の際に/台所の手入れ

15 号（1934 年 2 月 1 日）
準備から喜びへ（E. ゼンメルロート）/謝肉祭の季節—楽しい季節（L. ゲルケ）/ドイツのフォークダンス（Prof. Dr. ヨハネス・キュンツィヒ）/社交ダンスの新しい形（ラインホルト・ゾンマー）/オペラと音の長さ（ウルリヒ・フォン・ハルツ）/プロイセンの青年劇場（劇場監督ヘルベルト・マイシュ）/女性と映画（H. パッソウ）/舞台上の女性の課題（D. ハンスマン）/素人芝居—いったいそれは何か（エヴァ・ベッカー）/連載小説『女主人』/子どもとカスパー（ヴォルフガング・グライサー）/良書『カーリン・ゲーリング』『故郷への道』/ 読者へのお願い/女性団の仕事から アーデルスドルフでのメルヘンの午後/女性労働奉仕団の組織と任務/小さな子どもの栄養（上級看護婦 B. ヴェルナー）/今から編み物をしましょう/モード：シンプルで実用的/2 月の料理/じゅうたんの手入れ

16 号（1934 年 2 月 15 日）
古代北欧の民族生活の中の女性（Dr. L. ラート）/詩「２月」（エマ・ピッシェル）/数百年の流れの中のドイツ女性（L. ゴチェプスキー）/ドイツ彫刻の中の女性（Dr. エヴァース）/民族と国家における農婦の任務（エヴァ・クリナー＝フィッシャー）/詩「私たちは仕える」（A. ケッペン）/今日、三人に一人のドイツ人は大都市の住人である！/母性のロマンを抑えて！（E. ブルーメ）/就労女性（エルゼ・シルファルト）/農村の妻の一日/国民社会主義国家の動物保護（Dr. イルゼ・キン）/フリードリヒ・シュライアーマッハーと女性の世界（J. M. ヴェーナー）/女性労働奉仕について徹底したこと（ゲルトルート・ショルツ＝クリンク）（彼女は 1934 年 1 月 1 日に女性労働奉仕団指導者としてベルリンの労働奉仕団全国指導部に召還された）/ナチ女性団の会議報告/1 歳を越える頃に（上級看護婦 B. ヴェルナー）/良書 Prof. シュテムラー『民族国家における人種管理』、アグネス・ミーゲル詩集『母』/子どもたちのために『言うことをきかない雪だるま』（冬のメルヘン）/月の名前はどこから来たの？/窓飾りを作ろう！/モード：雨の日にピッタリの服/料理

17 号（1934 年 2 月 25 日）
写真「旗を高く掲げよ！」/詩「私が知っている日」（ジークフリート・ベルゲングリューン）/体験された歴史（R. v. シュティーダ）/文化的遺産を思い起こすとはどういうことなのか（エンマ・ブルンナー）/テオドール・ケルナーの詩/ビスマルクの言葉/全員の時代、荒廃の時代、成長する全体（R. ハーゼ）/国民社会主義国家の本質（Dr. マルタ・ウンガー）/新生ドイツの闘いにおける女性（エルナ・グンター）/写真：ヒトラー、ゲッベルスほか/短編『若い結婚』（クレーレ・ヴァイゲル）/詩「回顧」（ヨゼフィーネ・ファイゲン）/一人の子どもが総統のために祈る—闘争期の思い出（Dr. シュヴァープ）/連載小説『女主人』/良書/大管区大ベルリンのナチ女性団の大管区会議（1934 年 2 月 10 日、11 日）/モード/子どもの下着を縫う、シャツを縫う/ヘルシーで安くて美味しい料理

18 号（1934 年 3 月第 1 号）
写真「1933 年 3 月 21 日ポツダムで」/主婦の新しい姿（Dr.エルゼ・フォアヴェルク）/新国家における農村の女性労働（全国農民指導者ヴァルター・ダレ）/家族の再生（エルゼ・ダフィット）/キリスト教と断種/人種保護における女性（Prof. Dr. シュテムラー）/国民社会主義国家における青少年教育（カール・フリードリヒ・ヴェルナー）/詩（インゲ・シャッフェルト）/学校にあがる初日をめぐって—小学一年生の母たちのためのおしゃべり（マルガレーテ・コール）/学校は小学一年生に何を期待しているか（フリードリヒ・デルフェル）/子どもたちは文化史を体験する（マルガレーテ・プレッスル）/復活祭のお祭りへの刺激/お客様を迎える料理/N. S. V. ヒルゲンフェルト全国指導者のナチ女性団に対する感謝/連載小説『女主人』/ドイツ・モード協会の仕事（校長ハンス・ホルスト、ベルリン）/モード：ドイツ・モード協会 1934 年のデザイ

ン、農村風のホーム・ウェア、学校と遊びに/報告事項：女性労働奉仕団への申込/女性研修年の始まり/福祉事業セミナー/農業学校年

19号（1934年3月第2号）
詩「復活」（H. シュテグヴァイト）/受難史という伝説の王冠から（牧師W.クラウゼ）/「父たちのしきたりに忠実に」オーバーアマンガウの記念的受難劇300年（A.エックハルト）/復活祭の風習に見られる昔の生活の敬虔さ（E. ブルーメ）/詩「復活祭」（S. シュターツ）/「思いもよらず」復活祭物語（クリステル・ブレール＝デルハルス）/リューネの復活祭の絨毯（G. リュフラー）/メルヘンはそんな風に成立したの？（U. v. アウアースヴァルト）/花と草から―健康と美/連載小説『女主人』/大管区女性指導者全国会議/ドイツ女性労働奉仕について徹底したこと/政治的出来事を回顧する（E. ゼンメルロート）/出産は病院それとも自宅でするべきか（上級看護婦B. ヴェルナー）/子どもたちのためのクイズ/なぜ柳はもう泣く必要がなくなったのか、復活祭物語（ルーチエ・トレスケ）/月の名前はどこから来たのか（M. イェーデ）/詩「新しい青年の歌」（クルト・アルノルト・フィントアイゼン）/良書『ジュルト島の最後の巨人』、現代のジュルト島小説『堤防建設』/モード：刺繍ワンピースと刺繍飾り/料理のために

20号（1934年4月第1号）
詩「ドイツよ、私たちは汝を歓迎する!」（ヨーゼフ・オルトカンプ）/国境および外国のドイツ人の新たな移送（R. v. シュティーダ）/国境の向こうにいる女性たち（エルゼ・フローベニウス）/A. ケッペンの詩/ドイツ東部！/知られていない東プロイセン（ヒルデガルト・ポッシュ）/詩「東プロイセン」（A. ケッペン）/歌（イルメラ・リンベルクのスケッチ）/赤軍の手中で　バルト諸国からの体験（カタリーナ・v. メーヴェム）/詩「古いバルト海沿岸出身のドイツ人の歌」/バナトの女性たち（E. L. リッター）/ジーベンビュルゲンの女性のための覚書から/ドイツのザール地方！ 1000年以上にわたるドイツの土地！/ザール地方の民族生活における女性（ザール協会の新聞雑誌委員会委員、ナチ党員ヴァーグナー）/学問の僕　研究旅行中のあるドイツ人の苦悩と喜びの真実の報告（ハンス・ヒックマン）/良書　フリーデ・H. クラーツェ長編小説『日の当たらない地方』、アメリカ系ドイツ人アン・マルグリット・ガイスラー『慈悲なき国』/新国家における農婦の仕事　全国労働会議における全国農民指導者ダレの演説/連載小説『女主人』/モード：プリーツ・飾り襟・穴あきデザイン、一日中着られるウールのワンピース/復活祭と聖霊降臨祭の間に大掃除/台所に国産のハーブを

21号（1934年4月第2号）
詩「総統の誕生日にドイツ女性の感謝と賞賛を」（A. ケッペン）/労働の祝日に（E. ゼンメルロート）/ドイツ民芸の保持と再生　国民社会主義の女性の任務（マクデル・マニゴルト）/ドイツの手工業―その黄金時代/ドイツの羊毛、手で紡ぎ、手で織る（エルスベート・トレープスト）/女性の仕事　ハンナ・ハウゼマンを訪ねる（エディット・フォン・メールス＝ケーニヒ）/ドイツの亜麻/家事のマイスター（オルガ・フリーデマン）/就労女性　ダイエット料理の指導者（エディタ・フォン・メールス）/カッセルの展覧会「国民社会主義の民族国家における女性」を機に開催されたクーアヘッセン・ナチ女性団会議/1934年5月1日に/時代遅れの家具から新しい時代の住居を（O. ヴィトコプ）/モード/皮を扱う/新鮮な野菜と果物/連載小説『女主人』

22号（1934年5月第1号）
母と子（ナチ女性団、ドイツ女性事業団そして女性労働奉仕団指導者G. ショルツ＝クリンク）/詩「恩義」/詩「母の道」（マリア・ハイ）/「母と子」のための救援事業（国民福祉局ヒルデガルト・ビルノウ）/ドイツ女性事業団の母親講習（Dr. アガーテ・シュミット）/母親休養事業（ベルリン大管区国民福祉局インゲボルク・アルトゲルト）/未婚の母たち（ナチ女性党員Dr. ハンナ・グルンヴァルト）/詩（シュティフター）/母子の写真「母の幸せ」/民族の母たち　産婆という職業（ナンナ・ロンティ）/国家が審査した福祉員（ロッテ・グラボウスキー）/母と子の健康維持にとって最も重要な基本条件は健康によい住居である/詩「四つ葉のクローバー」（クラーラ・ジークハン）/福祉施設で働く看護婦が語る（上級看護婦B. ヴェルナー）/奉仕に出かける（エリカ・マイアー）/教育―父性のためにも（マリア・ヘレーネ・デッリヒ）/詩（H. ヨースト）/母性が私たちを幸せにし、庇護する（マリア・ハイトマン）/ナチ女性団の活動から　プリーニンゲンの母子寮（イルゼ・ヴェルナー）/ナチ女性団とドイツ女性事業団の報告/フィンランドの女性運動「ロッタ・スヴェルト」の課題と目標/政治的出来事を回顧する/連載小説『女主人』/民族衣装いろいろ（A. ゲルラッハ）/モード：よく似合うパターンのワンピースとブラウス/裁縫のちょっとした技術/料理：献立表

23号（1934年5月第2号）
ドイツの聖霊降臨祭の神聖な奇跡にあなたの心を開いてください！/信仰の光（マイスター・エックハルトの言葉）/聖霊降臨祭にエクステルン岩へ旅行する（リーザ・ド・ボーア）/ドイツ文学における新しく永遠に若い精神（R. v. シュティーダ）/詩「祈り」（エーリカ・マリア・クルーク）/ヨーハン・ゴットリープ・フィヒテが婚約者ヨハンナ・マリア・ラーンに宛てた手紙/また歌いましょう！（ルーニ・トレメル＝エッゲルト）/流行歌「産業」はなくなれ！（E. ブルーメ）/オーバーバイエルンの春と豊穣のシンボル（D. ハンスマン）/詩（アイヒェンドルフ作）/未来への道　聖霊降臨祭物語（ハリンリヒ・ツェルカウレン）/国民社会主義の女性たちの２つの作品の書評（J.C. シュタインコプフ）：L. ゴチェブスキー『男性同盟と女性問題』（最近の女性運動についての本）、詩人M. ヴァインハンドル『占い棒で鉱脈を探る女性』/母親講習を

実践するためのドイツ女性事業団母親奉仕団の全国統一ガイドライン/母親講習のカリキュラム・モデル/中央シュレージエン下級大管区ナチ女性団の展覧会（リーザ・ハーク）/政治的出来事を回顧する/連載小説『女主人』/子どもたちのために 童話「コガネムシ」（ヴィクトリア・レール作、ヨー・フランツィス絵）/モード/祖母たちの素材：バチスト、モスリン、オーガンジー/手編み/煮詰めて密封保存する野菜と果物のための特別な注意

24号（1934年6月第1号）
ドイツを旅する（E. ゼンメルロート）/休暇の季節—旅行の季節（ゲルトルート・ビルフォルト）/ドイツの心臓部—ドイツ東部へ目を向ける（E. マイアー）/東プロイセンを旅行する人が東プロイセンについて知っておくべきこと（E. マイアー）詩「夕方の砂丘」（パウル・ヴォルフ）/レーン山地（P. ヴィリッヒゼッカー）/大地がつくり出す人間の顔（文と写真：エーリヒ・レッツラフ）/私たちの青少年、ドイツの希望！（ローベルト・アッヘンバッハ）/詩（ベルンハルディーネ・シュミット）/シュヴァルツヴァルトを旅する（ウルズラ・ゼンメルロート）/詩「黄金の世界」（P. ヴォルフ）/懸賞「このドイツの都市を知っていますか？」/モード: がっしりした体格の人のためのブラウスと上着、子どものための洗濯が効く素材の服/旅行用トランクの準備はできていますか/料理：イチゴのケーキとデザート/新しい連載小説『暗闇から抜け出て』（テオフィレ・ボディスコ）

25号（1934年6月第2号）
国民社会主義の家族（R. v. シュティーダ）/子だくさん家庭の文化（アルマ・クライナー）/ほら、外から何が入ってくることやら！隣人、お手伝いさん、お針子さん、郵便配達人、物乞い、それに職人について（ヴィクトリア・レール）/L. ゴチェブスキーの言葉/詩「共同体」（E. ブルーメ）/女性運動の中の母（グレーテ・コルツィリウス）/「寄付」について一言（デア・ランゲンベルガー夫人）/詩「考えなくてはなりません！」/ドイツの家庭音楽（H. ヒックマン）/ドイツの子どもとドイツの歌（ゲルタ・シュタインベルク）/ルートヴィヒ・リヒターの思い出/リッポルツベルク修道院をめぐって（ヘレーネ・フォークト＝ディーデリヒ）/新しい住まいの構造（K. F. W. ブルヒャルト）/連載小説『暗闇から抜け出て』/民族上のドイツ人会議（E. フローベニウス）/ドイツ民族—ドイツ人の仕事（B. ヴェルナー）/ナチ女性団の活動から/95人の子どもたち 書籍賞受賞者発表/ミュンヘンの記念碑の写真受賞者発表/編集部に送られてきた子どもたちの手紙から/私には毒はありません、子どもたちを咬んだりしません（L. トレスケ）/良書 G. ショルツ＝クリンク『ドイツ女性労働奉仕団の設立』、ヴィルヘルム・シェーファー『かつての帝国の栄光の跡』/子どものための本『花の国への旅』/モード：流行の刺繍、夏の季節—休暇の季節/料理：お弁当

第3年度

1号（1934年7月第1号）
国民社会主義教育の意味と課題（バイエルン・オストマルク大管区教育長 Dr.エドゥアルト・コルプ）/女性の文化的課題（Dr. エレ・フォアヴェルク）/女子のための家政年（ベルタ・ヒンデンベルク＝デルブリュック）/女性のための体操（ハノーファー全国体操連盟女性団長ヘンニ・ヴァルニングホフ）/自然美のお手入れ（Ch. メーンツェン）/詩「ヒバリの心」（E. ブルーメ）/死ぬまで忠実であれ 国民社会主義運動の苦悩と闘いの時代から戻ったプロイセン首相の妻カーリン・ゲーリングの2通の手紙/ドイツ女性事業団の母親学校 1934年5月22日〜6月2日の Ev.ヨハニス修道院シュパンダウにおけるナチ女性団の代表者および母親学校の大管区専門職員導入研修の報告（リーダ・ブロドフスキー）/良書 『総統と共に』、アルベルト・レオ・シュラゲーター『ドイツは生きよ』、『A. ヒトラー 平和と安心』『新国家の精神』『活動的民族への教育』『プロイセン王妃ルイーゼ』/悲観論者と闘う女性（ティラ・ヴィンターゲルスト）/女性に与えられたもの（E. M. クルーク）/連載小説『暗闇から抜け出て』/ナチ女性団初の国立学校、コーブルクのホーエンフェスル城（E. ゼンメルロート）/女性労働奉仕団宿舎「ホーエンフェルス」/モード：子どもの夏服、夏の午後の服/ガラスにどうやって絵柄をつけるか/料理：暑気払いのメニュー

2号（1934年7月第2号）
G. ショルツ＝クリンクの言葉/闘いによる勝利を！この論説で運動の闘争期におけるナチ女性団の発展と活動を簡潔に概観する/アルフレート・ローゼンベルクのスローガン/ 1932年から33年の闘争年におけるある管区女性団の勝利（バーデン郡管区プロパガンダ長ドーラ・ツィペィウス）/ブレスラオ・シュタットのナチ女性団の母親学校（ブレスラオ・シュタット管区女性団長マルタ・カイザー）/北ヴェストファーレン大管区ナチ女性団の寝具救援活動/エッセン大管区ナチ女性団の社会事業活動/バーデン大管区ナチ女性団のドイツの家内労働および家内産業製品の巡回展示会/前進、前進あるのみ！（K.R.ガンツァー）/青少年との体験（ヒルデ・ボルクマン）/社会主義（I. v.マルツァーン）/ザクセン大管区ナチ女性団の女性指導者学校（大管区女性団長ロッテ・リューレマン）/女性経済部会—ハンブルク大管区ナチ女性団の設立（大管区女性団長マルタ・ヴァルネケ）/ナチ女性団の事業 私たちが今日しか存在しないとしたら、何をするか/連載小説『暗闇から抜け出て』/活動する私たちの子どもたち「いかにしてリーゼルは自分のヒトラー服を手に入れるか！」「少年団員ヘルムート」「ヒトラー少年団員はこうでなくちゃ！」/モード：盛夏の服、ヒトラー・ユーゲントの活動服/料理：天然果汁の価値とその作り方、キュウリを使った美味しい料理

3号（1934年7月第3号）
ヴェルダンの赤い芥子（ヘドヴィヒ・ドロステ）/1914年、戦時の収穫（Ch. ハウザー）/エルザス地方で（N. v. ショルン）/詩「夏の歌」/ドイツの地方の人里離れた故郷について（R. v. シュティーダ）/郷土を歩く―郷土愛（K. ルプレヒト）/詩「故郷」/フランケン地方へ出かけ、オーデンの森を歩き回る（マリー・ルイーゼ・ティレッセン）/平船の少年（H. ツェルカウレン）/連載小説『暗闇から抜け出て』/カルヴェンデルとヴォルガの間（K. R. ガンツァー）/フリースラント、シュレスヴィヒ・ホルシュタインの人と風土（技師 Dr. フリッツ・ベーゼ）/良書『ブナの木の下で』/西部国境地方、アイフェルとザールラント/ザール地方はドイツのもの！/女性文化―民族文化/民族の生命の源としての女性/ポム地方ブークのドイツ女性労働奉仕団の国立女性指導者養成学校開校/現代の栄養学の基本（ドーラ・ポリッヒカイト）/スイスの家政学教員のための医学博士ビルヒャー・ベッナーの講演から/モード：ドイツの亜麻製リンネルと純毛素材の服、素敵だけでなく実用的/洗濯物にアイロンをかけ、たたむことについて/安くて美味しい新しい料理

4号（1934年8月第1号）
国民経済における女性の協働（Dr. E. フォアヴェルク）/ドイツ経済と外国（Dr. ルートヴィヒ・ライナース）/失業者の妻は家計の達人（オリー・ニーマン）/人知れぬドイツの地方を発見する（Dr. アンナ・リーゼ・フォン・シェルヴィッツ）/困窮と危機にあるドイツ民族の同志―民族と経済の境界闘争において必死に闘う美しいバイエルンのオストマルクが私たちを呼んでいる！/オストマルクをめぐって闘う女性たち（Dr. クルト・トランプラー）/ドイツの主婦たちよ、ドイツ製リンネルを買いなさい！（シェーファー夫人）/ドイツ婚姻法の新しい内容についての考察（内閣顧問官、法学博士 L. ノックヘア）/詩「夏の若い母」（マノン・ド・ブール）/木版画「畑の脇にいる母」（ルドルフ・シーストル）/ドイツ赤十字の仕事から/女性祖国愛連盟/ドイツ放送の家政学講座/リュートを手に世界をめぐる　リュートにまつわる7つの体験（フレディ・ファーバー夫人）/続・現代の栄養学の基本（D. ポリッヒカイト）/子どもたちのために「ちっちゃなヤツの伝説」（S. シュターツ）/詩「スズメ」/ドイツの月名の由来は？/連載小説『暗闇から抜け出て』/モード：スポーティなスカートに簡素なブラウス、若い女性のためのクイーンサイズ、子どものための実用服/料理：国民経済および健康の立場からみた生食の意味/良書

5号（1934年8月第2号）
新生ドイツにおける女性の位置（G. ショルツ＝クリンク）/ドイツ女性組織（E. ゼンメルロート）外国人女性と国民社会主義の女性が国民社会主義ドイツにおける女性の任務と組織について語り合う/全国34の大管区女性団の代表たち/家政学の授業第5回国際会議、8月21日～26日ベルリンにおいて国民社会主義国家における家政教育（エンマ・クロマー）/家庭学（エルゼ・ホフマン）/行動の社会主義―救援事業「母と子」（「母と子は、民族不滅のしるしである」Dr. ゲッベルス）/お母さんは仕事がお休み（フリーダ・ラーデル）/A. ヒトラーの言葉/女性の農村奉仕年の意義（Dr. シンドラー＝ヴルフ）/田舎の子どもが都会へ行きたがる（カール・リュトゲのスケッチ）/連載小説『暗闇から抜け出て』/ドイツ女性労働奉仕団/ナチ女性団による主婦と母親教育　南ハノーファー大管区ブラウンシュヴァイクの「女性の感謝の家」における講習報告/未婚の娘は賃金を支払われぬ家政婦である（L. ラウルマン＝キンツェルマン）/モード：乳幼児の服/子ども用ベットと室内乳母車/キノコ料理

6号（1934年9月第1号）
詩（エレマン）/パウル・フォン・ヒンデンブルク偉大なる故人の追憶の書『我が人生から』（S. ヒルツェル出版社、ライプツィヒ）より/読書の夕―これも文化的事柄（E. ダーフィット）/詩「本」（ヘリベルト・メンツェル）/女性と市民図書館（ハンス・ホフマン）/青少年にどんな本を与えるか/ヒトラー・ユーゲントの家における新しい国立青少年図書館/ミュンヘンの小学校と市立図書館の子ども閲覧室の写真/文学的素質のないわが息子（G. コルツィリウス）/メルヘンを上演する　子どもと大人のための体験/（再掲載）失業者の妻は家計の達人/連載小説『暗闇から抜け出て』/懸賞「ドイツの都市を知ってますか？」/ツォッポット記念音楽祭 1934年（E. ティーメ）/国民福祉省は価値ある施設を買い取る　420,000床の564カ所の施設と宿泊所、265カ所の幼稚園、保育園、託児所、507カ所の救済施設/9月のドイツ放送による家政講習プログラム/ドイツ労働戦線女性局の全国大会/ドイツ女性の本/子どもたちのために「ヴォルフハルトはいかにしてリーダーになったか」（ラーラ・シュテックハーン）/雨の日のお楽しみ/良書『党員シュミーデケ』『造船所と湿原』『アンナとジークリット　母親講習』/モード：体格の比較的いい人の秋物の服、季節に合った外出着/美しいハルダプグの仕事/料理：地場産のキュウリを使う/昔の恋は錆び付かぬ

7号（1934年9月第2号）
ドイツの習慣における収穫（Dr. アンナ・フィッシャー＝ラウシュ）/収穫期（ハンス・ブラウスシェク）/木版画「仕事を終えて」（ヴィリ・デーラー）/詩「一時間」（リーゼル・ドナー）/世襲農場（Dr. ハイドゥン）/A. ヒトラーの言葉（農民階級について）/私たちの村における収穫期の幼稚園（ゲルトルート・カップ）/詩「起源」（M. ヴァインハンドル）/一人の女性がバイロイトの遺産を管理する（リーザ・ベック）/写真で見る1934年の全国党大会/ドイツ女性指導者の演説 1934年9月8日、ニュルンベルクの女性会議の G. ショルツ＝クリンク/1934年9月8日、ニュルンベルクの女性会議での総統の演説/ドイツ放送の家政講習プログラム/連載小説『暗闇から抜け出て』/モード：秋の装い、四角と丸の襟ぐり/料理：皮付きジャガイモは安くて健康によい

8号（1934年10月第1号）
1934年10月7日～13日、全国亜麻布週間/またもや女性の体操について（全国体操女性委員会長H. ヴァルニングホフ）/女医の立場からみた比較的高齢の女性の体操（ドイツ体育専門大学女医Dr. A. ホフマン）/わが国の母は体操をする/女性のための器械体操、スポーツあるいは体操？（イルムガルト・ミュラー）/どうやってスポーツ・バッチを手に入れるのか/ラジオ放送の女性体操（Chr. ハマー）/競技、女性のためにも楽しい試合（ゾフィー・ダッパー）/ダンス—快活さ—そして楽しい集まり（フリーデル・カステン）/私たち女性も歌います！（ケーテ・ブロイニング）/全国体操連盟指導部と、ナチ女性団およびドイツ女性事業団の全国指導部との協定実行のためのガイドライン/良書『ドイツの詩』/連載小説『暗闇から抜け出て』/1935年のナチ女性団カレンダー/子どもたちのために「森の中の草地で飛行する日」（フツリ・プツリ）/トゥルーデは工作をする/モード：寒い日のジャケットとベスト/ジャケットにはアイロンをかけなければならない/うさぎの肉を使った料理

9号（1934年10月第2号）
赤ちゃんの写真（ユッタ・ゼレ）/国民社会主義ドイツにおける青少年教育（マリア・クービス）/胎教（エーリカ・リンガー）/ニュルンベルクのゲルマン博物館の美しい聖母についての考察（F. v. ゲルトナー）/詩「奇跡」（エンマ・ノイマン）/コウノトリの童話と民族の団結（エリザベス・プラットナー）/ナチ女性の本/子どもたちは私たちの幸せです　3人のかつての級友の出会い（L. ラールフス＝ヴェンツ）/躾の難しい子ども（Dr. シュヴァープ）/老人たちが歌うように、少年たちも歌う/子どもによる躾の手伝い（グレーテ・ツィマー＝ヴァウプケ）/子どもの筆跡鑑定（テーダ・ゾルマン）/連載小説『暗闇から抜け出て』/1935年のナチ女性団カレンダー/自分の子どもを体験する母　5つの詩と写真/私たちがまだ子どもだった頃（I. アルンハイター）/子どもの宗教教育（D. ポリヒカイト）/バラを刺繍する/モード：秋物服、簡単なパターンでつくる子ども服/ドイツの女性よ、鹿肉を料理してみて！/なぜ大抵の人は早死にするのだろうか

10号（1934年11月第1号）
1923年11月9日の戦死者のためのミュンヘン将帥会堂記念碑/将帥会堂/ザール川の女性はドイツの竈を守る/詩「わたしたちザールの女性たち」/私たちの冬期救援事業は、民族共同体という考えがドイツにおいて今後も高められ、鍛えられ、そして実践されたかどうか、そしてそれはどの程度なのかを計る、まさに今年が試金石になるだろう（1934年10月9日、1934/35年の第2回冬期救援事業開始にあたっての総統の演説より）/愛、結婚そして将来の世代に対する責任（Dr. カール・フォン・ホーランダー教授）/夫選びの10戒/人種衛生学的見地からみた女性の健康管理/詩人の結婚　11月10日、フリードリヒ・フォン・シラーの175回目の誕生日に（クリスタ・ロイヒテン）/遺伝病を持つ子どもの母たち　Dr. M.フォン・デア・オステの考察/写真と詩「秋の歌！」/連載小説『暗闇から抜け出て』/続・子どもの宗教教育（了）（D. ポリヒカイト）/制服の兵士（アンネ・ベンダー＝ブリュクナーの同名の戯曲より）/ドイツ女性事業団のニュース/ドイツ放送11月の家政学講座番組/モード：軽快な毛皮、秋物・冬物モード、プリンセス・デザインはがっしりした体型に/料理/冬の花々は常に喜びをもたらしてくれる/クロスワード・パズル/良書

11号（1934年11月第2号）
戦時世代の女性と現在（F. ブルヒャルト＝ランゲ）/詩「戦士の母」（テレーゼ・リュッカー＝クレーマー）/外地で名もなく（ハンネ・ゴスマン）/ドイツ兵士の墓（Dr. フランツ・ハルバウム）/模範と戒めとしての、昔のドイツの墓碑芸術/墓地を歩く/あなたもそんな一人ですか？私たちの総統の言葉「自分の民族を愛する者は、自らが払う用意のある犠牲によってのみそのことを証明する」/責任感のあるドイツ女性はいかにして正しい買い物をするか/女性のための女性の事業　大都市における母親学校の組織と運営方法（ルイーゼ・ラウペルト）/なぜ私は人形づくりにたどり着いたか/残り物や捨てる物を使って新しい物を/新生ドイツの映画（エドアルド・シュレーファー＝ヴォルフラム）/映画批評「仮面舞踏会」「放蕩息子」/ドイツ女性は行動の国民社会主義を信奉する/連載小説『暗闇から抜け出て』/飾り襟、フリル、伏せ縫い/モード：純毛のワンピースとそのヴァリエーション、かわいくて実用的な子ども服/美しくてお金のかからない手芸/肉を使った経済的な料理/良書『キリスト教化以前のゲルマニアにおける愛と結婚』『母親講習』

12号（1934年12月第1号）
アドヴェントの魔法（L. ラウルマン＝キンツェルマン）/贈ることを学ぶ旅する人々について（E. ゼンメルロート）/ザクセンの国境地方の色とりどりのおもちゃ（Dr. エアハルト・レンク）/少年合唱団員/テューリンゲン　幼児キリストの仕事に私たちは耳を澄ます/シュヴァルツヴァルトの農民の仕事場/バイエルンのオストマルク/ニュルンベルクのクリスマス市/ニュルンベルクの模造金箔天使の復活/家族のレシピ（エルゼ・ダーリヒ）/冬期救援代母、新しい共同体思想の事業/家庭のアドヴェントとクリスマスの歌（ロッテ・ブート）/連載小説『暗闇から抜け出て』/ドイツ放送における家政学講座番組/小さな体験　アドヴェント物語/ナチ女性の本/クリスマスの贈り物用テーブル/冬の簡単服/家事における新しい実用性/台所でクリスマスの準備をする

13号（1934年12月第2号）
詩「ドイツのクリスマス」（ヘルマン・クラウディウス）/さまざまな時代の影響が残るドイツのクリスマス（R. v. シュティーダ）/詩「聖夜」（リータ・フォン・ガウデッカー）/帰還兵舎における1919年のクリスマス/詩「父たちのクリスマス」（H. クラウディウス）/クリスマスの夜の奇跡（ローレ・フォ

ン・レックリングハウゼン）/わが国のクリスマスの習慣に生きるゲルマン時代のクリスマス祝祭（Dr. S. レーマン）/家庭のクリスマス（ヴェーラ・ボッケミュール）/ドイツの美しい芸術的厩（Dr. L. カート）/聖なる御子（M. ヴァインハンドル）/物語『年老いた下女』（A. v. アウアースヴァルト）/連載小説『暗闇から抜け出て』/良書『ドイツの指導者の顔』『国家宗教』『戦時の民族』『ゲルマン民族大移動』、エルンスト・モーリッツ・アルント『永遠の民族』、グスタフ・ネーデル『ゲルマニアの英雄』/映画批評/政治的出来事を回顧する/ナチ女性の本の宣伝/モード：冬との出会い、編んだスポーティなベスト/料理：セロリは健康にいい

14号（1934年12月第3号）
1935年を迎える！詩（エーリカ・マルタ・クルーク）/G. ショルツ＝クリンクの言葉/第三帝国の予言者ヒューストン・スチュアート・チェンバレン（ハンス・ハウプトマン）/ザール地方はドイツのもの！（E. フローベニウス）/愛は運命（L. ゴチェヴスキー）/純血をめぐる闘い（アンゲラ・ミットボッホ）/アーダムとエーファ　過去と現在/花嫁の歌（ハンス・バウマン）/婚外子法の改正について（Dr. マリー・ルイーゼ・エンデマン）/私たち民族の遺伝的健全化と特性における家系および系譜学（Dr. ヴェルナー・ノイエルト）/性教育（D. ポリヒカイト）/ウインター・スポーツは冬の幸せ！（ヨー・フォン・ヴィッヒ）/ハノーファーにおける大管区女性団会議（H. パッソウ）/連載小説『暗闇から抜け出て』/1935年1月のドイツ放送における家政学講座番組/良書『人種に奉仕する』『犠牲の書』『私たち』『ドイツの青少年』『祖先と子孫』/政治的出来事を回顧する/モード：きれいで実用的な下着、単色・縞・格子の美しくて簡素な服/冬期救援事業の最高の奇跡/日光がなくても成長する観葉植物/煮込み料理

15号（1935年1月第1号）
私たち民族の職業生活における創造的女性の任用（全国女性指導者G. ショルツ＝クリンク）/1935年、子どもたちの職業選択（マルガレーテ・トーメ）/職業斡旋所の面接時間（労働局職業相談員M. ビルンバッハ）/農村女性の職業（L. ルビチュング）/家事見習いになる人は？（Dr. E. ホフマン）/ドイツ労働戦線女性部（ドイツ労働戦線女性部労働副部長アンナ・マリア＝ハンネ）/看護婦のための職業教育（デュッセルドルフ・ドイツ女性アカデミー副校長Dr.ディッベルト）/信頼できる女性、ドイツ労働戦線女性部職員/詩「働く少女の思い出」/就労女性の保護（シャルロッテ・ド・ブール＝フリードリヒ）/モデル研修（モード・マイスター学校生徒ヒルデ・ヴァイス）/発声指導教員になりたい人は？現代的で将来性のある女性の職業です/何にも代え難い女性の仕事/水泳場女性監視員（E. v. メールス＝ケーニヒ）/女性建築士（Dr. イルムガルト・デスプレス）/正しい道（ケーテ・フリッケ）/連載小説『暗闇から抜け出て』/続・性教育（了）/モード：カザックは動きやすく若々しい、古いものから新しいものを作る/だれの好みにも合う料理

16号（1935年1月第2号）
詩「神前に立つ民族」（I. アルンハイター）/1934年のドイツ女性の活動（G. ショルツ＝クリンク）/私たち民族の偉大なる息子たちを思う：フリードリヒ大王/家族共同体と家政婦（ドーラ・シュロホフ）/格言：女性の技/義務としての仕事から仕事の喜びへ/自発的労働奉仕に就く女子青年として/冬の鳥類保護/フリッツ少年は強い立派な男になりたいと思う/レングリング方式体操/仕事をするドイツ女性たち/連載小説『暗闇から抜け出て』（最終回）/子どもたちのために「私のペーターちゃんがどうして『ばは札』になったか」/ダンボールと木で作るかわいい貯金箱/文通：12, 13, 17歳のザール地方の少女との文通希望/モード：大きな襟とジャボは好まれる、飾りボタンは大人気/ドイツ的な特徴を持つ流行の将来性は？/料理法の鍵となる基本レシピ/勤勉な手のために

17号（1935年2月第1号）
ザール地方はドイツのもの！（1935年1月13日、ザール地方の選挙権者の90.7%がドイツに投票した）/詩（エルヴィン・ブイド・コルベンハイヤー）/現在のわたしたちにとってドイツ史における窮乏の時代の意味（R. v. シュティーダ）/詩「覚醒せよ」（A. M. ケッペン）/ 竜と闘う聖ミヒャエル（デューラー作）/ゲルマン時代のペアの衣装とその現在（ハンス・ハイク）/ヘントの大尉（ヴィルヘルム・コッデ＝ロッテンロート）/農民首相（L. カート）/バラード「ティルマン・リーメンシュナイダー、1520年」（H. クラウディウス）/フリードリヒ大王から1806年の崩壊まで（マルガレーテ・クルルバウム＝ジーベルト）/勝って兜の緒を締めよ！（グスタフ・シュレアー）/百年前の犠牲！（アンネリーゼ・ランゲンバッハ＝ポーレ）/あなたの問題よ！/ビーダーマイアー（K. R. ガンツァー）/全体が生きるために（L. ゴチェブスキー）/良書『ゲルマニアを知っていますか』『本当の力』『ロビンソンの帰還』/教育者として申し出ます（E. ホフマン）/連載小説『新しい家』（ケルンテンの若い作家オットー・マリア・ポレップ）/自発的労働奉仕に就く女子青年として/モード：背が高い子ども・背が低い子どものために、お母さんのための矯正服/家事のための実用的な改善/おいしいロール・キャベツ

18号（1935年2月号）
ナウムブルク大聖堂のウータ　解説：民族の魂の力/偉大なるドイツ芸術家の記憶：ゲオルク・ヘンデル/芸術的創作者イルゼ・プレーン/女性彫刻家の作品/詩「バンベルクの騎士」（ルート・シュトルム）/民族芸術への国民教育（ハンス・フリードリヒ・ガイスト）/木版画師の妻（M. シュニッツ）/連載小説『新しい家』/現代の芸術的舞踏（ベーダ・プリリップ）/東プロイセンの画家の母ゲルトルート・プファイファー＝ケールト（イルゼ・シュライバー）/アルベルト・ハウアーゼン（アルトゥール・バルケネーレ）/エルゼ・ヴェーア＝クレーマン（大学教

授 Dr. フェルディナント・ヴァインハンドル）/ナチ文化自治区の目標と成果（エドガー・シンドラー）/良書『民族の中から甦る芸術性』『ドイツ芸術の永遠の顔』/モード：スーツとブラウス、裁縫の初心者のために/脂肪を使ったフライパン料理とバリエーション/入植者と菜園作りをする人のために/自発的労働奉仕に就く女子青年として

19 号（1935 年 3 月号）
詩「早春」/自立する！来るべき入植（カール・ゲルネルト）/いかなる入植も女性なくしては繁栄しない（T. ザーリング）/詩「女性入植者」/入植地が建設される/ヒトラーの言葉/入植者用住居の設計図/ドイツ人家族の住居はどうあるべきか（オットー・リードリヒ）/すべてドイツの木材製　入植家族のための美しいデザインで経済的にも手の届く家財道具/ドイツ人家族の住居用家具/入植者の菜園（庭師 W. ハインツ）/開拓農業地シュタイネルン・グレーンヴォールトにて（フリーダ・ラーデル）/農道での出会い（R. シュトルムのスケッチ）/良書『入植地の一例』/連載小説『新しい家』/モード：民族芸術の柄、美しい編物のワンピース/新住宅のためのカーテン/料理/1935 年 2 月スポーツ宮殿における大ベルリン大管区ナチ女性団会議/ドイツ女性と外国/ 編集部からの通知

20 号（1935 年 3 月号）
ドイツの祈り（作詞ハインリヒ・アーナカー、作曲ハンス・フェルスター）/世界大戦の死者の遺志（Dr. K. R. ガンツァー）/詩「1935 年 3 月 21 日に」（ゲルトルート・ビーラー）/1935 年 3 月 17 日、戦没将兵慰霊の日（J. M. ヴェーナー、エーリヒ・エルラーによる銅板画）/制服の兵士（エンネ・ベンダー＝ビュルクナー）第 2 部/血の勝利/ザール地方の運命の道（Dr. L. ノックヘア）/銃後の女性たち（マリー・ルイーゼ・ベッカー＝シュトゥルーベ）/詩「夫へ」（戦争未亡人クラーラ・ハンゼン）/連載小説『新しい家』/どれにも最高の成果！ 1935 年全国職業競技会の家具（アルベルト・ミュラー）/自発的労働奉仕に就く女子青年として/至る所で家政婦不足/130,000 人の都市の子どもたちの受入先を募集！/良書『国家統一をめぐるヒトラーの闘い』『旗と星』『ゲルマン民族の族長たち』『ザール地方の解放を体験する』『女性のために新しい重要な事柄：世界観と人種衛生学』『国民社会主義的人種政策』/子どもたちのために：ザール地方との文通希望/野菜カゴの中のお芝居/モード：旅行する女性は黒白そしてブルーを好む、春夏向き子ども用コート/庭にも、そして台所にも春/活動報告/政治的出来事を回顧する

21 号（1935 年 4 月号）
詩と写真「明るい春の日」（ハンナ・グライスベルク）/女子教育（マリー・イッシャーリング）/女子大生―昔と今（マリア・ミュルバウアー）/国民社会主義女子大生労働共同体（ANSt）の課題と目標（リーゼロッテ・マッハヴィルト）/ドイツの専門学校女学生とその課題（全国ドイツ専門学校連盟担当官エルゼ・ホルストマン）/1934/35 年の冬期救援事業における女子大生たちの協働（東プロイセン大管区）/私たち女子大生だけの生活　私たちが女子学生寮を開設する理由/仕事をするドイツ女性たち：女医、女性法律家、女性文献学者/自発的労働奉仕に就く女子青年として/A. ヒトラーの言葉/高等学校の女性体操教員（エルゼ・ライマン）/私たちは総統に挨拶を送る/ドイツの挨拶（ゲルタ・シュタインベルク）/連載小説『新しい家』/モード：旅行服/簡単な裁縫の授業/料理：復活祭の鐘が鳴る/ドイツ学生団とドイツ女性事業団

22 号（1935 年 4 月号）
ドイツの新しい顔（R. v. シュティーダ）/詩「復活祭の森の行進」（ゲオルク・ブリッティング）/ドイツの習慣とドイツ文学における復活祭（Dr. A. フィッシャー＝ラウシュ）/春のサクランボの地方を行く（E. ティーメ）/転換期の青少年（L. ゴチェブスキー）/人種という概念の意味（ナチ党人種政策局職員マルタ・ハイス）/新しい農民階級（A. M. ケッペン）/第三帝国における農婦の世界観（ヒルデガルト・フォン・レーデン）/ヒトラーの言葉/農民のことわざ（ヴォルフラム・クルッパ）/子どもを持とうとする意志（E. ブルンナー）/ああ、神様（P. ケーニヒ）/詩「五月祭」（カルラ・パツカー）/仕事の大群がやって来る/詩「1935 年 5 月 1 日に　復活」（G. シューマン）/5 月 11 日にデュッセルドルフで　ドイツ女性事業団の全国展覧会「女性と民族」が開催される/連載小説『新しい家』/子どもたちのために「ハーゼンハイムの上部復活祭のうさぎ」/復活際のテーブルのためのフェルト製卵カバー/詩/クイズ/モード：繊細な色彩の純毛素材、学校・スポーツ・遊びのための簡単なパターン/五月の家庭菜園と入植者菜園/春の療養

23 号（1935 年 5 月号）
1934 年 7 月 13 日、国会前のヒトラーの言葉/ヒトラーと農民との写真/ドイツ女性と母への遺志（大管区指導者ハンス・シェム）/ショルツ＝クリンクの写真と言葉/国家と全国母親奉仕団（全国およびプロイセン内務大臣上級参事官 Dr. クロップ）/全国母親奉仕団の活動についてナチ女性団のある大管区指導者が報告する（L. リューレマン）/1935 年の母の日（G. ショルツ＝クリンク）/民族再建における母親奉仕団（全国母親奉仕団全国部局指導者エルナ・ケプケ）/母親学校では何が行われているのでしょうか/詩「私たち二人」（E. R. v. シュピルナー）/母親学校の講座についてある母親の意見（村からの参加者）/詩/巡回女性教員が母親学校について報告する（エルザ・ゲルスベック）/母の忠誠は日々新た　日常生活の戦士たち/母の日のドイツ人の装飾品/母の日記念メダルの故郷から/連載小説『新しい家』/駅で待つ一人の母―アルフレート・ハインの体験/ある男性が帰還する（マテウス・シュポーラー）/詩「母は歌う」（15 歳の生徒の作）/きょうの少女たち―あすの母たち/野蛮人の国の子どもの日記から（文と絵：フランツィスカ・デミヒ＝コルナッハー、1933 年）/詩「春の揺りかごの歌」

（ドロテーア・マイコート）/生の奇跡　3月23日～5月5日ベルリン、カイザーダムでの展覧会（上級看護婦B. ヴェルナー）/モード：夏向きワンピースの水玉模様や縞柄の細かいプリント柄、赤ちゃんのために/母と子にとっての心配事/病人とは半人前のことです！/編集部からの連絡/良書『銃後の女性』『墓に眠る男たち』『乳幼児の世話の基本から入学まで』『ドイツの母と初めての子ども』

24号（1935年5月号）
オールフ・ブラーレン（1787-1839）の絵画「フェール島の少女」/ドイツ女性の家事に対する熱意（H. Fr. ガイスト）/若い娘の嫁入り支度に何が必要でしょうか（B. ヒンデンベルク＝デルブリュック）/本当の美しさについて（W. ベスパー）/家庭の中の文化（M. シンツ）/懸賞「誰が何を言っているのでしょうか」優勝者には賞金100マルク/行動する民族共同体としてのドイツ民族の「保養事業」/母たちへの手紙（エルザ・フリードリヒ）/連載小説『新しい家』/モード：夏向きワンピースの伏せ縫い、新しい夏の素材/お料理の本を丁寧に読みましょう/なぜぎょっとするのですか　シミは消せます！/良書『民族と武器』『同僚の看護婦』『ドイツ女性―ドイツの忠誠1914-1933』

25号（1935年6月号）
詩「聖霊降臨祭の喜び」（エルゼ・グラーディンガー）/脅かされるメーメルの在外ドイツ人/コフノにおけるメーメル大訴訟の証人として/メーメル地方を旅する（イルゼ・シュライバー）/詩「日曜日です」（グスタフ・ハルム）/ニッデンの女性たち（アグネス・ミーゲルのバラード）/東プロイセンの女性詩人A. ミーゲル（L. ゴチェブスキー）/東プロイセンの女性画家マルガレーテ・フェーダーマンを訪ねる（I. シュライバー）/我々ドイツ人男性は建設し、わが国の女性と母を頼りにしている（内務大臣D. フリック、全国指導者A. ローゼンベルク）/G. ショルツ＝クリンクの言葉/デュッセルドルフにおける全国展覧会「女性と民族」/連載小説『新しい家』/モード：仕事が終わって―楽しいパーティ！/縫い方の技術いろいろ/料理：肉を食べない日のためにおいしものを

26号（1935年6月号）
大地は私たちのもの！（ペトルス・フーベルトゥス・シュタイガーヴァルト）/リュンコイスの塔の歌（『ファウスト』第2部より）/詩「心の故郷」（マイ・F. ベルヴェルン）/ドイツ大管区をめぐる発見の旅（Dr. C. シュミット）/情緒溢れる故郷（ハンス・ボルトマン）/「ダーネンの人々の愚行」アイフェル地方の糸紡ぎ部屋の伝説（M. ボルマン収集）/ドイツの心の泉で　ドイツの国境地帯を旅する（R. リュッツォフ）/連載小説『新しい家』/良書『マルク＝ブランデンブルクを旅する』『雪と氷との闘い』『ドイツの旅の手帳』『ドイツ―聖なる国』『ドイツ地図』/フランケン地方に出かける（ローリ・グラウムニッツ）/旅行の楽しみと旅行の重荷！（A. リービヒ）/子どもたちのために「子どもたちが彼らの故郷の町を救う」（レオンハルト・シュヴァルツ）/モード：安価な素材でつくる、浜辺で/グラスを殺菌するための注意/菜園所有者と入植者にとって大切なこと/政治的出来事を回顧する

第4年度

1号（1935年7月）
詩（M. ヴァインハンドル）とシュレースヴィヒ＝ホルシュタインの写真/海岸で（Dr. L. ハーン）/夏の二日（マルガレーテ・ボイエ）/詩「ハンブルク」（H. Fr. ブルンク）/フリースラントの伝説/沿岸地方/東フリースラント（ベレント・ド・ブリース）/ノイエンブルクの原生林（Dr. フリッツ・シュトラールマン）/ブレーメンのベットヒャー小路（A. v. ヴァールデ）/詩人の風景としてのシュレースヴィヒ＝ホルシュタイン/人間/ハリゲン諸島の人々/東フリースラントの民族詩に映し出される低地ドイツの民族生活/連載小説『新しい家』/モード：単色かカラフルか―カラフルか単色か、レースの襟/美しい手芸/ドイツの主婦はドイツ産の卵を使う！

2号（1935年7月）
課題―ドイツ人女性の意志と目標（G. ショルツ＝クリンク）/遺伝性疾患を持つ子どもの出産予防法（ナチ党人種政策局専門担当者マルタ・ヘス）/ニーチェの言葉/衛生学上の結婚相談（Dr. ビーアバウム）/良縁/鼻の農夫　子どもたちと系譜学を進める（アンネマリー・ベッヒェム）/結婚5年（ニコラウス・ホルガー）/若者のいない国　フランス旅行から（Dr. オットー・プファイファー）/ドイツ女性組織の活動に関する全体像/ミッテンヴァルトのアマチュア祝祭劇/連載小説『新しい家』/母と子どもへの提案：紙の切り抜き遊び/最大の奇跡、それは愛！（ホフマン・フォン・ファラースレベン）/活動報告/良書『家族、人種、民族、民族分類研究の基礎と課題』/モード：水玉模様はとてもモダン、細く見せるワンピース/自宅でピクニック/切りつめマイスター/結婚資金貸付金

3号（1935年8月）
アンナベルクの奇跡/国境地域のシュレージエン（大管区部局指導者ハンナ・ロブリック）/上部シュレージエンのインドゲルマンおよびゲルマン民族（ゲオルク・ラチュケ）/シュレージエンの歴史的意味（大管区監察主任ヒルデガルト・ペチュケ、ブレスラウ）/美しいシュレージエン（ゲルダ・リントナー）/シュレージエンの文学（Dr. エリザベート・ダルゲ、ブレスラウ）/人気のシュレージエンの女性名（マルガレーテ・ミュラー＝ザウアー）/年輪を重ねたシュレージエンの風習（大管区講習指導者E. ベッカー）/古いシュレージエンの農家での仕事後の時間（マグダ・クレープス）/シュレージエンのレースと刺繍について（ヨハンナ・グラマッテ）/感じの良い刺繍の村シェーンヴァルト/シュレージエンの田舎風もてなし（マリー・エッガーマン）/シュレージエンの壺やガラス容器について（ヒルデ・レーディガー）/母と子どもへの提

案：紙の切り抜き遊びを応用する/モード：流行のリンネル、ドイツのクレトン製生地でつくる/冬にも新鮮な果物を/料理/良書/オペクタを使えばマーマレードやゼリーが10分でできあがり/良い売薬

4号（1935年8月）
詩「母なる大地」（A. ケッペン）/農夫（J. M. ヴェーナー）/嵐の鐘（ヴァルター・フォン・デア・ヒュルベン）/1914年8月はこうして始まった/われら農民（H. バウマン）/農家における子どもの教育（A. ケッペン）/詩「旅の季節」/農婦の負担を軽減するために収穫期特設幼稚園を開設してください/鍬を持つ青少年、農家の少女たちの仕事から（アンネリース・リュッバース）/ブロンドの少年（E. マイアー）/若い農婦の養成（Dr. マティルデ・ヴォルフ）/民族芸術における異教的遺産（H. Fr. ガイスト）/あってはならないこと！民族衣装の問題に一言（ヴランゲル伯爵夫人）/農家の見事な家具（Dr. L. ノックヘア）/新連載小説『人間の転機』（マルガレーテ・クルルバウム＝ジーベルト）/モード：小さな子どもか必要とするもの、マタニティと若い母親のための実用的な下着/読者のページ/料理

5号（1935年9月）
16世紀の銅板画「犠牲」/正しいですか、それとも間違っていますか（H. Fr. ガイスト）/母なる大地の力（I. プレーン）/永遠の指導者（H. ボルトマン）/危機のダンチヒ（E. マイアー）/総統のオーケストラが私たちの家にやって来る（マイ・W. モルシュタット、ベルリン）/旅行体験（インゲボルク・オルトゲルト）/女性たちから女性たちのために　バイエルン・オストマルクで内職として刺繍をする女性を援助する/木々の言葉（A. ヴェステン）/連載小説『人間の転機』/宗派別母親講習は避けるべきです/モード/寒くなる季節に備えた菜園の準備/料理：パイ/実用的なアイデア

6号（1935年9月）
リューベック「船員組合の家」に掛かる古い船の絵（1708年）/詩/北方への愛着（H. Fr. ガイスト、リューベック）/北欧で起こっている運動の意味（ルートヴィヒ・フェルディナント）/現代の北欧女性（L. ガンツァー＝ゴチェブスキー）/なぜ北欧共同体なのか（Dr. ヴァルター・ツィマーマン）/5000年のハーケンクロイツ！（Dr. ヨルク・レヒラー）/物語『夜の訪問』（ラインホルト・モールカンプ）/『エッダ』とは何か、その今日的意味は何か（Prof. アルノー・シーダー）/ドイツの芸術家クラウス・ヴラーゲとその作品（ルドルフ・パウルゼン）/連載小説『人間の転機』/スウェーデンの玩具（H. Fr. ガイスト）/北欧女性の活動（E. ティーメ）/師としての民族芸術（アンネマリー・ブレンケ＝ヴァーレン）/モード/料理/女性たちが決して忘れてはならないこと

7号（1935年9月）
詩「母国」（M. カーレ）/ドイツ人はドイツ的なことを保持する（ナチ党外国組織担当者W. ベーア）/G. ショルツ＝クリンクの言葉/ナチ女性団とドイツ女性事業団の全国指導部外国部の課題と目標/南西アフリカのドイツ人（ゾフィー・フォン・ウーデ）/南西アフリカ、オマルルからの手紙/東アフリカのドイツ人が物語る（ルール・シュトック）/マルンバ（ロルドゥラ・ザイフェルト）/いかにして私は南アメリカで党員となったか（エリザベート・ブラウネック）/かつてのドイツ・東アフリカにおける1935年4月27日の総統のお誕生日祝い（L. シュトック）/外国で活動するドイツ女性たち：ドイツ赤十字、ドイツ植民地共同体/外国におけるカイザースヴェルト連盟のドイツ社会奉仕員の活動/大尉エックハルト隊/良書『植民地それとも』『国境および外国にいる民族上のドイツ人についてドイツ人であれば知っておかなければならないこと』『故国への叫び』/母と子どもへの提案：刺繍をする/連載小説『人間の転機』/モード：秋物服、子たちたちのために/日曜日の煮込み料理

8号（1935年10月）
自由の党大会で（R. v. シュティーダ）/総統がドイツ女性に語る/全国女性指導者が党会議ホールでドイツ女性に語る/一人はみんなのために、みんなは一人のために/収穫祭のリースと収穫祭の王冠（H. Fr. ガイスト）/連載小説『人間の転機』/モード：1つのパターンから5種類の服を作る/二色の刺繍/写し型模様/料理：マトンは健康によい

9号（1935年10月）
唐草模様の鳥/虚偽への逃避（何がまがいものなのか）（フリーダ・テルツ）/真実への勇気/若い娘は嫁入り支度に何を必要とするか/前線へ向かう女性たち（ハンス・テーゲナー）/ナチ女性団の懸賞/良書『女性少佐』/公共図書館の女性/詩「秋」（G. シューマン）/連載小説『人間の転機』/たくさんの質問に答える（H. Fr. ガイスト）/モード/料理：1週間の菜食生活/そしてまた秋になる

10号（1935年11月）
11月9日の死者追悼/戦争から社会運動へ　告白/詩「母」（A. ケッペン）/いかにして私が総統の兵士となり11月9日を体験したか/詩「S. A.」（H. ドゥフナー）/ドイツへの道/私たちが政治的に考え始めた時/いかにして私は国民社会主義者になったかをお話ししましょう/いかにして私がA. ヒトラーの下に来たか、市場の老女が語る/詩「頼りになる古い考えの持ち主」（レオポルト・フォン・シェンケンドルフ、『故国への叫び』より）/ハーケンクロイツの青少年/老いた闘士たちの本（ゴチェブスキー）/詩「前哨」（H. アーナカー）/社会運動の良書『故国をめぐる闘いについて』/ディートリヒ・エッカルト/連載小説『人間の転機』/死の舞踏（4枚の絵）/詩「決して無駄ではない」（H. Fr. ブルンク、『故国への叫び』より）/母と子への提案：刺繍をする/ミニ・ファッション・ショー、繊細な布地のへりかがり/手編みと機械編み/料理/家政婦の自由時間/第三帝国における国民健康援助における女性の活動

11号（1935年11月）
行動の国民社会主義（ベルリン女性部局アリス・リルケ）/就労女性の顔（レーレ・バウアー）/ドイツという大事業の中の女性事業団/社会的工場労働/詩「工場の中庭の花」（ヴィリ・バーク）/就労女性のための身体的鍛錬（ウルズラ・フィッシャー）/就労女性たちと女子大生たち/詩「ものを創り出す手」（フリッツ・ヴォルケ）/織物工場の女子大生/ドイツの家庭（エミーリエ・ペータース＝ハフナー）/あやつり人形コンテスト/連載小説『人間の転機』/人形の幸せと最期（ゴットフリート・ケラー）/人形（H. Fr. ガイスト）/母と子への提案(5)：人形について/モード：ヒトラー・ユーゲントの制服、スキー/料理/さまざまな課題—同じ目標！/新作映画「世界はすべて『愛』を巡る」「隣り合った良いものと悪いもの」/タイプライターの向こうの幸せ/良い売薬

12号（1935年11月）
聖なるドイツの「永遠なる警備」/1935年11月9日の最後のアピール/エルツ山地を通って（K. A. フィントアイゼン）/エルツ山地の仕事場で/下男ループレヒト/エルツ山地のあれこれ/私たちの母よ！（マイ・ヴェンツェル）/クリスマス前の時期に白銀の山へ出かけて（E. ゼンメルロート）/クリスマスの季節（K. A. フィントアイゼン）/青少年のためのクリスマスの本（ローゼ・ディットマン＝フォン・アイヒベルガー）/素晴らしいお母さん—バルバラ・ウトマン（L. ザイフェルト）/エルツ山地の手仕事によるボビン・レース襟　洋服のモダンな装飾/エルツ山地のクリスマス（クラウス・シュヴァルツェンベルク）/写真「エルツ山地の本物のキリスト降誕の厩」/詩「雪の中のキリスト降誕の厩」/連載小説『人間の転機』/モード：冬物服、シンプルなワンピースに手作りのボビン・レースを/料理：アドヴェントの季節—準備の季節/クリスマスを祝うこととキリスト降誕劇について（M. ビーレフェルト）

13号（1935年12月）
初めてのクリスマス・ツリー/詩（H. クラウディウス）/昔々、そして今もなお（E. ゼンメルロート）/詩「森のメルヘン」（ファニー・レーデル）/「昔々！」（パウラ・ヴァーレンディ）/詩「ランプの光で」（A. M. ファルケンシュタイン）/ドイツの伝承童話の意味と解釈「金のマリーとピッチのマリー（ホレおばさん）」「灰かぶり」「星の金貨」/H. Fr. ブルンクが私たちに語る/不実なフルーホレンの娘（H. Fr. ブルンク）/ホレおばさんの揺りかご巡り（マルガレーテ・レンネ、イラスト：ブルンヒルト・シュレッター）/女性とドイツの家庭のためのクリスマスの本/可愛らしい絵物語！（H. Fr. ガイスト）/二人の兄弟（グリム童話にフーゴ・ブッシュの挿絵）/連載小説『人間の転機』/ヘラー・ハウスの童話の語り部/平和の危機（ゲルト・ザックス）/デルタ映画「平和の危機」について/母と子への提案(6)：絵皿/モード：アンゴラ素材、フォーマルとスポーティ/料理：安価だけど美味しい

14号（1935年12月）
ドイツ女性たち（G. ショルツ＝クリンク）/ナチ女性団とドイツ女性事業団の1935年の活動/ドイツの新しい家具/いつ結婚したらいいのか（E. リングナー）/結婚適性証明書/子だくさん家族への児童手当/なぜ全国子だくさん家族連盟なのか/女性が最も子どもを産める年齢/なぜ（エーファ・エバーシュタイン）/クナップリッヒ一家！/祝典や祝祭への青少年の貢献/昔と現代のろくろ細工/長持　総統のための南ハノーファー・ブラウンシュヴァイク大管区女性団の贈物/連載小説『人間の転機』/モード：学校と子ども部屋のために、下着を縫う/料理：冬の生の食べ物

15号（1936年1月）
ドイツ女性は窮乏の民族同胞を助ける！（ハンス・ベルンゼー）/造形芸術におけるドイツ女性の顔（ベッティーナ・ファイステル＝ローメーダー）/詩「母」（ヘルベルト・ベーマー）/エーレント夫人/雪/ナチ女性団とドイツ女性事業団の1935年の活動/連載小説『人間の転機』/あやつり人形・懸賞の結果/111人の受賞者/良書/楽しい「集合」ラッパを吹きました！/母と子への提案(7)：絵物語の塗り絵/クリスマスローズ/謝肉祭—陽気な期限付きいたずらと踊り/モード：妊婦のために、ドイツ製生地の洋服、冬の旅行のために、パティー・ドレス/料理：ドイツ女性はドイツ産のものを好む/新作映画「ビクトリア」「愛の物語」

16号（1936年1月）
ドイツ人であることは強いということ　年頭にあたって全国女性指導者G. ショルツ＝クリンクの演説/国民社会主義国家における女子と女性の教育/女子教育の新しい道　女性の職業への女性のアビトゥーア（Dr. A. ヴルフ）/女性向きの職業（M. シンツ）/手工業における女性向きの仕事（Dr. ヘレーネ・S. ミュラー）/詩「人生の格言」（ケーテ・フリッケ）/看護婦という職業とその専門教育の機会について/絵画「母」/楽しく健康に　農業学校の女性教師/娘（クリスティーネ・ホルシュタイン）/食事療法助手の専門教育について/女子はいかにして有能な仕立屋ないし婦人帽製作者になるか/家政婦と看護婦の専門教育/女性向きの技術職（ヨハンナ・ゾレンバ）/養蜂家としての女性の職業/エルナ・レントヴァイ＝ディルクセン—カメラの名人（G. ザックス）/母は強し（A. ベッヒェム）/連載小説『人間の転機』/女性労働奉仕宿舎ケーニヒスホルスト/モード：季節の変わり目に手作りの服、子どもたちの下着/喜びをもたらす実用的な改良/煮込み料理の心

17号（1936年2月）
ドイツ人の宿命論（フリードリヒ・ヴュルツブルク）/「騎士、死そして悪魔」（A. デューラー）/詩「私たち全員」（ハインツ・レーネルツ）/小さいものへの愛（H. Fr. ガイスト）/四つの願いと一つの認識/漁師の妻と船の精（H. Fr. ブルンク）/詩「星占

いのリーゼ」（マティアス・クラウディウス）/小さなもの―私たちと他の人たちが喜ぶように　家族生活の中の印刷物/だれと結婚すべきなのでしょうか/詩「喜び」（カール・ヘステリィ）/ニーチェの言葉/ナチ女性団とドイツ女性事業団の 1935 年の活動：大管区ザクセン/連載小説『人間の転機』/デューラー作「りす」/詩「地上の小さな動物」（C. ブレンターノ）/時代の移り変わりと女性の装飾品（ウルズラ・シェルツ）/農民の古い装飾品（M. シンツ）/現代の装飾品（マリア・ハイネシウス）/琥珀を磨く女性名人　トーニ・クロイを訪ねる/モード：さまざまなジャケットのヴァリエーション/寸法を測る、仮縫いをする/料理/あやつり人形見習い

18 号（1936 年 2 月）
A. ヒトラーの言葉/ドイツの女性（G. ショルツ＝クリンク）/詩「ドイツの発展」（W. ユーネマン、『故国への叫び』より）/古代北欧の女性（ハンナ・ハインツ）/グードルン（ラクステールのサガ）/カナダの入植ドイツ人女性（Dr. エディヒ・フォン・シリング）/劇場から森の仕事へ/ドイツの母の生活から（H. フォークト＝ディーデリクス）/不思議な食事（トルーデ・ガイツラー）/荒野の農婦（ハンス・ライフヘルム、『下働きの女』より）/ドイツ女子青年団員が私たちに宛てた手紙/突撃隊員の妻/「ドイツの書籍週間」に関するナチ女性団の懸賞/戦時のドイツ女性（体験談）（I. v. マルツァーン）/戦時奉仕の女子青年たち（ズーゼ・フォン・ヘルナー＝ハインツェ、『戦時奉仕の女子青年たち』より）/男たちが墓に横たわったとき（ケーテ・ケスティエンの同名の小説より）/連載小説『人間の転機』/ガルミッシュ・パルテンキルヒェンでオリンピック競技大会参加者に出会う/謝肉祭の季節におけるドイツの習慣（Dr. アンナ・フィッシャー＝ラウシュ）/モード：春向きの丈の短い上着/中庭と菜園のために/料理/看護婦の職とその職業教育の機会

19 号（1936 年 3 月）
早春の若い生命/詩「夜の祈り」（I. v. マルツァーン）/あなたたちは不滅です！（ヴァルター・ポラック）/故郷から戦場へ　ドイツ女性の戦時の手紙より/詩「女性は故郷」（H. メンツェル）/勇敢さへの教育（エミーリエ・ブリールマイアー＝エンディヒホーファー）/若者の音楽的創作活動（全国青少年指導部音楽部局担当ヴォルフガング・シュトゥーメ）/言い回しにみる自然との結びつきと現実/詩「田舎の夕方の空」（フェリキタス・フォン・ツェルボーニ・ディ・スポレッティ）/小さな光を植えたい（子どもを体験する）（パウラ・ベスト）/ヴォルフ・ユスティン・ハルトマン（Th. エンゲルマン＝グレーゼルフィング）/戦時のドイツ女性（体験談）第 2 回/良書『若い国民』/ナチ女性団とドイツ女性事業団の 1935 年の活動：大管区ダンチヒ、大管区シュレージエン、「規定 13/36 ：ナチ女性団は、そうこうしているうちにドイツ女性による女性指導者組織として女性団に出された課題を解決するに全く充分な組織になった」/連載小説『人間の転機』/モード：二種類の素材から、春の新しいパターン/料理/スカートの脇開口部と上部のへりの始末

20 号（1936 年 3 月）
私たちの生活における時代精神の力について（R. v. シュティーダ）/退廃芸術/詩「揺りかごに寄り添って」（フレート・フォン・ツォリコーファー）/血の声から―大地の力から（M. ヴァインハンドル）/農民詩人が物語る（フリードリヒ・グリース『私の生涯』から）/詩「子孫」（エーデルガルト・ゴルチュ）/詩「私たちはみな鉱夫」（ハインリヒ・レルシュ）/ハンマー（ヴォルフ・ユスティン・ハルトマン）/新しい文学における永遠なるドイツ（カール・リヒャルト・ガンツァー）/詩集『故国の歌』（ヴォルフラム・ブロックマイアー）より/ 永遠のドイツ（G. シューマン）/戦時のドイツ女性（体験談）第 3 回/連載小説『人間の転機』/ナチ女性団とドイツ女性事業団の 1935 年の活動：大管区ケルン・アーヘン、大管区フランケン/モード：カラフルなちょっとした刺繍はとてもモダン、シンプルなワンピースにゆったりした上着をはおるとシックなスーツに/料理：健康に良く美味しくて安くすむ/お花好きのための庭仕事

21 号（1936 年 4 月）
詩「春が山々までやって来ると」（フランツ・チンギア）/詩「ドイツの復活祭」（エルンスト・ベルクフェルト）/復活祭をめぐる慣習（フリーダ・シェーン）/今後の婚姻法におけるドイツ女性の法的立場（ドイツ法アカデミー家族法委員長 Dr. フェルディナント・メスマー）/ドイツ離婚法改正にかかわる助言（Dr. ジュニア L. ノックヘア）/ヒナギク、エンメイギク（M. B. ラウバチャー）/詩「デイジー」（L. ハーン）/戦時のドイツ女性（体験談）第 4 回/ライプツィヒの見本市で見学したこと（ゲルトルート・ヴィルフォルト）/連載小説『人間の転機』/家事にみる農婦の勤勉さ/細糸刺繍/モード：軽快な春夏用スーツの新しいデザインの上着、比較的胸囲の大きな人のために/料理：復活祭のお祝いにお客様を招く/冬のごみを片づけましょう！/ナチ女性団とドイツ女性事業団の 1935 年の活動：大管区バイエルン・オストマルク、大管区ヴェストファーレン南

22 号（1936 年 4 月）
詩「創造する民族よ―あなたの祝日！」（H. アーナカー詩集『建設』より）/働く民族（W. J. ハルトマン）/A. ヒトラーのドイツにおける行動の社会主義/女性労働者のための追加休暇！/女性労働者たちが自分の考えを述べる（ミュンヘン・ドイツ労働戦線女性部担当者 B. シュマッツバウアー）/第三帝国における文化形成（イーゼ・プレーン）/精神的創作活動をおこなう女性の顔（クラーラ・トロースト）/連載小説『人間の転機』/詩「おだやかな風」（ルートヴィヒ・ウーラント）/女性労働奉仕団の女子団員が語る/私たちの総統に！（E. ゼンメルロート）/モード：スポーティあるいはエレガントな上着とコート、柄物生地を魅力的に加工する/料理/編集部からのお知らせ：1936 年のドイツ北方旅行

23 号（1936 年 5 月）
母なる大地（ルートヴィヒ・フィンク）/私の母/詩「家系の大河」（リーゼル・ツィンクハーン）/スケッチ「乳を飲ませる母」/絵画「母と子」（パウル・ルーベンス）/詩「母」（H. ヨースト）/母が仕事を終える（イレーネ・ヴァイドル）/母の一日　絵とキャプション：ヒルデガルト・シュヴァルツ/1936年の母の日に一言述べる（ドイツ女性事業団全国母親奉仕団全国部局指導者エルナ・レプケ）/全国母親奉仕団初のモーア寮制母親学校（大管区ヴェザー・エムス）の活動から（B. ラームザウアー）/母についてのヒトラーの言葉/巡回女性教員の体験（ミュンヘン巡回教員エルゼ・デーク）/詩「それで母たち自身は何と言っているのですか」（母親講習参加者作）/救援事業「母と子」の 2 年（ライネ・ヤーコプ）/ゲッベルスの言葉/娘が母に手紙を書く（E. フリードリヒ）/ドイツ女性についての告知者、60 歳の詩人 L. フィンク（ゲルトルート・フィンク）/オットー大帝の母（オットー・グメーリン）/ゆりかご（H. Fr. ガイスト）/詩「ゆりかごの歌」（ヘルタ・グラント）/連載小説『人間の転機』/戦時の郷土物語『未来のために奉仕する』（I. v. マルツァーン）/モード：カラフルなクロスステッチ刺繍で服を飾る/料理/菜園で一生懸命働く

24 号（1936 年 5 月）
写真と詩「私のフランケン地方」/小さな大管区への深い愛/私の故郷—レーン山地/民族の母の友情—大管区マインフランケンの女性活動を視察する/窮乏の地方（全国指導者オッティ・ロール）/フランケンの農民文化/詩「私の娘」（ニコラウス・ファイ）/ひどい数字 4　子供たちと郷土の物語を読む（A. ベヒェム）/詩「オクセンフルトの鍛冶屋」（L. ブラウンフェルス『フランケン地方の大管区から』より）/戦時のドイツ女性（体験談）第 5 回/戦時の郷土物語『未来のために奉仕する』第 2 回/モード：山へ旅行する、さまざまな年齢の子どものために/料理：野菜は身体によい/家事に便利な新しいもの

25 号（1936 年 6 月）
絵画「プレアルプスの風景」（シュヴィンク作）/詩「聖霊降臨祭の光」（インゲボルク・カルステン）/クエステンベルクのクエステ　太古の活き活きとした一コマ（Dr. A. フィッシャー＝ラウシュ）/中世における 5 月とミンネザング/恋文（H. Fr. ガイスト）/塔からの挨拶（A. ミーゲル）/青少年が体験する聖霊降臨祭/女性と祝祭/成長/詩「結婚」（エルナ・ダーン）/戦時の郷土物語『未来のために奉仕する』第 3 回/モード：一つの裁ち方で二つの服を作る、簡単なシャツ風ワンピースは布地も少なく縫うのに時間もかからない、4 つのワンピースに合う一つの上着/主婦がもつ薬草と薬味（M. シュミット＝タイレ）/毎日の献立表に変化をつける

26 号（1936 年 6 月）
現代の創造的手工業（Dr. ヴィリバルト・テコッテ）/古いドイツの手工業製品（Prof. L. ポストナー）/女性から女性のために/ドイツの手工業の慣習（H. v. ショルン）/秘密（W. ベスパー）/詩「フレーフェルスローの古い陶工の歌」/捺染（Dr. L. ノックヘア）/新しいドイツにおける女性の民族衣装/ナチ女性団の衣装の手入れから（マグデブルク・ケッペン大管区）/共同体体験としての文学（ハンス・タイヒマン）/女性工芸家の道（バルバラ・クラーゼン）/戦時の郷土物語『未来のために奉仕する』第 4 回/昔の技術の新しい方法/モード：浜辺で、スマートとはいえない女性のための夏らしい服/料理：暖かい季節でも魚を、魚はヘルシーで経済的

第 5 年度

1 号（1936 年 7 月号）
遠方の魅力（R. v. シュティーダ）/『土地なき民』10 年　対話（Th. エンゲルマン）/船旅の素晴らしさと価値（G. L. ミーラウ）/ドイツ人の憧れはその目的地を探す（E. ブルーメ）/子どもの初めての旅行（R. シュトルム）/ドイツの村の教会　人と風景が創り出したもの（クルト・ケルシャウ）/新しいドイツの旅　ズデーテン・ドイツ人のレポートから（J. E. ザイドル）/詩「遠き故郷」（ヴァルター・クルッパ）/みなさんが参加する懸賞：このドイツの風景と民族衣装を知っていますか/アルプスの山上牧草地での冒険/良書『ドイツの本』『街道のあちこちに見つけられる今に生きる太古』『故郷　東アフリカ』『母と子』/お母さんに一言：子どもたちに自宅の庭の一部を与えてください（J. シュトラースベルガー＝ローレンツ）/戦時の郷土物語『未来のために奉仕する』第 5 回/モード：庭や浜辺で、夏の洋服と上着/バラが美しく咲く時、バラは庭も飾る（リュッケルト）/暖かい日には簡単にできる料理を

2 号（1936 年 7 月号）
ドイツの生存圏におけるザクセン（W. クライジッヒ、ドレースデン）/R. ヴァーグナーの言葉/ザクセンの美しい風景/詩 2 編「フォークトラントの歌」「盆地の小都市」（ザクセンの詩人 K. A. フィントアイゼンの郷土詩集『母国』より）/ザクセン—ドイツの文化生活の中心（W. ボッケミュール）/R. ヴァーグナーの言葉/ザクセンの笑いについて（K. A. フィントアイゼン）/ザクセンの伝説にみる人間/フライベルクの思い出/ザクセンの女性たちは学ぶ　ザクセン大管区の母親学校（イルゼ・ティーツェ）/詩「工場の町」（K. A. フィントアイゼン）/私たちのザクセンブルク（マリアンネ・リュッセル）/K. ゲーリング施設の 1 日　ザクセン大管区ナチ女性団の女子再教育施設から/戦時の郷土物語『未来のために奉仕する』第 6 回/モード：家事と庭仕事のために、水遊びと浜辺で/料理：貯蔵室のために/1936 年のベルト

3 号（1936 年 7 月号）
私たちが決して忘れることのない日々（クララ・シュテックハーン）/詩「兵士の歌」（M. シューポラー）/信じることについて/詩「私たちの信念」（W. ブロックマイアー『故国への叫び』より）/戦

友（ヴェルナー・ボイメルブルク）/『要塞都市ベルゲラート』/世界大戦時の女性の銃後　軍需工場のドイツ女性（バイエルン国防省女性部局前指導者Dr. ゲルトラウト・ヴォルフ）/詩「故国ドイツ」（カール・コンラート）/国防の女性（ヨハンナ・ザイデルマン）/G. ショルツ＝クリンクの言葉/マリー・フォン・クラウゼヴィッツ　ドイツ兵士の妻の生涯から（メータ・ブリイ）/渡し守ヴォルギッツキーの妻（ヴァルター・ミッヒェル）/戦時のドイツ女性（体験談）第6回、看護婦の仕事/木版画「帰還」（R. リーゲ）/帝国をめぐる12世紀にわたる闘い（Dr. L. ノックヘア）/地政学的にみたドイツ（カール・シュプリンゲンシュミート）/戦時の郷土物語『未来のために奉仕する』第7回/ミュンヘンにおけるナチ文化協会全国会議/ハンス・フリードリヒ・フリックの言葉/モード：新しい袖のデザイン、招待されたら/綺麗に整った実用的な庭/料理/ドイツ女性の余暇利用法

4号（1936年8月号）
世界の若者を呼び寄せる！/1936年オリンピック賛歌（R. シュトルム）/女性オリンピック候補選手と語る（インゲ・マントラー）/ここに世界の青少年が集う（ホルスト・バウアー＝フンツデルファー）/女性にとっての体育の意味について（ゲルトルート・ツィンマーマン）/連載小説『待つ女』（O.フィーリッツ）/ノルダーナイの3000人の中の一人（マルタ・シュテルティング）/南ハノーファー・ブラウンシュヴァイク大管区ナチ女性団の催し/モード：新生児と若いお母さんの服、自分で縫う寝具カバー/料理：キノコは森の肉/就労女性と女子学生

5号（1936年8月号）
世界中の女性たち/極東の女性たち/日本人女性/中国人女性/新月章の女性/ファシズム国家の女性/今日のイギリス人女性/フランス人女性が自らを語る/ドイツ女性の活動について/A. ヒトラーの言葉/第三帝国の女性（総統代理、国務大臣ルドルフ・ヘス）/行動がすべて！ドイツ女性の活動力の源（ドロテーア・ティーメ）/連載小説『待つ女』/オリンピック映画、ある女性の作品　レーニ・リーフェンシュタールとの対話（Dr. S. アルトゲルト）/家事のための前掛け/夏と秋の間の庭/料理：無駄との闘い

6号（1936年9月号）
ポメルン地方（Prof. Dr. シュトゥールファート、シュテッティン）/東ポメルンの生存圏をめぐる闘い/私たちは着手する（マルガレーテ・コンラート、シュテッティン）/ポメルンの民族性について（ルドルフ・クランペ）/詩「ポメルンの村」（ヴァルター・シュレーダー）/小麦畑/ポメルンの家内織物/ポメルン出身の偉大なるドイツ人/肥沃なポンメルン/オリンピック回顧（Dr. エーリカ・アルトゲルト）/連載小説『待つ女』/ホーエンフェルス城での3日間/懸賞に応募したすべての人々のために/モード：秋物子供服、秋物スーツ/料理

7号（1936年9月号）
正しい精神の祝祭と祝賀会（ゲオルク・ショット）/ハンブルクの楽しい来客（ローレ・バウアー＝フンツデルファー）/フィヒテの言葉/女子労働奉仕団における仕事後の余暇、余暇時間、祝祭（ゲルトルート・ツィプリース）/私たちは歌う（ドーラ・レビウス）/良い歌―そしてフォーク・ダンスの本（D. レビウス）/工場奉仕団の夕べ（工場奉仕団担当イルゼ・ヴェストファーレン）/ヴァンツベック管区ナチ女性団は年祭をどのように祝うか/家族という領域における私たちの課題：家を作り上げる力について（L. ガンツァー＝ゴチェヴスキー）/農村の居間（ジョーゼファ・ベーレンス＝トーテノール）/家族の祝祭と祝賀会（ルート・ツァイヒリン）/詩「農夫の夕べの歌」/一緒に読む―自由時間を精神的に豊かにする（R. v. シュティーダ）/ハインリヒ・フォン・クライストの言葉/良書『創造的女性の日々の仕事と仕事後の時間』『楽しい子ども部屋』『仕事後の時間』/連載小説『待つ女』/モード：新しい季節によく似合う純毛の服、シンプルで目的に合わせて/料理/サボテンとその手入れ方法

8号（1936年10月号）
フォークダンスの写真/ドイツの収穫/詩「収穫感謝の日」/収穫祭の花輪の下で/最後の穀物の束（H. Fr. ブルンク）/農夫で庭師ハインリヒ・エックマンの詩作（H. タイヒマン）/物語『グレーテン』（H. エックマン）/農村にふさわしい家財道具/絵物語の中の農民気質/生命の樹/良書/女性たちがビュッケベルクを体験する/連載小説『待つ女』/実用的なブラウスとその装飾/いつもと少し違う煮込み料理

9号（1936年10月号）
ニュルンベルク―私たちの義務（E. ゼンメルロート）/詩「総統に」（イルゼ・ホフマン）/栄光の党大会（イルマ・フォン・ドリガルスキー）/現代の女性の課題（栄光の党大会女性会議での全国女性指導者の演説から）/運動の先輩闘士の思い出/連載小説『待つ女』/秋のブーヘンヴァルト/詩「秋の魔法」（マール・F. ベーヴェルン）/ドイツのモード―ドイツの素材、通学服とコート/母と子への提案：カスパーの頭部/料理：献立表に変化を与える/家事を軽減する

10号（1936年10月号）
現代の家族（R. v. シュティーダ）/体操の父ヤーンの言葉/詩「朝の旅立ちの辞」（コーゼル・グリム）/ソ連の婚姻と家族（Dr. A. ペルメッキー）/愛と結婚（G. マーガー）/ボルヒ・フォックの言葉/2つの歌（『民族の中の女性』より）/家族の世話による退化（局長Dr. アルトゥール・ギュット）/詩「血の叫びを」（ヴェルナー・イェーケル『静寂の歌』より）/遺伝かそれとも教育か（ヘッダ・ハイグル）/祖先の像と遺産（M. ヴァインハンドル）/ヤルナの家族　部族の本（L. ガンツァー＝ゴチェブスキー）/家督相続者の誕生（L. ド・ボーア）/良書『家族』『家族が若者を形成する』『生まれてから6歳まで』/ナチ党女性党員H. パッソウの死亡報告/連載小説

『待つ女』/新聞を読んでください！/モード：新種のジャケット・デザイン、毛皮のへり襟は必ずしも必要ではありません、だれの好みにも合う純毛素材のワンピース/硝子窓風植物棚（ヘレーネ・ケルティング）/料理：これは美味しくて安い

11号（1936年11月号）
帝国という思想（W. ボイメルブルク）/数世紀にわたるドイツ帝国という思想（フリードリヒ・シュティーヴェ）/侯から総統へ（リヒャルト・オイリンガー）/1923年11月9日/詩「死者たち」（E. M. クルーク）、「私たちの信念」（W. ブロックマイアー）/ドイツ統一の同伴者としてのドイツ詩人と哲学者たち/詩人O. グメーリンとその作品/かつての帝国の栄光の記念碑（Fr. K. ケッチャウ）/良書『ドイツ民族の歴史』『ドイツの総統の顔』『皇帝と少女』/連載小説『待つ女』/モード：昔からのかぎ針編みと棒針編みがふたたび新しくよみがえる、愛らしいウェディング・ドレス/美しいアドヴェント・カレンダー/無駄との闘い

12号（1936年11月号）
子どもたちのために幸せなクリスマスの季節を創り出す/子どもたちのために最良のものは十分ある/子どもたちがクリスマスの時期の幸せと苦悩についておしゃべりする/バラの花が飛び出してきた/青少年が喜ぶ本/ロウソクの灯が点り—私たちは贈り物をする（E. ゼンメルロート）/みんなのためのカラフルなクリスマス・プレゼントのテーブル/ドイツの工芸品をプレゼントしてください/連載小説『待つ女』/モード：夫と子どものために/台所のクリスマス準備/クリスマスの贈り物/いたるところ楽しいクリスマス/子どもたちも贈り物をしたい/ナチ女性の本—価値あるクリスマス・プレゼント（インゲ・マンティーア）/クリスマス小包を詰めましょう—でもよく考えて！

13号（1936年12月号）
写真「陶器製のキリスト降誕の厩」/テキストと楽譜「きょう私たちのもとに御子はお生まれになった」/家庭でのクリスマス（D. レービウス）/絵画「クリスマスの朝」/クリスマス気分がとても高まる/森のクリスマス/初めての戦場でのクリスマス/捕虜からの帰還　私の最も素晴らしいクリスマスの思い出/熱帯地方のクリスマス/クリスマスの季節におけるドイツの風習（H. シュトローベル）/祖先の人々のお祝いのクッキー（H. v. シュレッター）/『救世主』、ドイツ語による最初の救世主物語/シュレージエンの山々のクリスマス物語（R. シュトルム）/連載小説『待つ女』/クリスマス・プレゼントのテーブルに本を/モード：実用的なスキー・ウェア、子どもたちにも実用的なスキー・ウェアが必要/料理：バラエティーに富んだいろいろ/こびとたち、天使たち、それに月に乗る子/外国に住むドイツ人たちのクリスマス市への寄付/ドイツの家庭のための4つのカレンダー/『少女たち』

14号（1936年12月号）
写真「窓辺で」/アーレントの言葉/私たちの運命は決した—自由な民族であるということ　1937年正月に国境で/詩「建設」（W. ブロックマイアー）/新しいドイツへの私たちの道/困難な時代/ナチ党員の妻/ハーナウ女性団の歴史から（記録：女性ナチ党員ルイーゼ・ローレシュ）/ザクセン管区女性団指導者の記録から：非力な時/私たちの旗/『ナチ女性展望』の読者のみなさん！/短編『勝利の道』（G. ビュシング）/常に力だけを請い願うべし（W. フレーア）/戦時のドイツ女性（体験談）第7回、文学/冬期救援事業において私はどのように援助できるでしょうか（I. アルトゲルト）/それは私たち全員の問題です/あらゆる種類の実質価値損失に対する闘い/国民経済にかかわる女性の課題/読者の一人が私たちに「無駄との闘い」を呼びかける/良書 H. Fr. ブルンクの小説風叙事詩『ガイゼリヒ王』/誕生日（H. Fr. ガイスト）/連載小説『待つ女』/モード：いつも素敵に装う、母と子どものための単色と柄の服/料理：おいしいジャガイモについて/ドイツの主婦よ、注意を払ってください！

15号（1937年1月号）
ダンツィヒのドイツ史（Dr. エーリヒ・ケプファー、ダンツィヒ）/詩「叫び」（ハンスウルリヒ・リュール、ダンツィヒ）/ダンツィヒの生きるための闘い、裏切りへの闘い、帝国と総統への忠誠（エドムント・バイル）/ダンツィヒの女性たちも力を貸す（ヘルガ・ヴィーベ）/ヴィスワ地方/詩「古い水車」（エルンスト・フリーヘーエ、ダンツィヒ）/国境の「鳥がさえずる」村（ハンス・ヴェルナー）/教会の塔に座った巨人ルラッチュ（エルザ・ファバー・フォン・ボッケルマン）/若い女性の嫁入り支度に何が必要でしょうか（B. ヒンデンベルク＝デルブリュック）/入植者の家　リューベック近郊、大入植地ノイ・ジームスにおけるオーヴァーベック集団のモデル・ハウス/別な表情（トラウテ・ラウベンハイマー）/ヴォルシェヴィズムに対する闘い/写真「積雪の風景」（E. レッツラスト）/詩（レナーテ・フォン・ヴィッヒ）/連載小説『美しいゲジーネ』（ゲアハルト・リンゲリング）/モード：あらゆる年齢の人のための華やいだ日の服、カーニバル/やはり煮込み料理/美しい手芸/幸せな発見

16号（1937年1月号）
国境地帯はあなたを待っている！（Ch. v. ヴェルンハルディ＝コロンプ）/血の声（I. v. マルツァーン）/東部ドイツの国境地帯（シャルロッテ・ヴルフ）/詩「東プロイセン賛歌」/国境管区リュック/国境地方、東ポンメルンへ行く（Dr. クヴァーデ＝ラウエンブルク）/詩「国境の町の鐘」（I. リンベルク）/バイエルン・オストマルク/ドイツの西部国境地域：コーブレンツ・トリーア管区の政治的地域的そして文化的組織/バーデン管区/国の支柱（ヨーゼフ・フューナーファウト）/死んで帰宅する（ヨハネス・キルシュヴェング）/海に囲まれた国境地帯（M. ヴァインハンドル）/現在の国境地帯および外国在住ドイツ人女性の文学/良書/連載小説『美しい

ゲジーネ』/「生命の動物」二枚目のシンボル絵の手ほどき（H. Fr. ガイスト）/モード：4種類のブラウス、春にも着られるワンピースと上着―シンプルでシック/花瓶に生ける花―花瓶/カーニバルの時期の献立

17号（1937年2月号）
詩（ケーテ・シュルケン）/ドイツのあちこちの地方のカーニバル（Dr. リヒャルト・バイトル）/メルヘンのような夜　ミュンヘンのカーニバル（エルンスト・カンメラー）/ルートヴィヒ・トーマ（Dr. L. N.）/腕白小僧ルートヴィヒ 「婚約」「赤ん坊」/「嘘つき男爵」/愉快なミュンヒハウゼン/おいおい、そこで笑っているのは誰だ　ロシアへの旅/狩の物語/ユーモアのマイスター、ヴィルヘルム・ブッシュ（Dr. A. フィッシャー＝ラウシュ）/「プリッシュとプルム」/連載小説『美しいゲジーネ』/若い女性の嫁入り支度に何が必要でしょうか（第3回）/シンボル絵を利用する機会/モード：実用的で良く似合う、堅信礼と聖体拝領の機会に/料理：美味しいもの/裁縫ミニ講座「繕う」

18号（1937年2月号）
忠誠に継ぐ忠誠（ツェーバーライン）/G. ショルツ＝クリンクの顔写真/女性の任用（G. ショルツ＝クリンク）/国民社会主義国家における女性の活動組織/全国女性指導部の建物/女性の事業/詩「女性の同志」（M. ヴァイハンドル）/ナチ女性団の国立学校/いかにして私たちはシュレースヴィヒ・ホルシュタイン大管区で女性たちを教育しているか（M. ヴァイハンドル）/生活を形作る―事業を形作る（アグネス・ゲルラッハ）/モード：時流に合い礼儀にも適うドイツ女性事業団のファッション・ショー、手織り素材で作る、春一番のモード/良書『ドイツ女性の仕事』『農婦の本』『勇敢で、明るく、知識をもった主婦たち』『働く女性の日々の仕事と仕事後の時間』『第三帝国の女子青年たち』『闘う女子青年たち』/ドイツ赤十字の救急待機業務/女性は同志（Dr. イルゼ・ブーレシュ＝リーベ）/料理：野菜の少ない季節のレシピ

19号（1937年3月号）
女子青年の職業選択について（Dr. マルガレーテ・ユンク）/個々の職種に関する概要/母たちよ、娘たちに言ってください（マルガレーテ・フリッチェ）/農村における女性向きの職業（ロッテ・マートショース）/看護婦という職業（カーリン・フッペルツ）/社会教育職への就労機会/四カ年計画の枠組みにおける女性の労働動員（J. ゾーレンバ）/民族に奉仕する女性研究者（L. バウアー＝フンツデルファー）/ストックホルムを訪れた全国女性指導者（Dr. パウル・グラースマン、ストックホルム）/芸術関係の女性向きの職業/連載小説『美しいゲジーネ』/モード：春らしく上手に装う、比較的胸囲の大きな人には縦に裁断した服を/菜園での大切な春の作業

20号（1937年3月号）
詩「復活祭の田園」（ハンス・シュヴァルツ『あなたとドイツ』より）/永遠の循環におけるさまざまなシンボルのドイツ的視点（R. v. シュティーダ）/復活祭の習慣を守ること ― 女性の素晴らしい仕事です/ライン地方のナチ女性団が守り伝える復活祭の習慣/ヘッセン・ナッサウ大管区のナチ女性団が復活祭の卵を贈る/詩「子どもと若木」（レナーテ・グラント）/子どもたちが歌う（テクストと楽譜）「農民たちの3月に」/復活祭の歌/マイン・フランケン地方の素敵な慣習/バウツェンの復活祭（マルガレーテ・レッシュ）/バイエルン・オストマルクの復活祭の卵と大昔からの習慣（アンネリース・マン）/シュレージエンの復活祭の習慣とシュレージエンの女性たち（マルガレーテ・ミュラー＝ザウアー）/復活祭の時期のシュレースヴィヒ・ホルシュタインの子どもたちと女性たち（大管区新聞雑誌およびプロパガンダ部局指導者エリザベート・フェルグナー）/「つつけ、つつけ、復活祭の卵！」― 子ども時代の思い出（E. ブルーメ）/復活祭の春の大地（写真と4つの詩）/復活祭の季節における鳥の世界/連載小説『美しいゲジーネ』/ドイツのメルヘンの衰退と闘う/布で作る花のブローチ3種類（ヒルデ・ブレームス）/春のモード、季節の変わり目の子ども服/料理/養鶏に適した種/新種の多年生八重咲きケシ/庭の中の毒草

21号（1937年4月号）
総統の事業に私たちは協働する（アンネリーゼ・バルンベック）/ドイツの耕地の力と健康（テレーゼ・ヴァグナー＝ヴィースバーデン）/ドイツにおける生活の安全性/ドイツのレーヨンステープル（T. ヴィンターゲルスト）/家政における経済計画（Dr. マグダレーネ・バイアーリング）/ライプツィヒ見本市―ドイツ人の能力の表現/このマークのもとで私たちがライプツィヒで見たもの/「人間と人間の事業」三枚目のシンボル絵の手ほどき（H. Fr. ガイスト）/物語『ブロックホーフとその妻たち』（G. シュレアー）/月の不思議と謎（ルドルフ・フォン・エルマイアー＝デステンブルク）/連載小説『美しいゲジーネ』/モード：碁盤模様と縞柄の生地、実用的な子ども服/検査マーク（太陽のマーク）が与えられた製品/料理：夕食にもっと変化を/映画評論「コウノトリ同盟」「バスカヴィルの犬」「1937年ドイツ北方の旅」

22号（1937年4月号）
A. ヒトラーの肖像画/総統が愛する地方（I. マントラー）/新しいドイツの教育原理/B. v. シーラッハの言葉/青少年―家族―国家（ゲアハルト・ドラープシュ）/教育者としてのドイツの母（A. ベッヘム）/学校と両親の家（H. Fr. ガイスト）/笑い顔のある学校（Dr. L. ノックヘア）/女性教育者の政治動員（Dr. アウグステ・レーバー＝グルーバー）/教育共同体としてのBDM（ドイツ女子青年団）（ヒルデ・ムンスケ）/ポツダム国立BDM学校/女子青年団における私の活動/小さい「私たち」からもっと大きな「私たち」へ ― 労働奉仕団での教育（マリ

アンネ・リーツマン）/労働奉仕団指導者―新しい女性の仕事（G. ツィプリース）/ドイツ少年団、最年少者の共同体（I. デルヴァイン＝v. ドリガルスキー）/連載小説『美しいゲジーネ』/モード：大人と子どものための手編みの上着/料理：春野菜/自由に使う民芸模様

23号（1937年5月号）
母子の彫像（ヘルマン・ヨアヒム・パーゲルス作）/ヒトラーの言葉/1937年母の日のドイツの母たちに（E. レプケ）/民族の母（G. ショルツ＝クリンク）/2つの歌「子どもが産まれた」「若い母の一年」/母は揺りかごで歌う（テクストと楽譜）/ドイツ女性たちの英雄に匹敵する沈黙の行為：勇敢な母/ドイツの主婦よ！商店主とその従業員に週末を与えてください/母、アンネカトリン/子だくさん家族に支えられるドイツ民族の系譜の自由/祖母/ドイツ女性事業団における全国母親奉仕団の親衛隊員の花嫁（エリサベート・フォン・クライスト）/突撃隊員の花嫁も引っ込んではいません（M. ボーク＝フォルラート）/男性の兵役義務は女性の緊急待機義務を意味する/民族の女性教育者（全国女性教育担当者Dr. A. レーバー＝グルーバー）/ヴュルテンベルク・ホーエンツォレルン大管区ナチ女性団・ドイツ女性事業団の大展覧会/都市と農村における全国母親奉仕団の母親講習体験談/体験されたメルヘン（I. アルトゲルト）/連載小説『美しいゲジーネ』/モード：スポーツと遊びに、胸囲が1m以上、どんな季節にもワンピースとブラウス/料理：春には肉を減らして、もっと果物と野菜を/美しくセットされたテーブル/新しい教育についての本数冊（オルトルート・シュトゥンプフェ）

24号（1937年5月号）
ドイツ大管区をめぐる聖霊降臨祭の徒歩旅行/詩「聖霊降臨祭の朝」（ヘルベルト・ベーメ）/詩「郷土愛」（W. ブロックマイアー）/ドイツとは何か（ハンス・ヴァツリック『300人の帰還』より）/運動の首都ミュンヘンにおける第三帝国の誇らしいシンボル/街道の右にも左にも/バイエルン・オストマルク/美しい国境地方マズーレン ― 英雄的ドイツ史の土地（ヘラ・ヒルシュフェルダー）/ラインプファルツの無名の女性画家リーゼル・クリーガー（H. Fr. ガイスト）/「彼は私を心から愛している」ドイツにおける恋愛体験に関わる花と植物について（A. ベッヒェム）/リューネブルガー・ハイデにおいて/ 連載小説『美しいゲジーネ』/モード：結婚式とハネムーンに、実用的な下着/料理

25号（1937年5月号）
ヴェストファーレンの伝説の根源について（フリッツ・ミーレルト）/暗くそして強力な力の物語（パウル・ツァウネルト編集による『ヴェストファーレンの部族学』より）/詩「病気の子」（クリスチーネ・コッホ）/トゥスネルダ　ヘルマンが古代ローマ人を打ち破った時代の女性像（L. カート）/いかにしてカールはヴィッテキントと戦ったか（『ヴェストファーレンの部族学』より）/土着民族の記録としてのヴェストファーレンの農家（Dr. フリードリヒ・ヴァルター）/農村の笑い/詩「労働共同体」（クリストフ・ヴィープレヒト、ハンス・ミューレ編集による『労働の歌』より）/鉱山労働者家族の生活から（ヘルマ・シュムック）/窓辺に座る女性（ゲオルク・A. エーデマン）/詩「無事を祈る最後の挨拶」（フリッツ・レッテ、『労働の歌』より）/ヴェストファーレンの風景を伝えるドイツの女性文学（レーネ・ベルテルスマン）/ミュンスター石となった歴史（Dr. ゲーベル）/ヴェストファーレンの水城（Fr. K. ケッチャウ）/J. ベーレンス＝トーテノールとの対話/連載小説『美しいゲジーネ』/モード：スマートとはいえない人は夏でも黒っぽい色を好む、一日中いつでも素敵に装う/料理：パン・ケースの残りで/小さな庭のための道具

26号（1937年6月号）
民芸の守り手であり形成者である女性（エレーナ・グロース）/見事な手仕事に対する喜び（マリー・シェンク）/現代ドイツのボビン・レース/手仕事と内職（カルラ・ドラープシュ）/太陽と星（H. Fr. ガイスト）/タペストリー織りの4人のドイツ人女性マイスター（O. シュトゥンプフェ）/「私に四年の時間を与えてください」/みなさんが参加する懸賞：ミスター胡桃割りの産地は？/連載小説『美しいゲジーネ』/ピケでつくる小さな服飾品/モード：浜辺でのスポーツと遊びに、洗える新しいドイツ製生地、芸術的なスウェーデン刺繍/料理

27号（1937年6月号）
私たちの信念（親衛隊旗指導者グンター・ダルクヴェン）/黒い軍団/女性とSS（親衛隊）（SS突撃下級指導者Dr. A. バーベル）/SSの婚約命令における人種的および遺伝生物学的意味（SS主団指導者ベーガー）/甘ったれか、それとも頼もしい男であるべきか（SS志願者Dr. P. ミュラー）/新しいドイツ史観（SS突撃下級指導者H. レッスラー）/二三年前には（SS突撃上級指導者O. バイアー）/夏至の山火が燃え上がる（P. H. シュタイガーヴァルト）/詩「夏至」（ルート・ヴェスターマン）/連載小説『美しいゲジーネ』/創造する民族　四カ年計画を合図に開催されたデュッセルドルフにおける全国展覧会（O. S. シュレーダー）/良書『A. ヒトラーのドイツ』『ドイツの生命の樹』/モード：多くのワンピースに合う上着、涼しい夏の日のジャケット/夏の害虫・小動物とその駆除/料理

第6年度

1号（1937年7月号）
写真「中世ドイツ芸術で最も美しい騎士像、1489年ベルント・ノトケのユルゲン」/北欧の女性（レネ・フォン・ゲンツコフ）/ヘルギとジーグルンエッダのヘルギの歌（テクストと4枚の木版画：K. ヴラーゲ）/ドイツと北方　リューベックにおいて第4回北欧協会全国会議が開催された（パウル・ゼールホフ）/クラーラ・ノルトシュトレーム―「ドイツ人となった」詩人（Dr. エドムント・シ

ュタルクロフ）/詩人自らが語る（K. ノルトシュトレーム）/ストックホルムのドイツ人騎士　リューベックは北欧へのドイツ芸術の輸出都市（Dr. ハンス・ヴェンツェル）/バルト海地域におけるドイツの運命（ハンス・ハイラー）/低地ドイツの風景と人々（H. Fr. ブルンク）/夏至伝説（L. ド・ボーア）/刺繍したベルト、美しい手仕事！/モード：夏のアンサンブル、お出かけの母と子/料理：煮詰めて保存する季節がまた来ます/まだ養生を必要とする人のための現代の栄養/煮詰め保存品一覧表

2 号（1937 年 7 月号）
詩「旅の途上で」（エドゥアルト・メーリケ）/シュヴァーベンの土地と民族/故郷という魔法（Dr. J. O. プラッツマン）/シュヴァーベンのホーエンシュタウフェンゆかりの地（マルゴット・ボーガー）/シラーの言葉/シュヴァーベン高地を旅する（イルゼ・ヴァーグナー）/詩 2 編「湖に向かう」（K. シュヴァルツ）、「日没」（フリードリヒ・ヘルダーリン）/シヴァーベンの物語（M. ボーガー）/シュヴァーベンあれこれ（ルイーゼ・ランペルト）/学校の遠足について（カール・ギデオン・ゲッセレ）/シュヴァベン人が成し遂げたことと外国への移住（オイゲン・カップ）/ヴュルテンベルク・ホーエンツォレルン・ナチ女性団の闘いと建設的活動（エルゼ・ヴォル）/シュトゥットガルト全国母親奉仕団の母親学校（G. クレーバー）/ヴュルテンベルク・ホーエンツオレルン大管区ナチ女性団、ドイツ女性事業団による展覧会「活動する女性たち」を見る（E. ヴォル）/全国女性指導者が収穫援助を呼びかける/子だくさん女性全国連盟/連載小説『ブロックホーフとその妻たち』（グスタフ・シュレーアー）/昔のドイツの児童書（H. Fr. ガイスト）/モード：都市や保養地での休暇、上着とスカートの変わった切り替え/料理/菜園愛好家のために

3 号（1937 年 8 月号）
彫刻「総統」（リーライ・エプナー・フォン・エッシェンバッハ）/総統が描いた絵（W. H. ダンマン）/芸術と世界観（E. シンドラー）/民族よりもその文化を記録したものの方が長く生きる（A. ヒトラー）/「ドイツ芸術の家」で（Dr. イングリット・ライマー）/「ドイツ芸術の家」における 1937 年大美術展の絵画/祝祭の都市ミュンヘンはいかにドイツ芸術の日を体験したか（J. v. ヴィッヒ）/ドイツの生命、ドイツの能力、ドイツの歴史の行列　ミュンヘンドイツ芸術の日における祝祭行列（Dr. L. ノックヘア）/壁を飾る美術（H. Fr. ガイスト）/価値のある壁飾りに適した模写リスト/連載小説『ブロックホーフとその妻たち』/モード：娘のためのスーツ、季節の変わり目にアンサンブル/料理

4 号（1937 年 8 月号）
家族の経済状態に及ぼす労働奉仕と兵役の影響（Dr. フリッツ・シュトゥンプフ）/広い野原の写真/女性と国防力（中将 D. フォン・メッチュ）/健康で明るい女性たちと母たち、そして健康な子どもたちは無限である/困難な時代のドイツ女性たち　シュレースヴィヒ・ホルシュタイン大管区で収集したレポート「農婦は農場で一人だった」（クリスティーネ・フンスマン）/野戦病院への旅（マリー・ヴィーベン）/ドイツへの信条告白（リーザ・ティム）/詩「ドイツの返答」（ハンス・フランク）/エッチング「私には戦友がいた」/詩「青春に死す」（H. Fr. ブルンク）/戦時のドイツ看護婦奉仕団（I. v. マルツァーン）/ミュンツアーの母（カール・ウンルー）/レーン山地オーバーバッハにおけるドイツ女性事業団全国母親学校/昨日から明日へ架ける橋（L. バウアー＝フンツデルファー）/レーバにおける女子青年の体験（フリードル・ヒンメルシュトース＝シッファース）/第三帝国の兵士（D. オットー・レーマン少佐）/国防軍準備と国防力、そしてドイツ女性がその点について知っておかなければならないこと（Dr. E. シュタルクロフ）/旗はシンボルであり、信条であり、意志である（クレーア・ホフマン）/連載小説『ブロックホーフとその妻たち』/子どものための可愛いよだれかけ/秋物モード/若い母親への提案/実用的な下着乾燥機/献立表：ヘルシーで美味しく安い！

5 号（1937 年 9 月号）
前書き：この号は外国在住のドイツ民族同胞に捧げます/バルト諸国のドイツ人（E. フローベニウス）/ラトビア（E. フローベニウス）/詩「仕事を終えて」（バルト諸国出身の女性詩人）/エストニア/詩「エストニアの春」（バルト諸国出身の女性詩人）/メーメル（ホフマイアー）/リトアニアの忘れられたドイツ人（ヴァルター・シュトルム）/ポーゼン、西プロイセン、そして東オーバーシュレージエンのドイツ人（Dr. ピーチュ）/ポーランド王国のドイツ人（レオポルト辺境泊）/ガリチア（ローゼ・プランナー）/ヴォリニア（R. プランナー）/ヴォルガ・ドイツ人（エーリカ・ミュラー＝ヘニッヒ）/連載小説『ブロックホーフとその妻たち』/モード：たくさんのポケット、ドイツの新しい素材で、幼児服/ハリネズミはとても有益/野菜を早期に土から出してはいけません/秋の菜園の仕事/料理

6 号（1937 年 9 月号）
詩「私たちは働く」（K. ブルヒャルト）/国家における女性の動員/私たちの先輩たち/A. ヒトラーの言葉/詩「女性」（イーナ・ザイデル）/ドイツ女性事業団における国境および外国部門の活動について/1937 年党大会におけるドイツ労働戦線女性部の展覧会/企業共同体―それも私たち女性に関係がある！（H. シュムック）/少女マリアにとっても（マティアス・ルートヴィヒ・シュレーダー）/今日の若い世代の上司―そして昨日の私たち　40 歳前後のある就労女性の考察/穀物の上の鉄鋼（W. J. ハルトマン）/詩「秋の夏日より」（フランツ・シュルテ）/男性から見た家族（O. ゼルトナー）/詩「わが子の息」（グスタフ・ロイテリッツ）/連載小説『ブロックホーフとその妻たち』/アドルフ・ディートリヒ　日雇い、木こり、織工、そして画家（ハンス・フリードリヒ）/モード：秋のモデル、街で、パーティで/家族史を刺繍する

7号（1937年10月号）
詩「ニュルンベルクの鐘」（H. アーナカー）/1937年労働の全国党大会（R. v. シュティーダ）/突撃隊の課題と成果/無名の女性闘士たち（ハンス・ケッツラー）/ニュルンベルクの青少年（I. マントラー）/ニュルンベルクにおける女性政治集会（E. ヴォル）/国家における女性動員（J. v. ヴィッヒ）/連載小説『ブロックホーフとその妻たち』/詩「私たちは耕す者として私たちの時代を行く」（ヘルマン・ロートのカンタータより）/オーバー・ザルツブルク/刺繍によるシンボル画（ナチ女性団のファイル）/モード：ワンピース＋コート＝タウン・スーツ、スマートに見せるパターン、全部お母さんの手作り/牛乳と牛乳で作るデザート/秋に植える果樹

8号（1937年10月号）
あなたの日々の仕事―あなたの人生の仕事　女性と経済、女性と四カ年計画、女性と文化（シュレースヴィヒ・ホルシュタイン大管区ナチ女性団指導部研修パンフレットより）/A. ヒトラーの言葉/家政婦―女子青年の職業（マルロ・ミーリッツ＝レンツ）/主婦も家政の力の欠如を取り除くことができる（Dr. ケー）/家事における新しい道具の利用（インゲ・ベルクマン）/シュミットさん、スープを出した骨はどうしています（K. ホフマン）/私たちは健康な民族であり、またそうあり続けたい　ある保健所の活動から（I. アルトゲルト）/ヘラブルンの愉快な仲間たちのところで　決してからかって動物に意地悪をしてはいけません（E. ベンツ）/動物愛護の日に寄付を（I. マントラー）/東アジアで今なにが起っているのか（Dr. L. ノックヘア）/連載小説『ブロックホーフとその妻たち』/10月の大地/詩2編「熟した果実」（H. アーナカー）、「秋に」（H. シュトルツェンブルク）/モード：縦の切り替え線は背が高くスマートに見せる、1937-38年秋冬物/これは新しくて、とても便利/料理：欠かせない献立表、そしてまた煮込み料理、経済的な昼食

9号（1937年11月号）
総統は青少年に語る/犠牲という種から新しい世代を通じて生命の勝利が花開く（L. バウアー＝フンツデルファー）/若い耕地/こうして環は閉じる（G. W. v. ブラント）/ギゼラ（ティーレ・フォン・トロッタ）/国民社会主義国家における未婚の母（A. リルケ）/出産戦争（Dr. P. ダンツアー）/最初の手芸ファイル「生命の樹」出版される（ナチ女性展望出版）/連載小説『ブロックホーフとその妻たち』/パリにおけるドイツの展示　1937年万国博覧会/モード：華やいだ時間のために、冬が好き、子ども服/新しい洗濯の基本をよく聞いてください/料理

10号（1937年12月号）
私たち民族の内なる世界への道　本の体験と女性（M. ヴァインハンドル）/民族から生まれた抒情詩（L. ガンツァー＝ゴチェブスキー）/詩「樹」（ヨハネス・リンケ）/詩「深淵から」（H. パッソウ）/母と家庭の音楽/古い歌から/子どもたち、母たち、そして音楽のレッスンについて（マルガレーテ・デルリエン）/お祭りのプログラムを組みましょう　民衆劇と祝祭の具体化のための基本リスト/今昔の良質な演奏用音楽/ヴォルフガング・アマデウス・モーツァルト「レントラー風ダンス」/即興で演奏しましょう（ケーテ・ゲーリング）/スケッチ風小品「オーゼル、ウルトそしてシュンマイ」（I. ザイデル）/H. Fr. ブルンクの全集/カスパーがやって来た/クリスマスを考える季節になりました　喜ばれるお手製のプレゼント/連載小説『ブロックホーフとその妻たち』/モード：布と皮製のスポーティな服、ウィンター・スポーツに出かける/料理/書評『故国への叫び』『ドイツの転機』『国境の民族』『樹』『私が愛するクラウディウスの詩』/質の良い職人仕事、それはなぜ/刺繍されたシンボル画

11号（1937年12月号）
詩「12月に」（クルト・エッガース）/クリスマスの準備をする（G. ドラープシュ）/親愛なるマルグレートへ！（ヘッベ・シュルツ＝ハイジング）/青少年向けクリスマス・プレゼントに良い本を贈りましょう（ローゼ・ディットマン・フォン・アイヒベルガー）/絵に描かれたメルヘン（L. バウアー＝フンツデルファー）/壁を飾る美術（E. ゼンメルロート）/ドイツの版画（Dr. E. シンドラー）/R. v. シュティーダ、W. J. ハルトマン、I. v. マルツァーン共同編集『子ども時代の戦争』書評（Dr. ガンツァー）/連載小説『ブロックホーフとその妻たち』/おもちゃ（H. Fr. ガイスト）/望みを願ってごらん、するとクリスマス・ツリーから/クリスマス・プレゼントのテーブルにドイツの手工芸品を/母と子への提案/小さなヨーハンの長持カバー/モード：コートとワンピースにスポーティなデザインを、レースのウェディング・ドレス、大人と子どものための実用的な下着/料理：クリスマス・クッキー/小さな泥棒少女

12号（1937年12月号）
ドイツのクリスマス（A. レーバー＝グルーバー）/生命を祝う民（ラインハルト・ドラープシュ）/テクストと楽譜（ハンス・バウマン『戦友の声を聞け』より）/大きな願い事はいかに叶えられるか（ヨーハン・F. エールハルト）/クリスマス・ツリーの意味を考えて飾る（アルフレート・ツァハリアス）/「モミの木」のテクストと楽譜/国境地方における奇跡（フリッツ・トースト）/クリスマスの季節の緑と花（デルテ・グイヨー）/クリスマスのプレゼント・テーブルに良書を/連載小説『ブロックホーフとその妻たち』/ドイツ民族という大きな同志　ドイツ全土が幸せなクリスマスを祝う/1937-38年冬のモード、一つの裁ち方から5つのワンピース/クリスマスのプレゼント・テーブルに手作りにものを/主婦のためのクリスマスのいろは/料理：今年最後の1週間のレシピ

13号（1938年1月号）
世襲領地、生活圏、そして戦争の危機（Dr. パウル・ダンツァー）/玄関で（R. v. シュティーダ）/ヴ

ュルテンベルクの若い生命　ナチ女性団は手伝う（E. ヴォル）/「子だくさん家族のための名誉手帳」について/思惑通りには行かない！（ヘレーネ・ビアンク）/小さな子どものためのリトルネッロ（ルート・シャウマン）/総統と子どもたち（ギュンター・ガーブレンツ）/バーデン国境大管区の女性活動の絵草紙（ヨハンナ・シンパー）/マグデブルク・アンハルト大管区ナチ女性団の新しいしきたり（ヒルデガルト・ベム）/うちの子ども/どの幸せを探しますか（ハンス・シュマールフース）/揺りかごで/バイエルン・オストマルクにおける必要と乱用（エルゼ・ボーンホルスト）/美容術の本当とまちがい（Dr. ヨハンナ・ダーラー）/スキーをはいて新年を迎える（A. マン）/連載小説『ブロックホーフとその妻たち』/モード：少女団とスポーツをする、学校と通学のために/料理：ジャガイモ使用料を増やすことが肝心

14号（1938年1月号）
詩「ドイツ民族」（H. Fr. ブルンク）/ズデーテンのドイツ人について（G. ロータッカー）/日常的には起こらない婚礼 / ツィープス地方（N. v. ショルン）/ハンガリーのドイツ人入植地における女性と女子青年たち（イルマ・シュタインシュ）/鉄道で出会う（M. L. ティレゼン）/ルーマニアのドイツ人の闘い（カール・ヘルマン・タイル）/ジーベンビュルゲンのザクセン人/バナトのシュヴァーベン人/ブーヘンラントとベッサラビアのドイツ人たち/民族上のドイツ人による文学（H. タイヒマン）/南スロヴァキアのドイツ民族（Dr. ヘニンガー）/東南ヨーロッパにおける民族上のドイツ人の工芸品/連載小説『ブロックホーフとその妻たち』/モード：パーティとダンスに、素敵なワンピース/初めての仮縫い/窓辺に花を置きたい/新しい煮込み料理

15号（1938年1月号）
永遠のユダヤ人/ユダヤ人による世界改革の旗印（Dr. A. ペルメッキー）/サンタンデルで国家的救済活動を始める　スペインのファランヘ女性党員が『ナチ女性展望』に寄せた報告（編集部）/連載小説『ブロックホーフとその妻たち』/自然の法則/私たちの記憶力は5年以上さかのぼれないのだろうか（オットー・フォン・カーマプ）/A. ヒトラーの言葉/偉大なるドイツ人たちが私たちを見ている/星空の秘密/フェルトで作る花のブローチ/モード：今回は「彼」のために実用的なものを、仮装大会のために/現代的なレシピ

16号（1938年2月号）
一人ひとりが必要とされる（L. バウアー＝フンツデルファー）/民族に奉仕する同志　看護婦という職業/ナチ看護婦病棟ダッハウを訪ねる（J. v. ヴィッヒ）/国民社会主義建設の前線にいる女性たち　社会教育的職業（E. アルトゲルト）/女性学者たちも傍観してはいない（エルフリーデ・エッゲナー）/人間の絆に対する義務（L. バウアー＝フンツデルファー）/『ドイツ女性の活動』全国女性指導部年鑑/大地が呼んでいる　農業という女性の職業への専門教育の機会（K. H. フリードリヒ）/農村で働く女性たち/事務見習いから課長へ　女性の商業職への専門教育とその見通し（Dr. I. ブーレシュ・リーベ）/U. フィッシャー―全国労働奉仕団指導者（G. ツィルプリース）/スプリングボードあるいは目標としての家事に関する専門教育（J. ベルクハウス）/結婚資金貸付と労働許可（Dr. シュトゥンプフ）/モード：手刺繍のワンピースはいつも喜ばれる、それぞれのパターンから2種類のワンピース、このパターンは背が高くてスマートに見える/連載小説『ブロックホーフとその妻たち』/読者のみなさんも一緒に活動する/料理：美味しくて経済的な料理

17号（1938年2月号）
家族写真と格言/「ゆりかごをのぞく母」テクストと楽譜/物語『帰郷』（コンラート・ベステ）/党員のみなさん、まだ覚えていますか/停戦（ゲオルク・シュミュックレ『前線兵士たちは平和を望む』より）/さまざまなドイツ種族のユーモア/女子青年団の素人芝居！/BDM（ドイツ女子青年団）の女子が物語を語る：「ベルンル」籠と物干し柱（ヒルデ・ブライトフェルト）/「嘘のメルヘン」テクストと楽譜/全国放送局ミュンヘンの「音楽のオークション」と「希望音楽会」の一年/ナチ女性団が世話する子どもカーニバル（J. v. ヴィッヒ）/連載小説『アフリカの若い女性』（ヘルムート・クヴァスト＝ペレグリン）/モード：春のアンサンブル、実用的なタウン・ウェア、学校を卒業した若い女性たちに/料理：冬の最後の数週間のレシピ/連載小説『ブロックホーフとその妻たち』

18号（1938年3月号）
写真「ヴォーゲーゼンのドイツ戦没者墓地」/詩「大地の祝福」（I. v. マルツァーン）/全世界におけるドイツの英雄的精神（クラウス・フォン・ルーツァウ）/世界大戦における女性の奉仕（ドイツ赤十字看護婦長）/太陽はまたドイツの上に輝く/詩「戦士の遺志」（W. H. エンガー）/私たちの旗―織って、プリントし、そして刺繍する/物語『モーアカートラインの復讐』（ジークフリート・マーローン）/ヨハンナ・ヴォルフ生誕80周年（L. バウアー＝フンツデルファー）/ドイツ式挨拶/ドイツ赤十字の看護婦/ 連載小説『アフリカの若い女性』/石となった第三帝国/モード：飾りプリーツ縫い/庭と花の愛好家のために/料理：プリンとスフレ

19号（1938年3月号）
H. シェムの言葉/総統の言葉/生命の不可分性（L. バウアー＝フンツデルファー）/女性のための体育とその重要性（アニー・ボック）/石像と銅像にみる女性美/目標は調和的美（K. ホフマン）/ヒムラーの言葉/女子青年グループの文化的課題/自在鉤　荒地の物語（ハンス・ヘルマン・ヴィルヘルム）/節制はどんなことにも良い　ヘルシーな栄養摂取（国民社会主義ドイツ労働党全国指導部国民保健中央局 Dr. マルガレーテ・ロートナーゲル）/アルコールおよびニコチン乱用との闘いとドイツ女性（大

管区局長Dr. エーリヒ・ブルンス）/連載小説『アフリカの若い女性』/モード：よく似合うジャボ、ジャンパー・ワンピースあるいはジャケット風ワンピース、子どもたちに新しい服を/料理：お金をかけないでお客様をもてなす/手際のよい主婦に/『優生学入門』と『格言になった遺伝病のない健康管理』紹介

20号（1938年4月号）
木版画（エルンスト・ドムブロフスキー）「パンは人間の手に力を与える」/沢山の子どもたちは国を強くする/自由農民により二倍の栄養を得て、わが国は千年続くだろう/ゲルマン人の戦士が農場に別れを告げる（W. ショイアーマン＝フライエンブリンク）/グードルン伝説（ゲルトルート・ザイデル/H. Fr. ブルンク）/詩「永遠の農地」（ヨーゼフ・ゲオルク・オーバーコフラー）/テンペラ画「種蒔く人」（オスカル・マルティン・アーモルバッハ）/母たち、農民たち、兵士たち/純血種という精神について（フリードリヒ・ヴュルツバッハ）/騎士団から党という国民社会主義団へ（ゲルト・ザックス）/「家事の新兵」が入隊する（Dr. E. H.）/連載小説『アフリカの若い女性』/モード：2世代のためのワンピース、新しい柄物・格子模様、1938年春夏物/料理：今回はすべて復活祭の食卓のために/1938年春のライプツィヒ見本市の家事改革製品/りんご½kg＋オレンジ½kg=5年までの禁固

21号（1938年4月号）
私たちの感謝（H. ベーメ）/総統の生涯から（I. マントラー）/1920年闘争期の総統を思い出す/ドイツ人の大国家が誕生した（マルガレーテ・プラッテ）/あなたたちは私たちと同じドイツ人です！（L. K.）/民族と復活祭（G. ドラープシュ）/連載小説『アフリカの若い女性』/グードルン伝説　H. Fr. ブルンクによる再現/復活祭に子どもによい本を！/乳母車のカバー/モード：スーツ、洗濯できる素材のブラウス、春夏の実用的な子ども服/家を飾る花の手入れ！/料理：また新鮮な野菜と果物が登場

22号（1938年4月号）
写真「1938年5月1日」/私たちの日々の労働の中に神はおられる（D. ティメ）/仕事のリズム　6つの詩/私たちは共同体に奉仕する　ドイツ労働戦線の女性労働班/女性労働班の歌（ドイツ労働戦線女性局）/女性労働班での実に素晴らしい体験/工場での記念式典（女性労働班指導者エルナ・ティーレ）/私たちの「カーリック」のお誕生日！（企業共同体「デーファーカー」女性労働班の就労女性ルート・ボルディルム）/詩「労働と祝賀パーティー」（G. ロイテリッツ）/仕事をする人の顔（ヘレーネ・マンスハルト）/連載小説『アフリカの若い女性』/開花が終わることはない（D. グイヨー）/小さな庭、母と子にとっての意味/モード：3つの美しい春物、夏向きのスポーティなワンピース/料理：とてもお勧め、良質でおいしいので/どの入植地にも養蜂箱がある

23号（1938年5月号）
木版画（E. ドムブロフスキー）とG. ショルツ＝クリンクの言葉/母性（J. M. ヴェーナー）/「母のカンタータ」より（H. バウマン『私たちは火をつける』より）/女性の手のスケッチと詩/ドイツ人男性が母に宛てた手紙/ハンス・トーマ『人生の秋に』より/1938年の母の日に（ドイツ女性事業団中央母親奉仕団課指導者E. レプケ）/私の子どもたち/お母さん、私はどこから来たの？（Dr. ヨハンナ・ハーラー）/連載小説『アフリカの若い女性』/お母さんの小さな宝石箱から（P. ヴァーレンディ）/新生児のために何を準備したらいいでしょうか　室内乳母車、子ども用ベット/モード：プリント生地、カラフルな色の明るい子ども服/料理：有効利用のレシピ/総統は子だくさん家族を援助する！（Dr. F. シュトゥンプフ）

24号（1938年5月号）
故郷の精神的力（M. ヴァインハンドル）/詩「聖霊降臨祭の風景」（ヘルムート・シュヴァーベ）/ユース・ホステル（オットー・ビーデマン）/福祉と看護のための女性援助奉仕団（G. ショルツ＝クリンク）/福祉と看護のための女性援助奉仕団規程/女性援助奉仕団はドイツ民族への名誉奉仕です（J. v. W.）/心の街道に立って（ロッテ・ミッテンドルフ＝ヴォルフ）、『心の街道に立って』はこの記事の筆者の本です/連載小説『アフリカの若い女性』/オストマルクの運命の大河を航行する喜び（I. マントラー）/新しいドイツのオストマルク（J. v. ヴィッヒ）/オーストリアの運命の時を伝える2冊の写真集：ハインリヒ・ホフマン編『故郷のヒトラー』、ハインリヒ・ハンゼン編『民族は民族に属す』/ドイツ、風景、民族、文化/モード：リンネルの服に刺繍する、結婚披露宴と新婚旅行のために/料理：パーティにお客様を迎える

25号（1938年6月号）
ハンブルクでの展覧会開催にあたっての言葉（G. ショルツ＝クリンク）/ハンブルク港とその航路（エルヴィン・シュット）/詩「船乗りたち」（H. Fr. ブルンク『バラードと詩』より）/運命の日（バルトルト・ブルンク）/詩「古い遺産」（『バラードと詩』より）/昔のハンブルク商人の家（ジビレ・モンスターベルク）/建築に対するハンブルクの考え方今昔（Dr. カルラ・エッカート）/ドイツ入植事業へのハンブルクの貢献（ルート・シュトゥールマン）/外国人奉仕、航海、そしてナチ女性団（リッツィ・アルブレヒト）/展覧会の準備　ハンブルクにおけるナチ女性団とドイツ女性事業団の大展覧会「女性たちはドイツのために活動する」/フィーアランデはハンブルクの宝庫（エーリカ・フーアマン）/音楽の「世界に開かれた玄関」/連載小説『アフリカの若い女性』/モード：手編み賛歌、単色あるいは柄物をモダンに仕立てる、休暇中の子どもたちに/家事のための品質保証マークが付いています/野菜と果物を煮詰めて貯蔵する/ノルダナイ島におけるナチ女性団、ドイツ女性事業団指導者および団員のための第3回全国研修プログラム/ドイ

ツ女性事業団の女子青年団の成果手帳

26号（1938年6月第2号）
魂が込められた手が生き続けられるよう女性たちは活動する/ドイツ女性による手工業が世界市場を征服する　ランプ・シェード工場を経営するエレ・ヴァイスバッハを訪ねる（テア・ヘルフェルト）/ミュンヘンの女性彫金マイスターの工房を訪ねる（O. シュトゥンプフェ）/刺繍　大昔からの女性の仕事/上質な職人芸による家具は、どこを見れば分かるでしょうか（Dr. E. アルトゲルト）/私たちの住居が「わが家」となる（Dr. M. フェー）/物語『家具職人ザーゲマン』（H. ボルトマン）/連載小説『アフリカの若い女性』/国民社会主義の女性活動/民族の誇りは、彼らの手がつくり出したもの　ベルリン国際工芸展覧会/モード：透ける服に合う下着、ぎざぎざのリボン飾りをあしらった服/料理：暑い日によいレシピ

第7年度

1号（1938年7月第1号）
オーストリアを謳う詩2編（マール・ロイシュレ、A. v. アウアースヴァルト）/マリア・テレジア（Dr. ルート・ヒルデンブラント）/かつてはどうであったか（Dr. H. ファッシングバウアー）/詩「オーストリアの母たち」（オーストリアのヒトラー・ユーゲント団員）/忘れ得ぬ英雄的行為の2年/詩「グレーテ・ショーダーベック夫人の思い出」（インゲボルク・ロイフェンバッハ）/私の初めての総統（M. ヴァインハンドル）/詩「山岳ガイド」/オーストリアにおける文学活動（Dr. R. ヴェスターマン）/連載小説『アフリカの若い女性』/オストマルクの民族性（ヘルタ・M. エルトル）/戦うズデーテン・ドイツ人（Dr. H. Schr.）/詩「ズデーテン・ドイツ人たちへ」（アンニ・ザーメツ＝スクーデニヒ）/都市の女性とオーストリアの民族衣装（H. M. エルトル）/モード：単色や柄物の子ども用夏服、夏は半袖で/料理：おいしいものを手早く作る/果実を収穫する悩みと喜び/女子青年の家事義務年/初めての全国規模の祭典を準備するシュレージエン（エルゼ・マイアー）

2号（1938年7月第2号）
テューリンゲンの文芸の廷臣たち　1.ヴァルトブルク、ドイツ・ミンネザングの居城/詩「テューリンゲンの宮廷」（W. v. デア・フォーゲルヴァイデ、シャルロッテ・リッティによる高地ドイツ語翻訳）、2. ゲーテ時代のヴァイマル（M. ボーガー）/ヨハン・セバスチャン・バッハ時代のアルンシュタットの物語『オルガン演奏席の見知らぬ乙女』（グスタフ・クリスティアン・ラルプ）/イェーナのライオン像/日中の永遠の響き　詩4編「秋の歌」（A. ミーゲル）、「昼よ来い」（ルートヴィヒ・フリードリヒ・バルテル）、「思い出」（L. Fr. バルテル）、「母なる大地」（ルルー・フォン・シュトラウス・ウント・トルネイ）/緑あふれるドイツ中部地方へ出かけてください（リヒャルト・リヒター）/花の街エアフルトへの旅/ドイツの民族的遺産―テューリンゲンの手工業/イェーナの女性織工の仕事から/テューリンゲンの女性入植助言者/国民社会主義の女性活動/連載小説『アフリカの若い女性』/モード：花模様と水玉模様、ワンピースに白い飾りを、お父さんの古いスポーツ・ズボンから新しい通学服をつくる/料理：涼しさを感じさせる料理/ドイツの生命力の向上（ハネス・シュマールフース）

3号（1938年8月第1号）
「民族と芸術」についてのH. シェムの言葉/写真「ドーベランの聖務共唱席側面の彫刻部分」/女性と芸術（H. Fr. ガイスト）/もののとらえ方の類似性/ミュンヘン「ドイツ芸術の家」における1938年、ドイツ大美術展（Dr. I. ライマー）/「ドイツ芸術の家」の女性による彫像/物語『オスターハーゲンの魔女』（W. シュレッケンバッハ）/連載小説『アフリカの若い女性』/大懸賞：この画家はだれでしょう/ノルダーナイ島で素晴らしい友情で結ばれた全国の大管区から参加した女性たち（F. ロンメル）/モード：季節の変わり目のコートと4種類のワンピース、格子柄はとてもモダン/料理：自分の庭の収穫からつくる天然果汁

4号（1938年8月第2号）
母と息子の写真/詩「私の息子」（ヴェルナー・フォン・ホーフェ）/家族と生家（Dr. J. ハーラー）/子だくさんの母が書いた手紙/遊びの中の真剣さ/ナチ女性団とドイツ女性事業団の子ども団/「遺伝と環境」という問題をどのように考えていくか（H. ハイグル）/モニカ・レヒナーの遺産（ヨー・プファング）/妊婦の「思い違い」/私たちは自分の生命に対する権利を持っているでしょうか（L. ガンツァー＝ゴチェブスキー）/新婚姻法（Dr. フィーゼ・エーベン＝ヘルベス）/人種思想に関する絵（壁飾り用に）/花嫁学校が設立される（母親奉仕団大管区部局指導者L. ランペルト）/物語『オスターハーゲンの魔女』/モード：若いお母さんのための提案/料理：大人にも子どもにも消化のよいものを/主婦たちよ、注意してください！

5号（1938年9月第1号）
農村での労働が不安ですか（エーファ・フレーリヒ）/女子青年団員を農村へ！/農村奉仕団の私たち女子青年（ヴァルトラウト v. St.）/宿泊施設指導者からの2通の手紙/農村援助に携わる女子学生（ヘルタ・ミーツィンスキー）/収穫期間幼稚園/ナチ女性団の収穫援助活動（マルタ・シュテルティング）/労働力不足の訴え/従業員の世話係としての農村女性（アンネマリー・ヘルトヴィヒ）/農場と菜園の農村の子どもたち（イルゼ・ブランデス）/都会の子も小さな庭師（マリア・ヴェルナー）/動物愛護の心は自然とつながっている（ベルント・カルガー＝デッカー）/パンはどこから私たちの食卓に来るのでしょうか（Dr. E. H.）/物語『オスターハーゲンの魔女』/モード：4つのパターンから8種類の服をつくる、秋の気分のファッション/都会と農村の家政における貯蔵食料品保存/料理：一度試して、

何回もくり返す/家政婦さんの休暇

6号（1938年9月第2号）
これが突撃隊（SA）です（ベルト・シュメーツ）/正しい血の母はだれでもわが国にとって神聖である　親衛隊（SS）の活動からドイツの未来の番人である社団法人「生命の泉」/ウィーンの2万人の子どもたちが国内で保養する（イーダ・バメルト＝ウルマー）/これまでこれほど体調が良かったことはありません（I. マントラー）/母親だけでなく就労女性も行動力ある支援を受ける　ドイツ労働戦線（DAF）女性部の活動から（A. リルケ）/重要なのは結果です　ドイツ女性事業団の女子青年団の活動から（エーリカ・シューレマン）/女性班長一人だけですか？ナチ女性団とドイツ女性事業団の活動から（A. S.）/物語『オスターハーゲンの魔女』/「喜びから湧く力」協会（KdF）世界最大の休暇事業/モード：コスチュームとアンサンブル、子どものためにかぎ針編みの服と帽子/正しい手入れがされた美しい家/チーズと凝乳から作る塩味の料理と甘い料理/息子が兵士になる

7号（1938年10月第1号）
ヘルマン・ゲーリングの言葉（ドイツ労働戦線の会議における空軍元帥のスピーチより）/ニュルンベルクの祝祭日/1938年全国党大会における女性会議/伝統とは停滞ではなく義務なのです（1938年党大会の女性会議における全国女性指導者G. ショルツ＝クリンクのスピーチより抜粋）/新時代の青少年　旧ドイツとオストマルクの女子青年団指導者たちが党大会に集まる/シュトゥットガルトに集合した3千人の在外ドイツ女性たち/モード：刺し子合わせ縫い、1938年から39年の秋冬物、太った人の欠点をカバーするパターン/煮込み料理がまた活躍します/物語『オスターハーゲンの魔女』/古いドイツの民衆なぞなぞ（ヘルムート・エルフェンス）

8号（1938年10月第2号）
ヘルダーリンの詩/ワイン地方をドライブする/詩「谷」（ハインリヒ・レルシュ）/コーブレンツ・トリーア大管区—ドイツで最も子どもの多い大管区/寮制母親学校、ラームシュタイン城/フンスリュック高原の10の処世訓/ブドウ山で働く2人の女性（マルティン・フラウ）/モーゼル川地方の新しい生活（トゥルーデ・ツェネス＝ゲープハルト）/私たちは手工業を支援する　アイフェルの家内機織/「健康の城」から眺める広大な景色（フリート・ムート）/連載小説『代官フォン・ウッペンモール』30年戦争時代の小説（ヴィリ・ハルムス）/大懸賞：この画家はだれでしょう、の正解/ズデーテン・ドイツ人引き揚げ者収容所での体験（J. v. ヴィッヒ）/モード：冬のモードいろいろ、子どもにカラフルな服を/手織り物

9号（1938年10月第3号）
ドイツ家庭音楽の日に（フーゴ・E. ユンクスト）/ドイツの本の日　現代の著作に描かれたドイツ女性（バルバラ・ツェーレ）/詩「永遠のドイツ」（L. v. シュトラウス・ウント・トルナイ）/2人の偉大なるドイツ女性詩人の作品に描かれた永遠の民族　1938年アネッテ・フォン・ドロステ＝ヒュルスホフ祝祭年/彼女と同郷の現代詩人L. v. シュトラウス・ウント・トルナイとその詩「褐色の大地」/書籍とその置き場所（Dr. M. デー）/健康な生活—楽しい創作活動/連載小説『代官フォン・ウッペンモール』/共同体は歴史をつくる/自由と平和をめぐって/ヨーロッパに平和を保証する条約に署名する/モード：プラウエン・レース、冬向きのタウン・ウェア、コートと服/いろいろに料理できるニシン

10号（1938年11月第1号）
詩「死者たちの合唱」（I. カプラ＝トイフェンバッハ）/日常生活の時刻のシンボル（R. v. シュティーダ）/ゲーテの言葉/詩「霧の壁」（G. コルツィリウス）/時は私の財産、私の耕地は時　Fr. ヴュルツバッハの一考察/母シュトライベル　ドイツが極めて困窮した時期の真実の報告/ズデーテン・ドイツ人の闘い（リーゼロット・ローレンツァ）/連載小説『代官フォン・ウッペンモール』/女性援助奉仕団援助活動は名誉ある仕事です/私たちが必要とされることは、素晴らしいこと！（J. v. ヴィッヒ）/今日の子どもたち—明日の民族/詩「若い人々」（クルト・ラインハルト・ディーツ）/偉大なるドイツ人は例外なくみんな子だくさん家庭で育っている（H. シュマールフース）/詩「わが民族」（ヴィルヘルム・カーロウ）/闘いと信念の本/ドイツ人女性の顔（ルイーゼ・ヘンリエッテ、コジマ・ヴァーグナー、マルガレーテ・v. ランゲル）/モード：モダンなニット、胸囲が大きな女性のためのコートとワンピース/手際のよい主婦のための考案品/どの大管区にも郷土料理があります

11号（1938年11月第2号）
詩「12月に」（クルト・エッガース）/クリスマス気分が高まる！/母のレシピによるクリスマス・クッキー/おもちゃの世界（H. Fr. ガイスト）/インデアン物語/青少年のためのクリスマス書籍/サンタ・クロースのための提案/連載小説『代官フォン・ウッペンモール』/1939年、冬期援助事業に対する総統の言葉/クリスマス・プレゼントのテーブルにドイツのさまざまな工芸品を/モード：素敵な冬のアンサンブル、お人形のお母さんも裁縫をする/手作りの素敵なプレゼント/ちょっとしたプレゼント/料理：12月の献立

12号（1938年12月第1号）
クリスマスに工作をする　ナチ女性団とドイツ女性事業団の女子青年団の救援活動/女子青年団はサンタ・クロースを助ける（ヒルデ・ヤウプ）/母の聖夜（P. ヴァーレンディ）/1938年、ドイツのクリスマス劇/さあ家ではロウソクに火が灯されます/12夜の結婚のお告げ（D. グイヨー）/ピラミッド型クリスマス飾り　楽しいクリスマス物語（K. A. フィントアイゼン）/1939年のカレンダー（I. ヴァーグナー）/クリスマス・プレゼントのテーブルのための本『永遠のドイツ』『ズデーテン・ドイツの運命』

『幸せなオーストリア』/L. ガンツァー＝ゴチェブスキーのドイツ人女性の顔について（Dr. R. ヴェスターマン）/連載小説『代官フォン・ウッペンモール』/モード：ウィンター・スポーツに、フォーマルな機会に、模範的な仕事着、実用的なスーツ/料理：どの家にもクリスマスの香り/「チロリアン刺繍」に描かれた農村独自の生活

13号（1938年12月第2号）
1939年のお正月（G. ショルツ＝クリンク）/忠誠/大ドイツ/忠誠はその理由を問わない/ズデーテン・ドイツ人の運命と態度（ゴットフリート・ロータッカー）/詩「故郷の鐘」（W. プライアー）/ズデーテン・ドイツ女性の自由闘争（K. フィッシャー）/血の耕地（G. ロータッカー）/ズデーテン・ドイツ人たちの豊かさについて/かわいそうなユダヤ人！/ズデーテン地方の雪—さあスキーです！/連載小説『代官フォン・ウッペンモール』/民族衣装再生と民族衣装のモード/モード：深く取り付けた袖が流行、子どもたちのために、お母さんはすべて自分で縫う/料理：親しいお客さんたちと改まった時間を過ごす/現代の大事件についての本

14号（1939年1月第1号）
H. ゲーリング（ゲアハルト・ラートケ）/A. ローゼンベルク　ドイツ再生のために闘った総統の古くからの闘士（カールハインツ・リューディガー）/四カ年計画のために主婦たちは働く/オルデンブルクの女性たち　私たちの活動報告/モード：ほっそり見せる沢山のパターン、カーニバル/連載小説『代官フォン・ウッペンモール』/総統は未来のために建設する /書評『海についての本』『カトリン、ある勇敢な女性の生涯』/花と植物愛好家に役立つこと/新しい煮込み料理/ドイツの原料の奇跡

15号（1939年1月第2号）
先史時代と現在/習慣の法における北欧女性の位置（Dr. ゲルダ・メルシュベルガー）/「恋愛結婚について」「ゲルマン的教育と振る舞い」（『エッダ』より）/ゲルマン女性の日常生活（A. v. アウアースヴァルト）/私たちの祖先の一日の仕事（『エッダ』）/大昔の女性が手作業でつくり出したもの（エルンスト・ニッケル）/連載小説『代官フォン・ウッペンモール』/書評『永遠の秩序』『北方ゲルマン民族の神話と民話』『帝国の形成』『聖なるパンについて』『ドイツ母名誉十字章』/モード：コートと3着のワンピース、コスチュームとその付属品、子ども向きパターン/家事の助っ人/台所では要領よく

16号（1939年2月第1号）
G. ショルツ＝クリンクの言葉/ドイツ女性の活動/民族の総業績に欠くことのできない女性の貢献（Dr. E. フォアヴェルク）/職業指導と労働配置（ガブリエレ・イェンヒエン）/G. ショルツ＝クリンクの言葉/女子青年の義務年と家事業（イルムガルト・ベルクハウス）/女性の職業（レギーナ・フランケンフェルト）/アイデアのためのアイデアの生活/全国労働奉仕団の指導者/女子青年たちは大学で勉強したがっている！（全国大学生指導部 Dr. エンネ・コッテンホフ）/就労女性と母親の法的保護について（ドイツ労働戦線中央事務局中央部局長ヒルデガルト・モリトーア）/最優秀者はだれですか（エファ・クラーゼン）/連載小説『代官フォン・ウッペンモール』/モード：春向きタウン・ウェア、季節の変わり目のアンサンブル/縫製技術のルールに従って/料理：人参をつかった新しいレシピ/良書

17号（1939年2月第2号）
演劇の責務（ハインツ・フランク）/最近のドイツ演劇（J. M. ヴェーナー）/ハンナ・ラーデマッハー　詩人とその作品（リーゼロッテ・ビュディカー）/素顔の人々/俳優は語る　マリアンネ・ホッペ、マリア・パウドラー/ドイツ映画アカデミーが達成しようとしていること（H. アルマン）/私たちが映画に期待すること（Dr. ヴェルナー・ヘルベルト・ラッシャー）/映画界のニュー・フェイス（エーディット・ハーマン）/連載小説『代官フォン・ウッペンモール』/こんなものがあっていいのでしょうか　世間の人々にたずねてみましょう/モード：新しいコスチュームとブラウス、単色と柄物のアンサンブル、学校を卒業した子どもたちが必要なもの/さあ、庭に注目する時期がきました/料理：読者の皆さんの提案

18号（1939年3月第1号）
プロイセン気質/詩「ポツダムの一日」（ハインリヒ・ウーナカー『ファンファーレ』より）/ナチ隊員の絵画（Prof. エルク・エーバー）/A. ヒトラーの言葉/つねに忠誠と誠実を（Fr. R）/マリー・フォン・クラウゼヴィッツ（Dr. B. ツェーレ）/男性たちよ！（エアハルト・ヴィッテク）/詩「遺志」（K. ブレーガー『民族よ、私はあなたから命をえている』より）/テューリンゲンの村にある戦没者記念碑のレリーフ「あなたたちが生きるために、私たちは死んだ！」/H. ゲーリングの言葉/わが国の国防軍再軍備から4年目に/健気に生き、勇気を持って死ぬ/連載小説『代官フォン・ウッペンモール』/A. ミーゲルを訪ねる 偉大なる東プロイセンの詩人（Dr. ロッテ・エーファウ）/詩「東プロイセン」/詩人 A. ミーゲルの作品に描かれた東プロイセンの運命/モード：午後ないし夕方に招待されたときに、レース素材と新しい混紡素材でつくる/料理：美味しそうに盛りつけると、美味しさも倍増します/書評『英雄島』

19号（1939年3月第2号）
A. ヒトラーの言葉 /私たちのために家を建てる（建築家フリーダ・シュミット）/今日の母たち（上級看護婦 B. ヴェルナー）/住居を探す子だくさんの母/医学（オットー・ハルトマン）/連載小説『代官フォン・ウッペンモール』/大量生産される質のよい家具（M. ヴィトコフ）/結婚資金貸付（イーザ・フロム）/デザインの優れた家庭製品（Dr. マルガレーテ・デー）/高級な椅子とソファ/書評『父エレンダール』『小麦の束』『大樹』/大学で勉強する女性の専攻：医学、哲学、技術について（Dr. アンナ・コ

ッテンホフ）/モード：新しいワンピースを着て復活祭の散歩へ、ようやく暖かくなって着るアンサンブル、春向きの子ども服/手作りの品で自分の家らしさを演出する/料理：楽しいお客様と改まった時間を過ごす/『ナチ女性展望』17号掲載記事「こんなものがあっていいのでしょうか」に対する女性と男性からの回答

20号（1939年4月第1号）
復活祭の飾りの写真/総統はオストマルクを解放する/本―子どもたちのための復活祭のプレゼント/こうやって私たちは冬を追い出す！女子労動奉仕団員たちがどのように春を祝うか/詩3編（E. ブルーメ）/詩「あなたを愛していると私が歌えば」（ヴィルヘルム・プライアー）/生命という統一性/農民の仕事は生きるものに奉仕すること（R. v. シュティーダ）/決断（A. ケッペン）/帰郷を呼びかける女性（タルヤイ・ベファースの同名の長編小説より）/連載小説『代官フォン・ウッペンモール』/モード：1939年春夏物、ボタンで全開できるスポーティなワンピース/料理：1週間分の献立表の提案

21号（1939年4月第2号）
ドイツ民族の言葉　忠実な人々の歌/わが民族の第一の兵士、総統の歴史的業績/メーメルは自由です！/ベーメンとメーレンの歴史（Dr. ロッテ・ブッツホフ）/イギリスの偽善を永遠に遵守すべきなのか（Dr. M. メンツェラート）/A. ヒトラーに喜んでもらう　4月20日のドイツ民族（エルネスト・ギュンター・ディックマン）/第三帝国の建築術（H. アーナカー）/あなたがドイツだからです！（リートゲン）/教育と維持（A. ヒトラー）/ナチ女性団会議へのプロセスは、総統へのプロセスである！（J. v. ヴィッヒ）/子どもと共同体（アンネマリー・ドブコヴィッツ）/活動するナチ女性団の子ども団（カローラ・エアトマン）/スポーツ合宿所のナチ女性団女子青年団/手仕事―時代の鏡　オーバーバイエルン支部巡回展覧会「女性の成果の展示会」/国家政策教育施設について（SS中央局長および国家政策教育施設監督主任、SS上級団指導者ハイスマイアー）/連載小説『代官フォン・ウッペンモール』/モード：雨の日に最適なコート、子どもたちもおめかし、実用的な洗えるワンピース/料理

22号（1939年4月第3号）
詩（フリッツ・ヴォイケ）と写真「働く手」/ルドルフ・ヘス（45回目の誕生日）（G. ザックス）/国民経済闘争の中のドイツ女性（G. イェンヒェン）/職業研修中の女性工場労働者―将来の社会的企業労働者/工場の女性従業員たちは職場を形作り、従業員の子どもたちの世話をする/家庭―働く者すべての力の源（マリアンネ・ツェッヒ）/創造的生活と家庭の文化（H. シュマールフース）/従業員慰安旅行（エラ・グレール）/労働の歌―労働者の生活についての本/詩「日常生活においても」/国民の健康と有用な毒物（L. ロッホ）/連載小説『代官フォン・ウッペンモール』/モード：新しいタウン・ウェア、シャツブラウスと紳士用Yシャツ、年配の女性にシンプルなパターンを/料理：どの家にもある生食素材/主婦ならだれでも知っておかなければならないこと：労働手帳の刑法上のリスク

23号（1939年5月第1号）
母性愛の力（ヘルマン・ゲルストナー）/母の日に（E. レプケ）/G. ショルツ＝クリンクの言葉/ドイツの母名誉の日（J. v. ヴィッヒ）/母と子のための私たちの事業（H. レース＝ファク）/3人のドイツの母（E. M. バース）/詩「母」（ヴィルヘルム・ロイティエンス）/イタリアの母の日（グレーテ・パクヴィン＝ガルヴィッツ）/詩「若い母」（ゲオルク・ウンターブーフナー）/詩「私の小さな子、お眠り」（メーレンの民謡）と揺りかごについての文（H. ヴィルケ）/ドイツ女性を讃える詩人による美しい言葉（D. グイヨー）/クララ・シューマン（Dr. B. ツェーレ）/連載小説『代官フォン・ウッペンモール』/モード：このワンピースのパターンからブラウスも作れます、がっしりした体格の人には小さな柄を、子ども用夏服/料理：母の日とその他の祝祭日

24号（1939年5月第2号）
詩「聖霊降臨祭」（H. シュマールフース）/人間と風景の共鳴について（L. バウアー＝フンツデルファー）/詩「プロセンの風景」（R. ヴェスターマン）/詩「朝日に輝く故郷」（W. シュヴァルツ）/ドイツで最も南に位置する大管区ケルンテンへ行きましょう！（I. マントラー）/子ども連れの休暇旅行について一言（G. コルツィリウス）/大都市の同胞奉仕　NSV-鉄道奉仕団の補助員たちを訪ねる（J. v. ヴィッヒ）/ズデーテン地方を行く（トルーデ・ノルガルト）/ヨハネス・ミルケ死亡記事/連載小説『代官フォン・ウッペンモール』/そしてもう一度、海！ハンブルクから北へ（イルムガルト・キュール）/書評 R. v. シュティーダ著、長編小説『はるかなる世界』（Dr. L. カート）/正しい旅行土産について/モード：広い世界へサイクリング、繊細な手仕事を加えた優しげなブラウス/勤勉な主婦を支援します/料理/外国旅行のための助言（ハンス・ジルヒャー）

25号（1939年6月第1号）
健康によいバランスの取れた栄養（ナチ党国民健康中央局 Dr. マルガレーテ・ノートナーゲル）/ドイツの栄養時計―筆者との対話/健康な乳幼児のための栄養（小児科女医 Dr. L. v. ゼート）/1939年、青少年健康義務年/健康で力強く、労働意欲ある民族のための闘いの中で/虫歯との闘い（編集部）/わが国の青少年が健康で幸せに誇り高い能力のある男性と女性に成熟するよう私たちはすべてを尽くしたい/400人の女子青年団員がダンスする/自然美とその手入れ/連載小説『代官フォン・ウッペンモール』/モード：どうやって裁断・縫製・刺繍するか、簡単な手仕事を加えたリンネルのワンピース/料理：夏でも魚を食べる

26号（1939年6月第2号）
貴族は農民に由来する　全国生産階級学校、ノイ

ハウス城の活動/代々受け継いできた農家の家具（エルゼ・ズットロプ）/物語『手紙』（R. ヴィツァーニ）/もう一度、義務年について/大懸賞：ドイツ大管区の家屋と民族衣装/海の収穫に従事する季節労働者について（文と写真：マントラー）/夏にも新鮮な魚を！/連載小説『幼子の母』（マリア・グレング）/書評/連載小説『代官フォン・ウッペンモール』/モード：レースとプリント・シルクの盛夏のワンピース、若いお母さんと小さな子どもたち/夏日の美味しい料理

第8年度

1号（1939年7月第1号）
詩「故郷」（A. ミーゲル）/東プロイセンの課題（Dr. フリードリヒ・ヴァール）/ダンチヒを越えて大管区東プロイセンへ（R. v. シュティーダ）/詩と写真「浜辺での日々」/東部での女性たちの活動（ルート・ベーメ）/国境地域の民芸/新しい農村における女性経営助言者たちの仕事（H. ヤーン）/推薦書『東部ヨーロッパの運命』『新しい東プロイセン』『A. ミーゲル』/東プロイセンの女性たち（エルマ・レントヴァイ＝ディルクセン）/詩「ゆりかごの歌」/砂州の夜（L. ガンツァー＝ゴッチェブスキー）/犠牲によって祝福される土地（I. v. マルツァーン）/連載小説『幼子の母』/モード：単色・柄物それに刺繍の服、胸囲の大きさをカバーする服/主婦たちは家と台所のアイデアを学ぶ/開拓者と庭の所有者のために/連載小説『代官フォン・ウッペンモール』

2号（1939年7月第2号）
女性たちの奉仕活動　25年前の世界大戦勃発の思い出/詩「7月の穀物畑」（H. エントリカート）/終わることのない労働　世襲農地のある農婦の日々の仕事（J. v. ヴィッヒ）/総統をしっかり支えるつもりであるなら、私たち全員がさらに多くのことをしなければならない！（全国女性指導者の演説から）/結婚の意味/G. ショルツ＝クリンクの言葉/H. シェムの文章/死亡報告/子だくさんの母親が体験を語る（アルヴィーネ・シュライバー）/母親たちが質問し、私たちが答える―母親講習の「しつけコース」から/母親の立場から―ドイツの青少年の健康維持（母親であり女医による）/子どもたちは故郷を見いだす（I. アルトゲルト）/詩「子どもの目」（W. v. ホーフェ）/あるNSV保母が自分の仕事について語る/離婚した夫婦の子ども（Dr. E. エッゲナー）/家族にもっと理解を/連載小説『幼子の母』/モード：山へ旅行にでかける時に、HJ（ヒトラー・ユーゲント）とBDM（ドイツ女子青年団）の服/戸外でパーティーを開く/型紙の解説/書評

3号（1939年8月第1号）
総統の言葉/ミュンヘン「ドイツ芸術の家」における1939年のドイツ大美術展（クルト・ルター）/芸術の祭典にわくミュンヘン（J. v. ヴィッヒ）/形となった真実性　女性製本工フリーダ・ティールシュの50歳の誕生日に彼女の芸術作品から/展覧会はどのように開いたらいいのか（ヴァルター・キューン）/連載小説『幼子の母』/中世の造形芸術における女性の形姿/モード：家事と庭仕事に都合のいい服、同じ柄の刺繍がある子ども服と帽子、子ども服はすべてお母さんが縫う/庭の所有者にとって有益なこと、野生の果物の利点と永続性/そうでなくてはならないの？（ケーテ・デルフェン）

4号（1939年8月第2号）
ドイツの植民地要求（M. シュミット）/南西アフリカのドイツ人農園で（イルゼ・シュタインホフ）/アフリカのドイツ女性たち/アフリカのドイツ人学校（アグネス・フォン・ベムケン）/あるドイツ人の母親が私たちに手紙を書く/南西アフリカの同国人会/ドイツの植民地青少年団（ロッテ・ヴンダーリッヒ）/熱帯にいる女性の健康問題（O. フィッシャー）/ドイツ赤十字の海外における植民地活動（S. v. ウーデ）/故郷の声/アフリカにおける書籍回読事業（ヘレーネ・ゲーベル）/ドイツ人の世界漫遊記（Dr. E. シュタルクロフ）/植民地における著作から推薦する/南西アフリカで生まれたドイツ人（I. シュタインホフ）/連載小説『幼子の母』/秋物ファッション第1弾、新しいコートのデザイン、午後の美しいコスチューム/美味しくて栄養があってヘルシーな料理/ドイツ女性事業団の活動から　バーデンにおける植民地労勤共同体についての報告

5号（1939年9月第1号）
再び党大会の旗がはためく（H. ゲルストナー）/私たちはニュルンベルクを体験する/がちょう番の少年の伝説/青少年団が全国党大会を準備する/技術と組織の奇跡―農民たちの救援列車（フリッツ・マイアー・ヘルトマン）/女性と母親たち/我々はこれまでと同じであり今後も変わらないだろう―A. ヒトラーの突撃隊に関する時機に応じた考察（SA隊長ケーベル）/ドイツ皇帝帝冠　その歴史、放浪、そしてかつての帝国都市ニュルンベルクへの最終的帰還（Dr. ベルタ・リスト）/短編小説『遠い小都市』（H. Fr. ブルンク）/ドイツのダンチヒ（シュレーダー）/連載小説『幼子の母』/ドイツ女性へ訴える！（G. ショルツ＝クリンク）/モード：このパターンは太った体型をカバーする、秋のコスチュームと6種類のブラウス、秋用子ども服/勤勉で有能な主婦は食材の貯蔵に備える/庭のページ/大懸賞の解答：ドイツ農家の家と民族衣装

6号（1939年9月第2号）
収穫の時期―収穫への感謝（ハンス・シュトローベル）/落ち着いて、そして断固として（Dr. ヘルマン・シュラム）/私たちにパンを毎日お与えください！（A. ピオンテク）/理念の力（カローラ・シュタイガー＝ゲルスバッハー）/詩「ドイツ」（H. アーナカー）/小さな奉仕でいいですか？ええ、もちろん、偉大なる業のために！（Dr. リーゼロッテ・ヘンケル）/短編小説『遠い小都市』/連載小説『幼子の母』/家族の保護　兵役に招集された場合、残された家族に対する経済的援助/お父さんは兵隊さんになる/モード：毛皮付きと毛皮なしの服、午後の

訪問着/昼食と夕食に魚料理を/強靱無比の守りの国：西部要塞線（J. v. ヴィッヒ）

7号（1939年10月第1号）
女性たちは労働奉仕をどこに申し出たらいいのですか：職業安定所とナチ女性団が助言します/呼び出しに対する心の準備を—さまざまな講習会や課程に参加して労働動員への準備を/どこで労働奉仕は必要とされているのか：女性動員の可能性—きわめて重要とされる仕事/ドイツ女性一人ひとりが確固たる信念をもってこの大いなる戦闘共同体に参画することを期待する（1939年9月1日の総統）/ドイツ女性よ、あなたの防空義務を果たしていますか/子どもたちは「防空」遊びをする（リーゼロッテ・クリンガー）/読者のみなさんに一言！/隣同士の助け合い、故郷の知識（J. v. ヴィッヒ）/困った時の助っ人：ナチ党が手を貸します（Dr. I. ブーレシュ＝リーベ）/一人の男性がドイツの未来へと一歩を踏み出した/詩「収穫の帝国」（H. Fr. ブルンク）/ドイツ兵の応答（H. シュターケ）/連載小説『幼子の母』/薬草採集に手を貸してください：豊かな森と野原を考えて（提出場所一覧付き）/果物収穫の保証、貯えからフルーツ・ジュースを作る/モード：『ナチ女性の展望』オリジナル・デザインの服、2タイプのコート、子ども用コート/料理：ジャガイモと野菜中心のメイン・ディッシュ/「もし木の枝が屋根まで伸びてしまったら」ドイツ女性事業団の相談所は、女性たちに今生じているどんな問題にも助言します

8号（1939年10月第2号）
嘘に立ち向かう真実（Prof. Dr. シュナイダー）/詩「ポーランドのドイツ人の歌」（ハインリヒ・ブートベルレット）/精力的に働く女性たち：黙って帰宅する（G. ビュシング）、平和の制服を着た少女（Dr. I. ブーレシュ＝リーベ）/前線の看護婦（L. バウアー＝フンツデルファー）/ドイツの野戦病院から（ユルゲン・ハーン＝ブトリー）/みんなが満腹になれる　全員が助け合う！/銃後の守りができあがる：私たちには社会福祉事業従事者が必要です（G. イェンヒェン）/労働動員と就労女性の支援（A. リルケ）/共同体のために動員される母親たち—子どもたちのために動員される共同体（J. アルトゲルト）/適切な暖房は燃料を節約する/古い服から新しい服を作る、2種類の生地を使ったリフォームの提案/この2週間に何を料理しましょうか/連載小説『幼子の母』

9号（1939年11月第1号）
平和を勝ち取る決戦/永遠の衛兵所（ハインツ・ツェーベルライン）/ドイツに子どもたちを与えた母親たちにまず感謝を捧げよう/世界史上未だかつてこれほどわずかな犠牲しか払わずにこれほど無比の勝利が勝ち取れたことはなかった！/この戦争は新生ドイツの敗北ではなく、その存続を決定的に保証するものである/全員の節約が一人ひとりの支援につながる！/我々の東部国境はこれから先、もはや流血はないだろう/最高の栄誉（ペーター・ローゼッカーの言葉）/記念の場所を作りましょう/ドイツの心構えについて/戦場についての週間ニュース映画/ヴァルター・フレーアとドイツ女性/だれに質問したらよいのか/連載小説『幼子の母』/古着から新しい子ども服を作る、実用的な服、編み物/洗濯、汚れの除去、それに石けんを節約する主婦のためのちょっとしたアイデア/ 野菜、その貯蔵法と利用法/シュレーエとメギの実は食用の野生果実です

10号（1939年11月第2号）
故国の戦闘経過/冬期戦時援助事業/ヒトラーの言葉/最前線のドイツ女性（ティースラー）/詩「ドイツの母に！」（テオ・レーヴァー）/ある農婦が戦場の夫に宛てた手紙/誇りある証明の時：ドイツ女性事業団の青少年団にとっての新しい仕事/過去と今/われらが青少年のさまざまな戦時活動（マルゴット・ヨルダン）/真実への勇気（J. v. ヴィッヒ）/「ドイツが私たちの所へやってきた」あるナチ看護婦が物語る/2種類の生地からつくった服、古い服から新しい服へ/酵母を使ったケーキとクッキー、一日の基本となる良質の朝食/連載小説『幼子の母』

11号（1939年12月第1号）
クリスマスの準備をしましょう/戦時の夕（R. ドラープシュ）/私は冬には物語を語って聞かせます/青少年のためのクリスマス用良書『前線の少女』『新しい軍隊についての本』『新しい空軍についての本』（ローゼ・ディトマン＝フォン・アイヒベルガー）/子ども団の童話の時への招待/サンタ・クロースからもらいたい物/自分で作ってみよう—大人と子どものために/連載小説『幼子の母』/簡単に仕上げられる服/ひきわり麦とオートフレークを使った料理、クリスマス用クッキー

12号（1939年12月第2号）
ドイツのクリスマス、文化と生きる喜びの表現/総統についてのゲーリンクの言葉/クリスマスの幼子（E. M. バールス）/歌「遠く山と谷を越えて」（楽譜付き）/地下壕での灯り/母は戦場の父に手紙を送る/喜びを与えよう/10人の小さな若い助っ人たち：NSVと冬期援助事業の活動から/前線と故郷のクリスマス・プレゼント用の書籍（L. バウアー＝フンツデルファー）『永遠なるドイツ』『聖ゲオルクの代理人』『大いなる故郷』/連載小説『幼子の母』/自宅で作れる小物、型紙に関する提案/親しい客とのお祝い料理/推薦書『フランスはどうなるか』『ドイツとイギリス』『帝国のダンチヒ』『勝利の途上で』『オーストリア地域における古ドイツの木彫師』

13号（1940年1月第1号）
闘いの1940年への変わり目に（E. G. ディックマン）/生命の勝利の必然性　年の変わり目に考える（Dr. パウル・ダンツァー）/私たち自身の中に生まれた帝国（L. ガンツァー＝ゴチェプスキー）/G. ショルツ＝クリンクの言葉/私たち女性に関する2冊の新作：書籍『輝く生命』、映画「母の愛」/どの人も私たちにつながる道を見つけられる　党相談所にお

けるナチ女性団の仕事（J. v. ヴィッヒ）/兵役義務者の家族に対する扶養援助の改善（Dr. E. エッゲナー）/私たちが一度話しておかなければならないテーマ：間もなく出産する女性たちのために/100点—そしてそれ以上はありません！/とても関心のあるテーマについてのちょっとした対話：衣料切符（J. v. ヴィッヒ）/連載小説『幼子の母』/私たち全員の心は彼らのもとにある/私たちは市民の地下ビア・ホールにおける暗殺計画で負傷した女性たちを見舞った/とても重要な繕いと継ぎ当て/1914-1939年の女性労働動員（L. バウアー＝フンツデルファー）/昨年の服を新しいデザインに、手縫い服を着た子どもたち/いろとりどりの料理

14号（1940年1月第2号）
前線と故郷の力の源であるドイツの文化遺産（クルト・フェルヴァース）/詩「国民」（ヨハネス・リンケ）/そして前線でもようやく/西部戦線のトーチカ図書館（Dr. Fr. ブロイニンガー）/私たちにイギリス人の顔を教えてくれる本（E. M. バールス）/精神的装備：女性団の文化活動（L. バウアー＝フンツデルファー）/記念すべき時　マリー・ハムスンによるミュンヘンでの朗読会（R. v. シュティーダ）/K. ノルトシュトレームに宛てたある兵士の公開状/孤独な兵士に宛てた故郷の手紙（Dr. ヒルデガルト・ツィマーマン）/連載小説『幼子の母』/手作りの小物、毛糸と残り切れから/家庭の点火材/今こそ食物の腐敗と闘おう/冬でも新鮮な食べ物を/1940年のカレンダー

15号（1940年2月第1号）
20年前のベルサイユ（Dr. H. シュラム）/本当の生の喜びについて（J. M. ヴェーナー）/「信頼できる女性」は常に適切な時に助言する用意がある「信頼できる女性」って何だか知っていますか（I. ベルクハウス）/戦時における青少年の職業選択（L. ライマー）/入植者と国防農民に対するヒトラー・ユーゲントの田舎での活動（クラウス・ダンツァー）/私たちの時代の真の女子青年たち/農村の女性向きの職業はとても将来性がある！/生命の同盟者たち/女性と母—民族の生命の源　国務大臣R. ヘスによる展覧会の開会/女性の職業のための全国仲介所の仕事範囲を拡大する/月刊映画評論/連載小説『幼子の母』/私たちは衣料切符の点数を節約することに協力します、人気の子ども服のパターン/皮付きジャガイモ、さまざまなレシピ/ケルンテン州の子どもの民族衣装（ゲルトルート・ペーゼンドルファー）

16号（1940年2月第2号）
侵略国イギリス/戦時の芸術創造（K. ルター）/芸術は平時の暇つぶしではなく、戦争の鋭い武器でもある（Dr. ゲッベルス）/畏敬の念について（J. M. ヴェーナー）/今日のマイスター主婦（I. ベルクハウス）/映画は私たちを助けてくれる！/連載小説『幼子の母』/暇つぶしにちょっとしたゲームを、忍耐があれば誰にでもできます/手持ちの服から新しい服を、上手な裁断で布地節約、手作りの新しい服/統一された新しい洗剤で生地をいたわりながら清潔に洗濯する方法（Dr. K. リントナー）/一週間の献立、料理の約束事/最近の布地にアイロンをかける（Dr. クリングナー）/洋服の寸法をとって仕立てさせる場合の全国衣料切符/月刊映画評論/すべての女性にとって大切です！/忍耐ゲームの解答

17号（1940年3月第1号）
戦没将兵慰霊の日　死者は不死である（アンネマリー・フォン・シェーレ）/母の両手/詩「愛する母よ」（イルムガルト・グロシュ）/詩「東部の地」（G. ドラープシュ）/総統はドイツ東部へ呼びかける/終わりと始まり/詩「バルト海沿岸出身のドイツ人の帰郷」/レーヴァルからの別れ/バルト海沿岸出身のドイツ人の親戚に宛てた公開状/ドイツへの途上で：ドイツ国民団のレットラントへの移住についての報告（ノーラ・シュテンダー）/ガリシアとポリンのドイツ国民団の歴史から（Dr. L. ブッツホフ）/連載小説『幼子の母』/すべて古いコートから作りました、2種類の生地に合ったパターン/復活祭のうさぎ部屋で/全国衣料切符をめぐって/読者の皆さんからの実用的なアイデア/料理：カブの名誉回復/菜園・果樹園にとって大切なこと

18号（1940年3月第2号）
復活祭の季節（H. ベーメ）/詩「偉大なる時」（ルーペルト・ルップ）/ドイツの復活祭（Dr. H. オーリング）/春が今大急ぎでやって来ようとしている、足音高く！/私は自信と強い精神の持ち主でありたい（E. グレール）/私たちの総統への感謝/詩「故国への帰郷」（ルドルフ・ヴィツァーニ）/連載小説『幼子の母』/ヨハンナ・フォン・ビスマルク（Dr. B. ツェーレ）/復活祭に青少年に良書を！/全粒粉パン/戦闘機の乗員と蝶/裁縫が不得意な人でも大丈夫、手持ちの生地や残り布から新しい服を作る/食料の配給に配慮した幼児の栄養（Dr. M. シュタルク）/どんな好みの人にもおいしい料理/メーメル地方におけるナチ女性活動の1年（R. ベーメ）/月刊映画評論（イングリット・ビネ）

19号（1940年4月第1号）
戦時の農婦（L. ライマー）/詩「ドイツ」（J. リンケ）/世界大戦と今日におけるドイツ国民の栄養（Dr. F. ロルツ）/母親たち、娘たち、宿舎を割り当てられた兵士/イギリスの生活について私が見聞したことテクラ・レーネルトの日記から/連載小説『幼子の母』/買い物の不満ですか/月刊書評/家政に関する助言/主婦にとってのニュース/改まった時の簡単な子ども服、布地や毛糸の残りを利用する/完璧な料理技術は食糧配給切符の最良のパートナー/母親たちよ、あなたたちの娘の家事修行について考えてください！

20号（1940年4月第2号）
詩「最も偉大なるもの」（B. v. シーラハ）/写真「1940年3月10日の総統」/A. ヒトラーよ、これがあなたの国民である！/忠誠について（J. M. ヴェーナー）/歌「そして我々は忠誠を尽くす」/「前線」

にいる私の子どもたち（エーファ・デュル）/連載小説『幼子の母』/懸賞：上手な体験談を書き、料理をし、あるいは縫い物ができるのはどなた？/ドイツ人の証/読者のみなさんの提案服、妊娠中の女性と新生児の服/だれの口にも合うおいしい料理/菜園の三圃農法/懸賞の第2課題：私たちは戦時でもおいしい料理を上手につくる/第3課題：私たちは子ども服を自分で縫う/15の上手な荷造り方法/月刊映画評論

21号（1940年5月第1号）
創作活動の勝利（E. G. アイクマン）/戦時経済への女性動員/ヒトラーの言葉/工場で働く女性たち（ヒルデガルト・シュタール＝メディング）/12号線の女性車掌（G. ビュシング）/労働女性団は真価を発揮する（G. イェンヒェン）/西部要塞線、われらの前線労働者の仕事（Dr. テーオドーア・フォン・コーアリ）/女性同志の友情/月刊書評『すべては順調に進んでいる』『ゆらぐ橋』/連載小説『幼子の母』/害虫の発生と駆除/ミュンヘン・ドイツ・ファッション専門学校の新作：2～14歳の子ども服/数週間分の美味しい料理/春の倦怠と闘う（ゲルトルート・フィルフォルト）/ドイツ女性事業団寄宿学校における母親講習/食用になる国内の野草

22号（1940年5月第2号）
1940年の母の日に（ドイツ女性事業団母親奉仕団主局長エルナ・リンハルト＝レプケ）/G. ショルツ＝クリンクと総統の言葉　ドイツ母名誉十字章/詩「母の日の兵士」（ハインツ・クリューガー）/兵士の妻：前線への手紙（カール・ブレーガー）/戦時の母たち（マリー・フーフマン）/戦時のドイツ女性の立場と課題（E. リンハルト＝レプケ）/ドイツの父母（H. シュマールフース）/オルデンブルク、フースベーケ全国花嫁学校と寄宿制母親学校/連載小説『幼子の母』/下着を自分で縫いましょう、2種類のワンピース/おいしいルバーフ/庭のページ

23号（1940年6月第1号）
行動の法則　指揮の特性から生まれるドイツの優越性（ディックマン）/戦争において断固として偉大なることを成し遂げようとする者は、つねに他の人々に法則を与える（カール・フォン・クラウゼヴィッツの言葉）/北の明るい国　ドイツとデンマークの精神的交流（ゾフィー・リュッツォウ）/共同体に庇護される船乗りの妻（M. シュテルティング）/死の覚悟、生への覚悟（アルヴィーネ・シュライバー）/詩「兵士の祈り」（G. シューマン）/休暇の子どもたちの幸せ（Dr. I. ブーレシュ＝リーベ）/私たちのドイツの国土/連載小説『大河のバラード』（ローラント・ベッチュ）/前線の闘士/銃後の助力者―ドイツ赤十字のための戦時救援事業が私たちに呼びかけています！/月刊書評/外出の時は素敵に装う、手持ちのものから新しい服を作る、子どものためのパターン/菜園・果樹園のための大切な仕事/アスパラガスを無駄なく美味しく下ごしらえする、6月の料理

24号（1940年6月第2号）
大いなる勇気の時（E. G. ディックマン）/PK兵士たちは報告する：3機のイギリスの戦闘機との闘い/歌「鷲の歌」（楽譜付き）/勝利の闘いを繰り広げるわが国防軍：フランスの戦闘機中隊は着陸間際に地上勤務員の眼前でドイツ戦闘機に撃墜された（ベンノ・ヴンツハンマー）/戦争とはこういうものだ！（少尉フローヴァイン）/最大の運命の中で（L. G.＝ゴチェヴスキー）/負傷兵のための鉄道車両（H. ハルトマン）/何千もの質問の家　死傷者や捕虜に関する国防軍照会所/青少年と兵士たち（ヴァルター・ランメルト）/連載小説『大河のバラード』/ドイツ女性事業団寄宿学校における母親講習/2種類の生地からつくる服、上手なリフォームの提案/ドイツ商品学/主婦のための新製品/季節に合わせて美味しい料理をつくる/主婦のための新刊書/月刊映画評論（I. ビネ）

第9年度

1号（1940年7月第1号）
ドイツ女性一人ひとりが鉄のように堅い自制心をもって模範的に戦時共同体に順応するよう期待する　1939年9月1日の総統（E. シュヴァルツ＝ゼッメルロート）/ドイツの就労女性一人ひとりが勝利に協力することになる！/明るく健康な女子労働奉仕団（L. ライマー）/女性たちは負傷兵を援助する（F. コールブラント）/NSGにおけるドイツ国民教育事業団（「喜びから湧く力」）/日焼けした頬と輝く瞳　多数あるNSV保育園の一つを訪問する（I. マントラー）/それから兵士たちは沈黙した/若くなくてはならない（G. ビュシング）/連載小説『大河のバラード』/カラフルな布地から、風と太陽で日焼けした肌、子ども服/どの主婦も知っておかなければならないこと/ベリー類が熟す/月刊書評（E. シュヴァルツ＝ゼンメルロート）『ドイツとイギリス』『イギリスへの攻撃』『フランスが望んでいること』『なぜ我々はこの戦争に勝利するのか』

2号（1940年7月第2号）
全国女性指導者との対談/G. ショルツ＝クリンクの言葉/私たちはズデーテン地方における大管区女性団長を訪ねた/管区女性団長は彼女の管区の人々の真ん中に立っている/これが奉仕活動（女性）局長です　援助が必要ですか？私たちは直ちに必要なことを指示します（Dr. マルガ・メンツェラート）/工場が呼んでいます（H. シュタール＝メディング）/1940年6月13日ベルリン、スポーツ・パレスにおける全国女性指導者のスピーチ　戦時におけるドイツ女性の活動/どの人の趣味にも合う夏服、懸賞で受賞したアイデア/妊婦の栄養、授乳期の母親の不可欠な栄養/懸賞で受賞したレシピ/20号の懸賞「上手に手紙を書くか、料理するか、縫い物をするのはどなた？」の結果/ナチ国民社会福祉事業団の看護婦

3号（1940年8月第1号）
将来のための国民社会主義とファシズムの共同戦

線（E. G. ディックマン）/イタリアの帝国主義（ハインツ・ホルバック）/イタリアの植民地リビア（E. シュヴァルツ＝ゼンメルロート）/ドイツの女性たちと同様、イタリアの女性たちも自国民のために活動を展開している（ヘルタ・ポート）/私たちの兵士たちは元気だろうか（J. M. ヴェーナー）/映画になった前線報告（I. ビネ）/連載小説『大河のバラード』/人気の洋服、ブラウスとスカート、よく似合う子ども服/２人前の週間献立/注目に値する２冊の本/ドイツ女性事業団寄宿学校の母親講習

4号（1940年8月第2号）
運命のドイツの国土：エルザスとロートリンゲン（アンドレア・ニーダーレンダー）/再統一された兄弟/オーストリア地域における女性芸術家たちの作品（ヘレーネ・クラウス）/若い女性は夢見る（ハンナ・ヴィルヘルム＝クノーテ）/偉大なる時の小さな体験（ヘレーネ・リンダー）/7人のオランダ人の子どもたち　私たちのことも助けてくれる？（アンネマリー・ヘニング）/連載小説『大河のバラード』/2着のスポーティな服とジャケット、読者のみなさんからの上手なリフォームの提案/食べられる野生の果物/月刊書評『J. ハーラー』『お母さん』『A. ヒトラーについて話して！』/ナチ社会福祉事業団の看護婦団：国民社会主義の看護婦団、社団法人自立した看護婦と女性養護員の全国連盟

5号（1940年9月第1号）
戦時にもかかわらず―ミュンヘン「ドイツ芸術の家」における第4回ドイツ大美術展（K. ルター）/フランスで（ハンナ・レース＝ファチリデス）/各地の前線ははっきりしている―闘いは続く（E. G. ディックマン）/連載小説『大河のバラード』/バイロイトの総統の客人とともに（J. v. ヴィッヒ）/女性秘書のための全国職業教育訓練週間/秋物の新作３着/主婦たちよ、あなたたちのオーブンについて考えて！/野菜賛歌、そして再度いくつかの「受賞作」の紹介/月刊映画評論/家族生計維持法と婚外子/未婚の女性に対する「ミセス」の記載（Dr. レーマン）/ドイツの女子青年はドイツ赤十字の看護婦になるように

6号（1940年9月第2号）
エムス地方において一生懸命収穫援助をする女子青年たち（M. シュテルティング）/亜麻の収穫をするナチ女性団/オーバーバイエルンからの手紙（レニ・P. ヴァイルハイム夫人）/詩と写真「戦時の収穫の手伝い」/銃後における戦争の一年　西部地域における女子青年労働奉仕団の動員について/故郷ヴァイクセル地方　最初の収穫が行われた（I. v. フバティウス=ヒンメルスチェルナ）/大管区青少年団女性指導者たちの全国宿泊所について/戦時の詩「故郷は語る」「盛り上がる準備態勢」/連載小説『大河のバラード』/季節の変わり目の服、仕事着/お母さんたち、子どもたちを空腹で悩ませてはいけません（Dr. カルツブルク）/肉の代用品のキノコ、美味しいトマトの使い道は沢山ある

7号（1940年10月第1号）
運命の天秤に載ったフランス国民（Dr. ルドルフ・ダンマー）/二人の女性、二つの世界/ある兵士が「しっかりした女性たち」へ手紙を書く/生の勝利/一人息子/ヒトラーの言葉：ドイツ国民に告ぐ（E. シュヴァルツ＝ゼンメルロート）/兵士の墓（Dr. フリッツ・メスケ）/黄金のボールは飛び続ける（H. ヴィルヘルム＝クノーテ）/母親と兵士の間の看護婦（エンマ・パウル）/武器が効果を現している時―鍬のことを考えよ！/連載小説『大河のバラード』/ドイツ女性事業団母親学校における展示コンテストと住所交換所/簡単なパターン、新しい子ども服/だれの口にも合うカボチャ料理/母性保護/ドイツの女子青年はドイツ赤十字の看護婦になるように

8号（1940年10月第2号）
ドイツ東部についてあなたは何を知っていますか（Dr. クリステル・オットー）/解放された東部地域を行く/解放された大管区ダンチヒ・西プロイセン地域における女性活動の１年/女子学生たちはヴァルテ地方で農業活動をする（G. イェンヒェン）/ヴァルテ大管区における地方の女子青年の仕事（ジークリット・フォン・ヘーデンシュトレーム）/連載小説『大河のバラード』/洗濯について今知っておかなければならないこと/手本となるリフォーム、下着の手持ちが揃う/ 賢い貯蔵のやりくり/ 月刊書評/ナチ国民社会福祉事業団の看護婦団：ナチ看護婦団、社団法人自立した看護婦と女性養護員の全国連盟

9号（1940年11月第1号）
詩「帝国」（兵士たちの絵２枚）/歌う若き兵士たち（ノルベルト・ランガー）/「若き連隊」「明日我らは進軍する」、両曲とも楽譜付き/エルザスの女性たちと初対面（Dr. H. ツィンマーマン）/彼らも故国のわが家へ戻る　ベッサラビアのドイツ人の移住（Dr. L. ブッツホフ）/「黒点」（Dr. アンネマリー・ゼムラー＝シュピッツ）/あなたは、思っているより豊かです/大管区チロル/フォーアアルルベルクにおけるナチ女性団の子ども団（ナターリア・ベーア）/勇敢さは奇跡を産み出す/連載小説『大河のバラード』/洗濯について今知っておかなければならないこと/単色あるいは縞模様の小さな純毛服、コート、外出着３着、ブラウス、子ども服/懸賞で受賞した、親しい客をもてなすレシピ/月刊映画評論「注意しろ！敵が聞いている！」/ドイツ女性事業団寄宿学校の母親講習

10号（1940年11月第2号）
東南ヨーロッパの新秩序（Dr. フリッツ・タイル）/限界よりも強いのは共通の血の力だ（A. ヒトラー）/ジーベンビュルゲンの農婦たち/この世で最も豊かな土地で（Dr. ループレヒト・ルップ）/戦場に立つ芸術家たちに対するドイツ女性の感謝/女性詩人A. ケッペンの死に/それは家では決してする必要はない/勇敢な人々の前線/連載小説『大河のバラード』/リフォームに向いている、仕立て直す、新しい衣料切符/石炭を節約して暖かく保つテクニック/寒い

季節に何を料理したらいいか/月刊書評（Dr. L. ノックヘア）

11号（1940年12月第1号）
クリスマス前の時期/クリスマスの庭/村の学校でクリスマスの準備が行われる/森や野原から材料を集めて作るおもちゃ/昔からある可愛らしい子どもの本/魔法はとても楽しい　ホークスポークス1、2の3！/美しいイーディス人について（H. Fr. ブルンク）/藁の工作、木を使った工作/連載小説『大河のバラード』/お気に入りの子ども服、カラフルなアップリケと皮で作った花/手作りのクリスマス・プレゼント/戦争2年目のクリスマスを準備する/青少年のためのクリスマス用良書

12号（1940年12月第2号）
冬至のゲーム/12日の聖夜の意味（ルドルフ・プロクシュ）/1940年の戦時のクリスマス（G. ショルツ＝クリンク）/詩2編/夏至（E. M. バールス）/物語『クリスマス・ツリーの下で闘う国民、西部要塞線上空の光』（R. W. トリース＝シュティルム）/3つのクリスマス（H. ヴィルヘルム＝クノーテ）/国民共同体の祝祭（Dr. H. ツィンマーマン）/アンデルセン　運命の童話（S. リュッツォウ）/童話『雑貨店のハウス・コボルト』（アンデルセン作）/私たちは童話を演じる/前線と家庭のクリスマス・プレゼント用の書籍/連載小説『大河のバラード』/カラフルなクリスマス市/家計簿—簡単な経済学/一年の最後の数週間の料理と飲み物/実用的なクリスマス・プレゼント（G. フィルフォルト）/ナチ国民福祉事業の看護婦団：ナチ看護婦団、社団法人自立した看護婦と女性養護員の全国連盟

13号（1941年1月第1号）
偉大なるドイツ　目で見られる歴史/ドイツ民族の運命のために闘う兵士と詩人の友情（J. M. ヴェーナー）/国民劇への途上で　クルト・ランゲンベックの新しい悲劇「剣」初演/若い世代の女性指導者たち/連載小説『大河のバラード』/ミュンヘン・ドイツ・ファッション専門学校の新作、人気のコートとワンピース、子どものデザイン/協力者としての読者のみなさんのレシピ/書籍と共に生活し、住む/月刊映画評論

14号（1941年1月第2号）
ドイツ女性たちは1月30日を記念日として体験する（G. シュタインベルク）/ポーランドのドイツ人たちの歌（エディタ・ヴァルムビーア）/バルト海沿岸出身のドイツ人の告白（カーリン・フォン・シュールマン）/野戦病院の看護婦は語る！/民族上のドイツ人のベッサラビアからの帰郷（ヘルタ・スティルツィゴフスキー）/民族上のドイツ人少女をベッサラビアから受け入れる主婦に対する注意書き/誘惑の可能性という危険（L. ライマー）/家政の課題領域と家政婦長（J. ベルクハウス）/揺りかごの勝利（H. シュマールフース）/休暇の子/良き種市での体験（ヘルマン・ベーメ）/詩「1941年の農婦」/連載小説『大河のバラード』/母となる女性の適切な服、ミュンヘン・ドイツ・ファッション専門学校の新作、残り毛糸から/いつもソーセージでなくてはならないの?/紅茶を正しく入れる/暖房の仕方を学ぶ/母になったばかりの女性にとって重要なこと

15号（1941年2月第1号）
青少年を守るために協力してください！（E. シュラム）/詩「妻と子どもたち」（H. クラウディウス）/前線と家庭をめぐる手紙：2人の女性が腹を割って話し合う/野戦病院での体験（看護婦G.）/愛する妻への手紙（従軍記者クリストフ・フォン・デア・ロップ）/武力戦と神経戦（E. D. ディックマン）/月刊映画評論「ビスマルク」（I. ビネ）/わが国の女子は大学で勉強すべきか（Dr. I. ブーレシュ＝リーベ）/教職の女性たちが必要である/連載小説『大河のバラード』/ミュンヘン・ドイツ・ファッション専門学校のよく似合う外出着、実用的な下着、胸囲の大きい人のための服/新鮮な野菜、乾燥野菜のおいしいレシピ/ドイツ女性事業団母親講習の乳児が必要とする品々に対するコンテストの結果

16号（1941年2月第2号）
国家に守られた結婚（Dr. A. ペルメッキー）/もし国家が介入しなければならないのであれば　国民社会主義の新青少年法について/女子に対する母親の教育義務/ウルズラへ！/古いつづら（エーリカ・プライスラー）/わが国の女子は大学で勉強すべきか　女性に対する文化的活動分野（Dr. I. ブーレシュ＝リーベ）/女性工員の休暇規則に関する全国労働大臣の公示/連載小説『大河のバラード』/純毛素材の編み物、私たちが賞金を出した読者のみなさんのデザイン案/新しいかぶ料理、お米と豆類があります/月刊書評

17号（1941年3月第1号）
リノリウム版画（「死して成れ！」の掟）/兵士の闘い/詩（テオドール・ケルナー）/無名のドイツ戦士（1941年の戦没将兵慰霊の日）（W. リトゲン）/詩「何が問題なのか」（Fr. シュトレーヴェ）/彫像「勝利の守護神」（A. ヴァンパー作）/ヘルダーリンの言葉/詩「哀悼」（ルドルフ・G. ビンディング）/女性たちと母たちに（ハネス・クレーマー「汝、わが民族」より）/民族の永遠への橋（H. ヴィルヘルム＝クノーテ）/詩「戦死者の若妻」（マルガレーテ・ヴィルフェン）/連載小説『大河のバラード』/ナチ看護婦への道　職業指導についての連載記事/青い制服を着て/さあ庭の季節が再びやってきた（K. エルヴィヒ）/料理にイーストを利用する、山菜・ハーブ・野生の果物/月刊映画評論（I. ビネ）/月刊書評　Fr. シュティーヴェ『ヨーロッパ史の転換点』『ドイツ民族の歴史』/ドイツ赤十字の看護婦団一覧

18号（1941年3月第2号）
精神の闘いを決意する（E. G. ディックマン）/詩「若い女性が前線郵便手紙を書く」（ユラヴスキー）/ドイツは耕地、だが私たちは種子である（M. ヴァ

インハンドル）/田舎への道（Dr. エディット・ハルフ＝クルル）/女子青年を田舎へ！（ベルトル・シンドルマイヤー）/大管区ヴァルテからの手紙/見捨てられた農場（G. ビュシング）/国土東端の農婦の農場（I. v マルツァーン）/農民についての本（L. バウアー＝フンツデルファー）/ドイツの古い農民の知恵から/連載小説『大河のバラード』/純毛と絹製の午後の服、洋服ダンスから追加服、少年用ズボンを縫う/山菜とハーブ茶/台所の春料理

19 号（1941 年 4 月第 1 号）
全ての道は太陽に通ず/詩「春の光」（マリア・テレージア・ヴェルシャー）/写真「老木の幹」/ドイツの復活祭（J. M. ヴェーラー「不死の帝国」より）/ドイツの復活祭における新しい未来のために/賢女 3 月はマリー・フォン・エプナー＝エッシェンバッハ没後 25 周年に当たる（L. バウアー＝フンツデルファー）/詩人エプナー＝エッシェンバッハの箴言/ドイツ女性事業団寄宿学校の母親講習/母親たちの女性同志―社会活動における女性の職業　職業指導についての連載記事（Dr. I. ブーレシュ＝リーベ）/連載小説『大河のバラード』/スポーティなブラウス、美しいスーツとコート/絹を生産する村/冷蔵庫の卵について/家と台所に関する読者のみなさんからの実用的な提案/復活祭のお祝い料理/月刊映画評論（I. ビネ）

20 号（1941 年 4 月第 2 号）
帝国（ヴェルナー・ボイエルブルク）/写真（総統）、総統の言葉/詩「賛辞」（マックス・ヴェグナー）/帝国の成り立ちについて（フリードリヒ・シュティーヴェ）/総統の言葉/わが民族の第一の兵士/あなたの総統の写真はどこにありますか/総統とドイツの子どもたち（R. v. シュティーダ）/ヴォルフガング・フューネマンの詩/女性たちは勝利に協力する！/連載小説『大河のバラード』/0 歳児の服、自宅と外出用の新しいパターン、春の散歩着/小さな室内温室、果樹の土壌の手入れも大切/わずかな時間でも上手に料理する

21 号（1941 年 5 月第 1 号）
国民の前で説明する　1940 年 12 月 10 日の総統の演説より/ドイツ兵にふさわしいドイツ女性の戦時労働動員について（G. イェンヒェン）/ドイツ労働戦線（DAF）のレクリエーション活動　女性軍需工員への感謝（G. イェンヒェン）/従業員の女性同僚としての経営責任者の妻/私たちは総統に招待された（アンナ・フレーリヒ、ベルツィヒにて）/私たちに届いた手紙：女性マイスターたちが自らの戦時労働について報告する、農業労働を体験した女子青年からの手紙、ある兵士がドイツ赤十字看護婦（DRK）に手紙を書く/あなた方みんなのために、あなた方無名兵士たちよ/連載小説『大河のバラード』/聖霊降臨祭のための新しい服、子ども服/バスローブも自分で編む/ルバーブは果物の収穫の始まり/掃除に大切なこと/月刊映画評論（I. ビネ）

22 号（1941 年 5 月第 2 号）
母なる大地はあなたたちの歌を歌う　この世の母親らしさについて（J. M. ヴェーナー）/H. バウマンの詩/ 詩「かわいい子」（I. トイフェンバッハ）、「母と子」（L. フィント「ラプンツェル」より）/母の日のドイツの母たちに（G. ショルツ＝クリンク）/誇り高き悲しみ（エンマ・ツァボロフスキー）/フランス便り/詩「戦友よ」「耳を澄ませ！」/大ドイツで最も子どもに恵まれた村（E. リンハルト＝レプケ）/国民映画「クリューガー伯父」（I. ビネ）/連載小説『大河のバラード』/新鮮なキャベツとサラダ菜、またアスパラガスの季節がやって来た/実用的な着回しのきく服、13 ～ 15 歳の少女用の服/1 ～ 4 歳の子どものためのカギ編み・棒編み服

23 号（1941 年 6 月第 1 号）
分別を失うことによる犠牲（E. G. ディックマン）/G. ロイテリッツの詩/ドイツの故郷の大地（マリア・シュラー）/初夏（Dr. H. オーリング）/詩「故郷からの挨拶」（ドロテーア・ゲプラー）/開花期（E. M. バース）/詩「期待」（エリザベス・レーネ＝ヴュレンヴェーバー）/新しい故郷をめぐって/わが国の女子は大学で勉強すべきか（第 4 回）公衆衛生業務における女性の協力（Dr. I. ブーレシュ＝リーベ）/若い女医との対話/一人ひとりの寄付は感謝の供物/ドイツ赤十字のための第 2 回戦時救援事業/連載小説『大河のバラード』/午前と午後に着る美しいコスチューム、浜辺でのスポーツと遊びのために/台所と家のために大切なこと―読者のみなさんからの処方箋

24 号（1941 年 6 月第 2 号）
6 月 21 日に（少尉 H. シュターケ）/詩「青少年から総統へ」（マルゴット・ヘンケ）/彫像「剣を担ぐ人、ドイツ国防軍の象徴」（ヨーゼフ・トーラク作）/ヒトラーの言葉/そして君は戦争の時にどこにいたか/詩「戦争花嫁」（ヴァンダ・ハーゲマン）/ 軍隊の女性通信補助員たち（少佐レッシュ）/今年度の大懸賞「今日ヨーロッパのどの国に大ドイツの無敵の旗が翻っているか」/物語『ヴェルダン』（下士官ヴァルター・ヘンケルス）/どの生活状態も良い調子？！（アンネマリー・シェーレ）/義務が喜びとなった/管区マルメディのドイツ女性事業団の 1 年/連載小説『大河のバラード』/素敵な夏服と外出着/夏は靴下を履かずに/衣料切符についてのニュース/夏のおもてなし料理/台所仕事の便利道具

第 10 年度

1 号（1941 年 7 月第 1 号）
太陽の至点（Dr. H. オーリング）/詩「火を点けよう！」（ハンス・バールス）/国民に奉仕するファシズムの女性（オルガ・マルチェザ＝メディチ）/日本女性の戦時動員/日本の家庭生活（ケーテ・フリーヴァルト）/母なる故郷/前線と故郷の詩「若い女性」「夜哨」「母に対する兵士の感謝」「広い心」/連載小説『大河のバラード』/乳児のためのすべて/ミュンヘン・ファッション専門学校が 2 種類の新作

モデルを発表する/今は野菜と果物の最盛期—貯蔵する/月刊映画評論（I. ビネ）

2号（1941年7月第2号）
ドイツの永遠なる戦士（R. v. シュティーダ）/詩「騎士、死そして悪魔」（ヴィリ・フリードリヒ・ケニツァー）/ミース谷、勝ち取って故国に戻ったケルンテンの土地（アニー・ザミッツ）/同志としての動物/自発的労働による幸せ　女性の奉仕活動には常に新しい申し出がある（L. ライマー）/イギリスの弱点（少尉ヘルベルト・シュタルケ）/連載小説『大河のバラード』/子どもたちにかわいらしくて実用的な服を、新しいスタイル、仕事服/季節のレシピ/庭のコーナー/月刊映画評論（I. ビネ）

3号（1941年8月第1号）
ヴァルテラントの収穫を手伝う女子青年団（E. ポッゲンゼー）/母親奉仕団の援助者（I. アルトゲルト）/詩「総統」（アレクサンドラ・シュペリ＝カール）/故郷と前線はいかにして出会うか（M. ヴァインハンドル）/勤勉と規律の国民　我々がドイツに再会したとき（従軍記者J. G. バッハマン）/詩「故郷に寄せる歌」（フランツ・アインギア）/外国人労働者問題における私たちの責任（M. ヘス）/連載小説『大河のバラード』/盛夏の午後の服、衣料切符の点数節約に協力する、子ども用の実用的な下着/料理：暑い日のために、キュウリとトマトの季節のアイデア/庭のコーナー

4号（1941年8月第2号）
東風にわが国の旗ははためく/破壊された街路　砲撃で粉みじんになって道路側溝にはまったソビエト戦車—見渡す限りの荒廃—ドイツの突撃に蹴散らされて/故郷からの挨拶　ベルリン大管区ナチ女性団の女子青年団オーケストラの旅行記（アンネマリー・ヴィーナー）/善意ですべてがうまくいく（ヒルデ・ヤーン）/前線の遺産/詩「聖なる春」（マルガレーテ・ディルフス＝マーツ）/連載小説『大河のバラード』/秋物ファッションの先取り、家庭での裁縫の実用的な助言、手に入れたい下着/献立表のための食欲をそそるアイデア/自然に落ちた果物は国民の価値ある財産である（J. ヤーン）/月刊映画評論

5号（1941年9月第1号）
母たちの感謝（エンマ・ブルンナー）/私たちの無敵の国防軍に守られて/ミュンヘン「芸術家の家」における第5回ドイツ大美術展/そして私たちが勇敢であること、それが永遠の生命だ！T. リーメンシュナイダーをめぐる物語/連載小説『大河のバラード』/秋用コートと3種類のコスチューム、秋冬用子ども服、実用的な日常着と仕事着/森と庭の野菜と果物/書評/ドイツ女性事業団寄宿学校の母親講習

6号（1941年9月第2号）
詩「世界時計が時を打つ」（ヴァルター・シェーファー）/2枚の絵画「ヒトラー」「兵士たち」/国民社会主義教育機関における共同体教育の意義について/民族への名誉奉仕　女子労働奉仕団は戦時奉仕活動に就く—質問と回答/前線に通じる街路で　戦時動員される東プロイセンのナチ女性団/主婦が知っておかなければならないこと/大衆の近くにいる戦時期ドイツの女子大生/連載小説『大河のバラード』/1941/42年の秋冬物/ちょっとしたキノコ料理/書評（フィルフォルト）

7号（1941年10月第1号）
詩「収穫を感謝するドイツ人の歌」（H. クラウディウス）/農婦たちの戦時動員（A. ケッペン）/再び生活に戻る（L. バウアー＝フンツデルファー）/国民の客人として/放課後にようやく学習は始まる！（Dr. I. プーレシュ＝リーベ）/ベルリン国際女性会議（L. クリンガー）/3人の女性詩人が農民の生活を語る（L. B-R）/都会育ちの女子青年に農業はどうか/連載小説『大河のバラード』/毛皮付きあるいは毛皮の付かないコート、ブラウスとスカート、若い女性のために/簡単に出来る手仕事/正しい貯蔵の仕方/第9年度24号の大懸賞の結果

8号（1941年10月第2号）
詩2編「私たちがドイツについて考える時」（ベルト・ブレンネッケ）、「母」（A. ミーゲル）/ドイツのために闘う戦士のスケッチ/私たち女性の活動から国民社会主義女性の戦時動員の2年/ヴァルテラント大管区における東部動員の若い女性リーダーたち（E. ボッゲンゼー）/フィンランド　美と力の国（アグネス・ミュラー＝ブロックフーゼン）/コロンタイ夫人とは誰か（Dr. A. ペルメッキー）/なんという女性たちを目にしたことか/月刊映画評論/連載小説『大河のバラード』/着心地のいい実用的な新作/実用的な助言のページ/編集部が評価した読者のみなさんのアイデア/読者のみなさんのアイデア料理/ドイツ女性事業団寄宿学校の母親講習

9号（1941年11月第1号）
詩「名もなき人々」（エーリカ・クルーク）/ダンチヒとの再会/息子は武装親衛隊員/ベルリン国際女性会議/今何をしなければならないのか、誰もがそれを知っている（1941年10月3日の総統の言葉）/詩「私たち全員」（エリ・ルトケ）/アドリア海の別れ　ドイツの母子がイタリアで休養を取る（ゲルトルート・カヌアー）/連載小説『大河のバラード』/冬用のコートと2つの服、子ども用新作/冬の料理/幼児のための冬の食事/ジャガイモを地下室に貯蔵する

10号（1941年11月第2号）
日常と祝日（Dr. H. オーリング）/クリスマス用の書籍紹介/詩「家系」（エルナ・ハーン）/子どもたちのためにおもちゃを作る/家政婦はいくら収入があるか（L. バウアー＝フンツデルファー）/月刊映画評論「戦友」/連載小説『大河のバラード』/喜んでもらえるクリスマス・プレゼント/胸囲の大きさは丈を長く見せるデザインでカバーする、衣料切符の点数と生地節約に協力する/喜んでもらえるプレゼント/クリスマス用クッキー

11 号（1941 年 12 月第 1 号）
息子に宛てた母親の手紙/1941 年の戦時のクリスマス（Dr. H. オーリング）/クリスマスの兵士たちを喜ばせる　ナチ女性団の秘密の計画と活動/前線で冬至について語る兵士たち：極夜のクリスマス・ツリー、掃海艇でのクリスマス、幸せは時間とは結びついていない、イギリスの地でのクリスマス/詩「兵士の手紙」（ハンスゲオルク・ブーフホルツ）/バルバラ夫人はどうやって冬至を祝うか（E. M. バース）/連載小説『大河のバラード』/真冬用の服、小学 1 年生の服/適切な靴のお手入れ/新しい衣料切符について知っておかなければならないこと（Dr. K. ヒルチェ）/冬の数ヶ月に好まれる料理

12 号（1941 年 12 月第 2 号）
女性の戦時動員/労働者、兵士そして子ども（G. ビュシング）/石炭の経済的意味（Dr. ルドルフ・レーグル）/坑夫—専門技術労働者/月刊映画評論/新たな河岸へ（E. G. ディックマン）/詩 3 編「パイロット」「見張り」「家に残る女性たちへ」/連載小説『大河のバラード』/室内履きとスリッパを作る/自分で編む/手元にある生地から/1 月の献立のヒント/主婦たちは石炭節約に協力する

13 号（1942 年 1 月第 1 号）
ヨーロッパの現実/看護婦は戦友（Dr. ドーラ・シュテッツェル）/詩 2 編「病院列車の中で」「野戦病院で」/看護婦の 2 通の手紙/青少年の母のような仲間（L. ライマー）/彼らは相変わらず元気が出ない　ボルシェヴィズムの青少年はこんな風だ！/連載小説『大河のバラード』/ワンピースとコート、幼児服/赤カブは多様に用いられる/ちくちくの楽しみ（M. ベルンターラー）/ドイツ女性事業団寄宿学校の母親講習

14 号（1942 年 1 月第 2 号）
人々のいない空間ですって？/チョーク画（エルンスト・クレッチマン作、戦死）/詩 2 編「東部」（H. ブーフホルツ）、「告白」（H. バールス）/昨日と明日の間のオランダの生活（L. ライマー）/オランダにおけるドイツ女性の活動/私たちの精神的豊かさ（E. G. ディックマン）/童話を話して聞かせることについて/ドイツの詩人たちが「ドイツ書籍週間」に集まる/現代女性の芸術的創造/連載小説『大河のバラード』/子ども服に刺繍をする、手持ちの生地から子ども服を自分で縫う/お腹が一杯になるカブ料理/果物と菜園の手入れを再開する

15 号（1942 年 2 月第 1 号）
運命を誇りに思う　1942 年戦没将兵慰霊の日に/総統の言葉（1940 年と 1941 年の戦没将兵慰霊の日の演説の一部）/詩「ドイツ兵の犠牲」（エーリヒ・ゼルファルト）/死を越えて　1 通の戦場からの手紙/詩「ドイツ女性たちに」（アルベルト・コルン）/名誉と名声の記念碑（Dr. クライス）/挨拶の手紙が追悼文になった/朝焼けの中の戦友たち（E. シュヴァルツ＝ゼンメルロート）/偉大な母なるドイツが助けてくれた—毛皮、羊毛それに冬物収集への女性動員（Dr. M. メンツェラート）/連載小説『大河のバラード』/手持ちの生地を使う、ミュンヘンの新作、6-14 歳の子ども服/パン生地から作れるもの/節約して野菜を使う、考えて料理する/月刊映画評論/ドイツ女性事業団寄宿学校の母親講習

16 号（1942 年 3 月）
復活祭の手紙（E. M. バールス）/青少年は何を読むべきか（R. ディットマン=v. アイヒベルガー）/青少年の義務　1942 年 3 月 22 日、日曜日（ドッキー・ハンマー）/責任ある職業指導—青少年にとっての道案内/慣れない食事の不満/連載小説『大河のバラード』/月刊映画評論（I. ビネ）/ヨーハン・ゴットフリート・ヘルダーの言葉/春の陽光と雨の時の服/読者のみなさんに宛てた短い手紙/すぐに準備できる夕食

17 号（1942 年 4 月）
フリードリヒ大王の言葉/1942 年 4 月 29 日、総統への誓い/この絵は私たちに何を語りかけているのか/東部戦線の戦士たちを思う　彼らはプライドを持とうとする（ヨーゼフ・グライナー）/詩「肩を並べて」（H. レルシュ）/女子労働奉仕団は戦時奉仕活動を義務づけられる/私たち女性の活動から/戦時の日本女性/10 年/戦時の世界旅行（フェリキタス・フォン・レツニチェク）/大懸賞の最初の結果/室内と屋外の子ども服/油脂を節約するためのちょっとしたトリック/季節始めの山菜を集めて料理する/「国民の映画」第 3 位「偉大なる王」（I. ビネ）/書評『戦時の女性の働き』『女性たちは勝利に協力する』/連載小説『大河のバラード』

18 号（1942 年 5 月）
現在と同じように、私たちの未来もそうあるだろう（J. M. ヴェーナー）/彼女の模範的態度こそ私たちを励ましてほしい—仕事を持つ母/草刈る女性の戦時奉仕/ある兵士がドイツ赤十字看護婦に手紙を書く/母親講習（E. リンハルト）/詩「出産を待つ」（エルゼ・オッケンス＝ムンメタイ）/ある父親が前線郵便小包を作る/ファニー・ルーコネン—司令官のような母（D. ハンマー）/戦時の世界旅行/胸囲の大きな人のために 1 つのパターンから 2 つの服を作る、いつも新品の服である必要はない/毎日のちょっとした家事労働も喜びにつながる/読者がお互いに料理のアイデアを出し合う/書評/ドイツ女性事業団寄宿学校の母親講習

19 号（1942 年 5 月）
私たちの時代の困難は私たちの偉大さでもある（1942 年 4 月 26 日、国会の総統）/前線の父親が喜ぶもの（大尉ヴァーグナー）/心は運命より強し（ベルタ・グレービング）/フランス宮廷の中のドイツの心（S. リュッツォウ）/大ドイツで最も新しい大管区オーバーシュレージエン/詩「シュレージエンの歌」/詩「故郷」（シュレージエン出身の大詩人フリードリヒ・フォン・アイヒェンドルフ作）/危険な「ビタミン B」（Dr. ヒルデ・ツィンマーマン）

/大管区ヴァルテラント入植者女性世話係の日記から（E. ポッゲンゼー）/私たち女性の活動から　もっと改善できること/戦時の世界旅行/太った人の短所をカバーするパターン、今あるものから新しい服やコートが生まれる/初夏の料理/ハーブ

20号（1942年6月）
運命に対する私たちの希望（A. v. シェーレ）/詩「運命を迎える」（H.Fr.ブルンク）/職業だけでなく、人生の課題も　東部地域への動員を準備する/顕微鏡をのぞく女性（ヘルタ・ブゾヴィエツ）/驚くべき星座　無限の中の道しるべ（Dr. マルガレーテ・ビュッソウ）/アルノ・ブレッカーの作品/大懸賞（課題1「以下のドイツ人詩人が分かりますか」、課題2「ドイツ全土の大管区から新しいレシピを募集」、課題3「家事に対する助言、ちょっとしたアイデア」）/アメリカ女性を解明する（D. ハンマー）/2種類の布地を趣味良く仕立てる、一つの服の5種類のバリエーション、女性的で実用的なズボン/肉を少ししか使わない美味しい料理、牛乳を使わないデザート/新しくする試みが成功する/ミュンヘンの素晴らしい文化活動/月刊映画評論（I. ビネ）

第11年度

1号（1942年7月）
1942年のカレンダー（7～12月）/一年経って1941年6月22日に東部戦線は整った（H. シュターク）/キャンペーン！ 1940年と1918年を思い出す（E. M. バールス）/私たちは間もなく特報を聞くことになる（ケーテ・ライナース）/物語『ダーゴベルト』（アンナ・ヒルズ）/新母性保護法/驚くべき天体の世界（第1回）（Dr. M. ビュッソウ）/連載小説『嵐の中の若樹』（A. E. ヴァイラオホ）/『ナチ女性の展望』の10年（編集・出版部）/今あるものから新しい服が生まれる、盛夏の子ども服、よく似合うエプロン/訪問客があったときの夏料理いろいろ、野菜はヘルシー、ドイツ茶を飲む、野菜の正しい扱い方

2号（1942年7月）
新しいヨーロッパ/私たちの時代の家族（L. ガンツァー＝ゴチェヴスキ）/子どもが出来ない夫婦/協力できる人はたくさんいる　全国女性団指導者の声明/東部における私たちの仕事（ヘレーネ・シッファー）/詩「前線への手紙の中のバラ！」/ある兵士が彼の妻と語る（ヴァルター・ゼルス）/前線からの帰休兵士が日刊新聞に掲載された戦友の戦死広告について意見を述べる/驚くべき天体の世界（第2回）/連載小説『嵐の中の若樹』/ミュンヘン・ファッション専門学校/都会の女性が着る民族衣装（G. ペーゼンドルファー）/キノコは肉の代わりとなる、化学的な保存方法を取らないピクルス/先生としての庭仕事（パウル・シュミット）/女性と女子青年のための新しいさらなる講習機会があります！/ナチ女性事業団寄宿学校の母親講習

3号（1942年8月）
闘う国民　ミュンヘン「ドイツ芸術の家」における第6回新しい大美術展/驚くべき天体の世界（第3回）/連載小説『嵐の中の若樹』/真価を発揮する人は人目を引くものです！（Dr. I. ブーレシュ＝リーベ）/トーチカ「ツェザール」は赦しをこう（オットー・ブリンクマン）/すべての年齢の子ども服、またもやストライプ柄/果物を漬けますか？冷蔵庫を使わずに新鮮に保つ（R. ハルトマン）/女性たちと女子青年たちは兵士のために編み物をし、縫い物をする/私たちの女性活動から/月刊映画評論（I. ビネ）「レンブラント」「大恋愛」

4号（1942年9月）
3年の戦争の月日を経た私たちの立場/理想への信仰が与える力について/ドイツの母たちはわが国の戦士たちを讃える（シュテファン・キュイナフト）/行軍用装備の中のアネモネ（オットー・ブリンクマン＝オーベンベック）/芸術家と人間としてのエリー・ネイ（S. リュッツォウ）/芸術における女性の割合（L. ライマー）/困難な時期における能力証明（Dr. M. メンツェラート）/連載小説『嵐の中の若樹』/季節の変わり目のための初モデル、服のリフォームの新しい提案/家事は頭脳労働である/カボチャを使った料理/台所に関する実用的な助言/子どもができない夫婦/ナチ女性事業団寄宿学校の母親講習/ミュンヘン・オーバーバイエルンの女子労働奉仕団の写真報告

5号（1942年9月）
無私の労働動員が食物を保障する（イルムガルト・ゲンテ）/詩2編「収穫への感謝」（A. ケッペン）、「農婦」（ハンス・ジービッシュ）/全員が同じ仕事に就く　ナチ女性団の収穫協力（Dr. M. メンツェラート）/地方の青少年育成共同体は農家の後継者を援助する/パンの研究が行われる/戦時においても民族衣装を縫う（Dr. ボーガー＝アイヒラー）/あるドイツ詩人の追憶: 25年前にW. フレーアは戦死した彼の詩「兵士の夢」/時節に合ったテーマについての兵士の手紙（SS従軍記者W. ヤンツォフスキー）/詩「再会」（ヘルベルト・ルスティブドアール）/連載小説『嵐の中の若樹』/開拓地との7年の闘い（L. ライマー）/人気のパターン、学校と屋外用の子ども服/皮付きのジャガイモ、野生の果物を集める/主婦と庭の所有者にとって大事なこと（K. エルヴィヒ）

6号（1942年10月）
ソ連の村はこんな風だ/親愛なる今日の女性たちと母親たちへ！（ヒトラーの兵士H. シュマールフース）/ある母親の告白（読者からの寄稿）/仲間うちの東部ユダヤ人—陸軍管轄区域からの印象/新しい生活のために（J.v. ヴィッヒ）/待つことができる/詩「澄んだ秋」（ハインリヒ・アッカー）/連載小説『嵐の中の若樹』/日本における子どもの躾、日本の青少年が彼らの故国を紹介する（マルガ・タイゼン）/衣料切符は副次的なこと、昼と夜用の下着/手作りの絵本とゲーム/ライ麦粉と挽き割り麦を使う/

ナチ女性事業団寄宿学校の母親講習/北の国々における労働奉仕（ウンゼル・シュナイダー＝シュリヒト）

7号（1942年11月）
「立ち上がれ、勝利しよう！」（フリッツ・エルター）/模範の力（A.v. シェーレ）/大ドイツが生まれるまで彼女たちは苦しんだ/新しいヨーロッパに対する青少年の告白/連載小説『嵐の中の若樹』/どこにいても叙情詩を！（L. Fr. バルテル）/戦争の詩（L. バウアー＝フンツデルファー）、詩「見張り」（H. メンツェル）、「家からの手紙」（ヴェルナー・シューマン）、「母たちに」（ボードー・シルツ）/国防軍は歌う「戦車はアフリカを前進する」（譜面付、行進曲ノルベルト・シュルツェ、作詞は無名兵士による）/家庭演奏会は新しい力を創り出す（Dr. ヘルデ・ライナルツ）/300キロの橋（従軍記者J. パンテンベルク）/大懸賞の解答/ドイツ大管区における農民の家/新しい生地を節約して作る、子ども用のパターン/手作りのクリスマス・プレゼント/懸賞応募作から二三を試食する、なぜ薄皮付きジャガイモなのか/懸賞受賞者の実用的なアイデア

8号（1942年11月）
霧深い日々が夜を長引かせるのであれば（K. ドラープシュ）/飾り環の歌とループレヒトの歌（楽譜付き）/下男ループレヒト（H. Fr. ブルンク）/子どもたちのためにおもちゃを作る―手作りの人形/連載小説『嵐の中の若樹』/詩人の言葉/月刊映画評論「除隊」（エミール・ヤニングス）/ドイツ女性労働から/生地の使用を節約する、残り布は衣料切符の点数節約の助けとなる、小さな余り布から/戦争4年目でもクリスマス・プレゼントにおもちゃを/読者からのレシピ、クリスマス用のちょっとした美味しいもの/正しい暖房で石炭を節約する/クリスマスの飾り

9号（1942年12月）
ドイツのクリスマス/1942年の戦争のクリスマス/そして心を満たしなさい　私たちは心の中でちゃんとお前たちのそばにいる（愛する妻たちに宛てた前線からの手紙）/詩「塹壕の上のクリスマス」（I. v. マルツァーン）/ドイツのクリスマスの夢（PK従軍記者ハンス・フフツキー）/女性のみなさん、そして女性の同僚のみなさん！（G. ショルツ＝クリンク）/寒さや死にもかかわらずクリスマスは祝われる―カウカズスのクリスマスのお祝い（従軍記者エドガー・ビッシンガー）/極夜の冬至（従軍記者Dr. ホルスト・オスト）/詩「故国に寄せて」（一等兵ハインツ・ファンクヘーネル）/フォン・シュタイン夫人（S. リュッツォウ）/外国で祝うドイツのクリスマス/氷のクリスマス（H. シュマールフース）/戦時の美術工芸品について/連載小説『嵐の中の若樹』/月刊映画評論「巨大な影」「心の声」（I. ビネ）/新しい型のコート、胸囲の大きな人の服、乳幼児のために/年末の数週間の美味しいもの/クリスマス飾りと詩

10号（1943年1月）
悪党のルーズベルト/われらがU-ボートの広範囲な戦場/総統の二人の忠臣（F. エルター）/戦争4年目のドイツ女性/生命の母のような肯定　看護への時代の要請/両親年金と両親への贈り物/夜哨（L. ライマー）/連載小説『嵐の中の若樹』/詩「3本のもみの木」（ゲルトルート・ハルトレープ）/休暇中で一番素晴らしかったこと（大尉カール・シュプリンゲンシュミート）/お気に入りの日中着、今ある服が利用できる/大切なのはジャガイモ！ジャガイモの手入れをすること！（ルート・ハルトマン）/自分で手入れした靴/ローベンシュタインのナチ女性団は室内履きを縫う/キャベツとカブを使った新しい料理/ドイツ女性事業団寄宿学校にの母親講習/貧弱な民族―ソビエト天国の農民のスケッチ

11号（1943年1月）
忠誠という規範（クルト・マスマン）/鉄十字章を付けた女性たち（M. メンツェラート）/もしお母さんが氷海にいるなら―こちらとあちらのちょっとした比較（従軍記者フランク・ゲス）/総統が軍需工場の女性労働者を戦時功労十字勲章で顕彰する（L. フンツデルファー）/連載小説『嵐の中の若樹』/扉は開く/ドイツ女性事業団寄宿学校の母親講習/単色と縞模様生地、美しく実用的で早変わりできる服、実用的な通学服/冬の料理/カギ編みと棒編み/城

12号（1943年2月）
われらの歩兵部隊―国民の歴史は歩兵の歴史である（少佐Dr. ロルマン）/全員の義務！/困難な運命の時代にドイツ女性は常に男性と同等の同志であった/惑わされなかった全ての人々に感謝/ある母親が手紙を書く/出来事の焦点：女性通信補助員の一人ひとりが兵士一人の代わりを果たす（L. ライマー）/今回は私たちの方が強力だ！（E. M. バールス）/もう消滅してしまった村（従軍記者K. G. シュトルツェンベルク）/どんな活動が義務期間に算入されるのか/ヨーロッパ各国のドイツ女性（リューディア・ライマー＝バルネット）/前線の兵士たちに何を送ったらいいか/連載小説『嵐の中の若樹』/手持ちの生地を利用したアイデア/一人ひとりからなにがしかの物を、一人ひとりのために少しずつ/「凍結されていた」国富を総動員する（ケーテ・フレーゲ）/正しい香辛料について/主婦のための主婦によって工夫されたレシピ

13号（1943年3月）
詩「私は母の前に立っていた」（H. バールス）/ドイツが存続するために/生きる者たちよ、あなたたちのために死んだ者たちに帰国の権利を与えよ/生命の永遠なる循環（リーゼロッテ・ヘンデル）/お父さん、僕こんなに成長したよ！/詩「兵士の子」（H. バールス）/工場の扉の向こうで（L. ライマー）/労働動員実施に関わる透明性（G. イェンヒェン）/連載小説『嵐の中の若樹』/ドイツ人気質の闘士と告知者/2種類の素材、エプロンは洋服を汚れから守る/小さな庭も適切に植え、利用する/春季の美味しい料理/映画評論/子だくさん家族のお手伝いさんに

対する設備補助金/ドイツ女性事業団寄宿学校の母親講習

14号（1943年4月）
1943年1月30日の総統の布告/愛と信仰の力―総統のお誕生日のドイツ女性たち/1943年2月18日のゲッベルスの言葉/人間の意志が可能にするもの（A.v. シェーレ）/前方へ続く道/私は知っていますとも、何のためか！（エルナ・アーデルマイアー）/朝6時半の汽車の中で（L. ライマー）/復活祭/詩「春の使者」（マルティン・ダンク）/前線のいましめ：質素の中にこそ力はある！（E. M. バールス）/血によって戦い取り、労働によって形造る（Dr. M. メンツェラート）/詩「鍬と刀」（N. ファイ）/明日あなたは防衛軍農民となるだろう 東部における戦時徴用にむけて準備する優秀なるドイツ青年/連載小説『嵐の中の若樹』/リフォームの提案、生地の使用を節約する、実用的なコート、似合って実用的な子ども服/シミを除去する/家で染めものをする/復活祭の料理

15号（1943年5月）
偉大なる母心―母の日のドイツ女性たちに（J.M. ヴェーナー）/ある母親が息子に手紙を書く/詩「母よ、見えぬ王冠を被ってください！」（ハインリヒ・エーナハー）/母の力がヨーロッパを照らし出す―ヨーロッパにおける母親奉仕の静かな拡大（L. ライマー）/女性への告白/私たち民族の存続あるいは消滅をめぐって―すべては兵士の安全のため/援助を得られない人は誰もいない/詩「ドイツのために」（シャルロッテ・ヴュステンデルファー）/息子と司令官（従軍記者 Dr. ヴォルフガング・シュトッカー）/防空において女性たちが働けること/焼夷弾に対する効果的な闘い/大切なこと―それはいつでも新しい生命のことである（Dr. 民族政策課上級課長）/連載小説『嵐の中の若樹』/すべて手作り、90cm 幅で1mの生地から、ほどいた毛糸を再び使う/就労女性の夕食レシピ/映画評論「ミュンヒハウゼン」「当時」「ディーゼル」（I. ビネ）/ドイツ女性事業団寄宿学校の母親講習/将来を望む民族は子どもたちを愛する（G. ビュシング）

16号（1943年6月）
人間の尊厳蹂躙に抵抗して/あなたと私は一つである（従軍記者 J. ハーン＝ブトリー）/開業医の一日（L. バウアー＝フンツデルファー）/職業教育者の一日の仕事から/「私は何時でも来ます」隣同士の助け合いは心から生まれる（J. v. ヴィヒ）/言い訳としての戦争/ドイツ女性の仕事から/映画評論「老いた心が再び若返る」「別離なき夜」（I. ビネ）/連載小説『嵐の中の若樹』/胸囲の大きな人の服、手持ちの残り切れから、母親が子どものために縫う/家事を軽減する、自分で植えたジャガイモが芽を出した！/美味しく簡単に処理した乾燥野菜、ピクルスを作るためのいくつかのアイデア

17号（1943年7月）
事実は嘘より強い/ドイツは私にとって神聖なもの―ドイツの過去からの声（E. M. バールス）/ヘルダーリンの言葉/Fr. ヘルダーリンの思い出 1843年6月7日/詩「祖国のために死す」/ヘルダーリンの言葉/ドイツの太陽信仰―夏至と冬至についての考察（K. マスマン）/青少年が私たちの将来を決める（J. ナウヴェルク）/フィンランドの女性芸術家、ドイツで展覧会（D. ハマー）/第6、第7位のドイツ女性に対する二等鉄十字章/映画評論「パラケルズス」「ゲルマン女性」「わが夏の同伴者」（I. ビネ）/ドイツ国民に対する総統の呼びかけ/連載小説『嵐の中の若樹』/新しい服の誕生/主婦は助け合う/庭を持っている人への助言（K. エルヴィス）/ 数週間分の美味しい料理、ピクルス3種/女性たちよ！これは期待がもてる！/社会福祉関係の仕事に決めました

18号（1943年8月）
戦友はテロより強し！（K. マスマン）/詩「強靱な心」（W. ユーネマン）/故郷の懐で（リーゼロッテ・ヘンケル）/安全な庇護/世界救済のシンボルとして私も鍬を持つ 1943年7月31日、P. ローゼッガー生誕100年/女性は同志 一兵卒ハネス・クレーマーの報告/大懸賞「偉大なドイツ人を知っている人、夕食、そして戦時動員の女性」/すべての人のための手本（Dr. M. メンツェラート）/60歳の誕生日を迎えたドゥーチェ/新ヨーロッパについての告白/住居問題/さまざまな年齢の子どもたちが質問する、母親が答える（医学 Dr. ヨハンナ・ハーレット）/ドイツ女性事業団寄宿学校の母親講習/連載小説『嵐の中の若樹』/若い女性に似合う服、子どもらしい素材とデザイン/実用的な助言のページ/肉を使わないメイン・ディッシュ/辛い空腹/兵士一人ひとりに休息と喜びを/ドイツのために働く若きヨーロッパ

第12年度

1号（1943年9月）
ユダヤ人が女性について考えていること（Prof. Dr. ヨハン・フォン・レールス）/アングロ・アメリカの悪党空軍― 20世紀の文明破壊者たち/不屈の生への意志―西部航空戦地域の勇敢な男性と女性たち/10万人が満腹になれた―模範的な女性動員/ラインからシュレージエンへ（L. ライマー＝バルネット）/勇敢な戦士（ルイーゼ・レーム）/前線のための軍事郵便版/連載小説『嵐の中の若樹』/創造的ドイツ精神は屈服させられぬ 第7回ドイツ大美術展/外出着と普段着、外出用子ども服/美味しいクッキー、肉が入らなくてもキノコ料理は香ばしくて美味しい/イチゴをもっと植えよう/時節にあった洗濯/闘いと分別

2号（1943年10月）
1943年の収穫祭に前線へ宛てた故郷からの報告/詩「ときどき」（H. バールス）/「貪欲な」農民（I. ゲンテ）/ユダヤ人の攻勢/女性たちの助け合い（L. ライマー）/新しい尺度/それでもなお/創造的ドイツ精神は屈服させられぬ（K. ルター）/私たちは子どもたちに十分遊ぶ時間を与えているだろうか（ウー

リエ・アイヒェレ）/L. v. シュトラウス・ウント・トルネイの70祭の誕生日に（L. バウアー＝フンツデルファー）/ケーテ・クルーゼ（エミー・ピッシェル）/連載小説『嵐の中の若樹』/個々の部分を新しくする、余った洋服を実用的に使う、幼児のために/乳児はどう成長するのが一番良いのか（医学博士トリッチュラー）/妊婦、乳児の母親および産婦のための特別配給/子ども用室内履きを調達しなければならない（Prof. W. トムゼン）/ジャガイモの適切な地下貯蔵/食べ物を入れる前線小包のために/応用の利くカボチャ/人助けに変わる犠牲的行為

3号（1943年11月）
犠牲的行為からのみ勝利は来る—11月9日に思う（K. マスマン）/常にそれを手本に行動しよう（1943年9月10日の総統の演説から）/詩「犠牲」（H. アッカー）、「不死」（G. シューマン）/女性科学者たちの戦争貢献/航空戦のテロルに対して闘う女性たち（Dr. I. ブーレシュ＝リーベ）/転住した人々の生活/総統へのドイツ人女性の告白：自発的犠牲的精神と守秘義務/今からクリスマスのために小さな贈り物を作り始めよう/連載小説『嵐の中の若樹』/2種類の簡単服、実用的な子ども服/クリスマス小包のために/ガス器具取り扱い10の禁則/家業を引き受ける息子

4号（1943年12月）
歌「幼子」（歌詞と譜面付き）、「もみの木—生命の木」（譜面付き）/1943年の戦争のクリスマス（G. ショルツ＝クリンク）/5回目の戦争のクリスマスに兵士は思う（J. ハーン＝ブトリー）/冬至/イルゼ看護婦とのクリスマス（レギーネ・シュット）/クリスマス物語（A. K. ゴーベルト）/おまえは生きるんですよ！ある母親が「子どもの夢の国」へ送った手紙/やり損ねたことは取り戻せる「子どもの国派遣」の宿泊所での経験（L. ライマー＝バルネット）/女性作家による新刊本『永遠の肖像』『困窮の中の喜び』/映画紹介（L. ライマー＝バルネット）「大都市のメロディー」「藁やもおの不安」/自分で作るクリスマス飾り/連載小説『嵐の中の若樹』/洋服の作り直しへの提案、すべて自分で縫ってみる、仮縫いをこわがらないで/祝祭日の食事から、自分で食事をつくる夫たち/手作りの小さなクリスマス・プレゼント/大懸賞の解答/書評（インゲ・シュタールベルク）/詩「数年間の内に」（J. リンケ）

5号（1944年1月）
信じることが勝利につながる（K. マスマン）/変化—1月30日に省察する（ヘルベルト・ハーン）/ヒトラーの言葉/見た目以上です！女性の政治的働きの10年/連載小説『嵐の中の若樹』/一番大切なことを考えなさい/空襲の危機にあって家庭で絶対に欠かすことのできない備え/首都を襲うテロル/生地を節約して仕立て直す、部分を補足して新しい服にする/美味しくてヘルシーなライ麦のプディング、カブとビートを使って/自分で食事をつくる夫たち/古着から新しい服をつくる/イギリスのイメージ

6号（1944年2月）
ドイツ女性が決断する生きるための闘い/詩「祖国」（ヴァルター・ベスト）/わが子の初めての微笑み（R. ダムバッハ）/詩「母」（Fr. バウディス）/ヨーロッパの視野の中のドイツ社会主義（L. ライマー＝バルネット）/平和への期待/工場で働く創意豊かな女性たち（Dr. I. ブーレシュ＝リーベ）/家事休暇の権利を持つのはだれか（ガブリエレ・ミッティング）/海水パンツの魔法（L. ライマー＝バルネット）/孤独について（従軍記者クルト・ツィーゼル）/連載小説『嵐の中の若樹』/働く女性のための実用服、実用的な子ども服/夕食と戦時動員される女性/羽毛も利用される！/家事休暇を有効に使う/ジャガイモでやりくり/ソックスの正しい形/3人の女性が前線書店を開設する（従軍記者R. シュット）

7号（1944年3月）
生への告白（E. シュヴァルツ＝ゼッメルロート/G. ショルツ＝クリンク）/詩「戦死したわが夫に」/兵士と母/戦死した息子と語る母（ルート・シュトルム）/揺りかごを見守る—救援事業「母と子」の10年（I. バウメルト＝ウルマー）/危機の克服/仮設住宅—新しい家/世襲農地法をさらに学ぶ（農業委員会ヴィルヘルム・フレーア）/読者のみなさんへ！（E. シュヴァルツ＝ゼンメルロート）/連載小説『嵐の中の若樹』/幼児のために残り切れから服をつくる/帽子の手入れと家の手入れ/転住させられた人たちに野菜を届ける/役に立つ庭の垣/面白い書籍/これからの数週間の料理の提案/労働奉仕には特別な女性指導者が必要です（Dr. I. ブーレシュ＝リーベ）

8号（1944年4月）
われらが兵士のさまざまな思い（従軍記者Dr. ヨーゼフ・ミッヒェルス）/カラフルで大切なマグカップ（SS従軍記者P.C. リングス）/詩2編「これを私に教えた戦争」（H. バールス）、「命を担う」（W. ユーネマン）/女性像—母の顔（従軍記者ハインリヒ・シュピーカー）/故郷の戦時の日常：女性リーダーの喜びと苦労（M. シュテルティング）/用心深く（スマーダ）/空爆の被害を受けた女性への前線からの手紙/仮設住宅での宿泊と家事（H. ポート）/製図による仮設住宅の家具/女性の技術力（飛行機工場で）（L. ライマー＝バルネット）/「心と労働」（Dr. ヘルムート・バルテル）/連載小説『嵐の中の若樹』/死亡通知（アドルフ・ヴァーグナー）/ナチ女性団、ドイツ女性事業団の活動から/夏服のデザイン、質素に生地を節約して/足指幅に合わせてソックスを編む（イレーネ・ライストナー）/何の料理を作ろうかしら/「忠誠」（日本の戯曲に基づく）演劇の初演（演出：K. ランゲンベック）

9号（1944年5月）
1944年の母の日（J. M. ヴェーナー）/詩「女性たちへ」（ゲオルク・シュタムラー）/母たちよ、あなたたちが祖国を担っている/母親業から家族業へ、母親学校から母親教育へ/わが幸せはあなたのために、わが命は国民のために！（Dr. ヴィル・ヨーツェン）/詩「汝の未来、おお、民族よ」（H. バールス）/春

の訪れ/詩「子」(W. v. ホーフェ)、「潔白」(マンフレート・ハウスマン)、「わが人生の輝かしい時」(ベーベル・ショルツ) /戦時労働をするドイツの母たち(ガブリエレ・ヴィティング) /母親たちの訪問　両親訪問団が母の日に「子どもの国」宿泊所での再会をアレンジする/エーリカ・ゼムラー(A. リルケ) /アグネス・ブルーム(Dr. エルゼ・ボーガー＝アイヒラー) /シュタインタールへの旅：幼児の今日的世話についての会話(L. ライマー＝バルネット) /連載「心と労働」/連載小説『嵐の中の若樹』/仕事とプライベートの服、夏の子ども服、サンダルを自分で作る/自発的手助けを！どの人にもその人が必要なものを！/上手な貯蔵による家計のやりくり、新鮮な野菜と果物が市場に出る/ドイツ女性事業団寄宿学校の母親講習 /子どもとのつきあいは楽しい！どの女性にとっても報われることの多い仕事です(Dr.ヒルデ・ラインアルツト)

10号(1944年6月)
死を商う商売/ドイツ民族の闘い(E. シュヴァルツ＝ゼンメルロート) /世界がドイツ人に負うていること(Dr. C. A. シェッフラー) /道端で考えたこと(ヘルタ・ゼーア) /家族を守る(A. v. シェーレ) /父親が戦場に行っている時に(Dr. エルフリーデ・エガー) /連載・私たちの子どもたちとの小さな体験/連載「心と労働」/連載短編小説『ヴルフ・イーヴェルセンの子どもたち』(ヒルデ・フェルステンベルク) /夏の外出着、さまざまな年齢の子どもの実用服/用心は反省よりまし(シャルロッテ・ベーリッシュ) / 家事における不要な事故/盛夏の料理、キノコは美味しくてヘルシー/菊に代えて、さあトマトを/ドイツ女性事業団寄宿学校の母親講習/ロシアのイメージ(A. パウル・ヴェーバー)

11号(1944年7月)
母の力という防壁(Dr. M. メンツェラート) /サーチライトと防空気球のところで/全員の働きが前線を支援する/全土に及ぶ銃後の仕事/手本となる動員/戦時の夫婦問題(弁護士Dr. エルゼ・シュメルツアイゼン＝ゼルベス) /連載短編小説『ヴルフ・イーヴェルセンの子どもたち』/三人のペーターゼン(従軍記者パウル・ブレッツィエ) /詩「7月20日後に」(H. アーナカー) /連載「心と労働」/連載・私たちの子どもたちとの小さな体験/映画評論「絶対的な要請」「若鷲」(L. ライマー) /若い女性のための服、実用的な巻きスカート/4人分のレシピ/庭のページ/トマトを保存する/台所のための実用的な助言/ドイツ女性事業団寄宿学校の母親講習/新聞に見るイギリスの主婦

12号(1944年8月)
世界中で批判されるユダヤ人 /ドイツという名の広大な前線/女性たちの回答(L. ライマー＝バルネット) /責任ある地位に就いて /全員が手本/模範的な経営/家族経営を維持する/おかあさん、目を覚まして！(クリストル・ドイムラー) /沈黙の犠牲者(エンゲベルト・ティーレ) /古布から新しい服を作る、コートを新しく仕立てる/数週間分の推薦レシピ/連載「心と労働」/読者のみなさん！/ 国土は自らを助く(I. ゲンテ)

第13年度

1号(1944年9月)
女性たちはパンを作る(I. ゲンテ) /詩「私はドイツの勝利を確信する！(E. ティーレ) /ドイツ窮乏の時(L.R.バルネット) /ユーガ・クランハルス＝ルッセルの言葉/善意の場所：ナチ女性団の日々新たな軍需工場　なぜ私たちは急がなければならないのか/連載・私たちの子どもたちとの小さな体験/信頼できる人生の同志：愛する妻へ！(手紙) /兵士の妻はこう考えるべし！/物語『血のしずく』(マリア・シュトゥエラー) /家事休日の権利を持っているのは誰か /計画性を持った家事/ミニ・ニュース/ペーターちゃんとフランツちゃん：自分で作る2種類の人形/手元にある生地でつくる子ども服/ラードを正しく使う / 簡単なかまどを自分で造る/羽毛は日常的に集め続けること/読者のみなさんへ！/社会奉仕計画

2号(1944年11月？)
無駄ではない！11月の死者追悼にあたって(K. マスマン) /過去と現在の勇敢な女性たち/故郷のために私たちは塹壕を掘る(L.アウルンハンマー) /詩「死者たち」(G. ハルトレープ) /フリードリヒ・ティークの言葉/ドイツはふたたび築かれる/クリスマスの贈り物のための日用道具とおもちゃ/実用的で着やすい服の提案、新しくする・作り変える/ ミニ・ニュース/クリスマスのおいしい贈り物で兵隊さんに喜んでもらいましょう！

3号(1944年12月？)
1944年のクリスマス/私たちの導きの星から新しい光が私たちの朝焼けに射すまで、いかなる大きな困難にもあなた方の心をしっかりもちなさい/連載・私たちの子どもたちとの小さな体験/いつでもクッキーで十分/養子縁組は？/ 詩「クリスマスの詩」(H. クラウディウス) /ミニ・ニュース/最後の時に/ベルトあれこれ、手袋/藁やもおは「専業主婦」のところへ勉強にでかける/代用コーヒーは目下、量が増えつつある/間違いはどこ？ /前途有望な香り/私たちのレシピのページ

4号(1944/45年)
「ドイツよ、すべてに冠たるドイツ」/私たち女性と女子青年たちの国防支援/都市住民はいかにして農民のもとでわが家のように馴染めるか/私たちのレシピのページ /藁やもおは「専業主婦」のところへ勉強にでかける

執筆者（五十音順）

上野千鶴子（うえの　ちづこ）
東京大学大学院人文社会系研究科教授。社会学、ジェンダー論。『家父長制と資本主義』岩波書店、90年、『ナショナリズムとジェンダー』青土社、98年、『生き延びるための思想—ジェンダー平等の罠』岩波書店、06年、『おひとりさまの老後』法研、07年、『「女縁」を生きた女たち』岩波現代文庫、08年など多数。

加納実紀代（かのう　みきよ）
敬和学園大学特任教授、日本近現代女性史、ジェンダー論。『女たちの〈銃後〉』筑摩書房、87年、増補新版インパクト出版会、95年、『天皇制とジェンダー』インパクト出版会、02年、『岩波女性学事典』共編著、岩波書店、02年、『戦後史とジェンダー』同、05年、『占領と性—政策・実態・表象』共著、同、07年など多数。

神田より子（かんだ　よりこ）
敬和学園大学教授（社会学博士）、文化人類学、民俗学。『神子の家の女たち』東京堂出版、92年、『神子と修験の宗教民俗学的研究』岩田書院、01年、『千年の修験　羽黒山伏の世界』（共著）新宿書房　2003年、『鳥海山小滝修験の宗教民俗学的研究』科学研究費補助金研究成果報告書2007年。

桑原ヒサ子（くわはら　ひさこ）
敬和学園大学教授、ドイツ文学専攻。「『ナチ女性展望』NS Frauen Warte とその表紙にみるジェンダー」敬和学園大学研究紀要第17号、08年、「女性雑誌『ナチ女性展望』NS Frauen Warte がつくり出す母親像」敬和学園大学人文社会科学研究所年報No 6、08年

松崎洋子（まつざき　ようこ）
敬和学園大学英語文化コミュニケーション学科元教授。専攻は第二次世界大戦以降のアメリカ文化および現代アメリカ女性作家研究。主要論文は「*Thelma & Louise:*「物」の諸相から見る主人公のトランスフォーメイション」、「*Ladies' Home Journal* 誌に見る既婚女性の戦争協力」。

松本ますみ（まつもと　ますみ）
敬和学園大学教授　中国近現代史、中国の国民統合研究、特に中国のイスラーム研究。『中国民族政策の研究』多賀出版、99、共著に『近代イスラーム 思想と政治運動』東京大学出版会、03、*Intellectuals in the Modern Islamic World* (RoutlegeCurzon 2006)など多数。

敬和学園大学戦争とジェンダー表象研究会
連絡先　975-8585　新潟県新発田市富塚1270　敬和学園大学内

軍事主義とジェンダー
――第二次世界大戦期と現在

2008年10月30日　第１刷発行

編　者　敬和学園大学戦争とジェンダー表象研究会
発行人　深　田　　卓
装幀者　藤　原　邦　久
発　行　㈱インパクト出版会
東京都文京区本郷2-5-11 服部ビル
Tel03-3818-7576 Fax03-3818-8676
E-mail：impact@jca.apc.org
郵便振替　00110-9-83148

モリモト印刷